21世纪经济管理新形态教材·公共基础课系列

应用文写作
（第3版）

赵 妍 魏 蓓 ◎ 主 编
俞巧珍 王 锐 ◎ 副主编

清华大学出版社
北京

内容简介

本书根据《党政机关公文处理工作条例》(中办发〔2012〕14号)文件要求,遵循"引导—理论—模仿—实践—拓展"的科学规律,结合各种文体写作规程,具体介绍党政机关公文、会议文书、财经文书、社交文书、传播文书和新闻类文书,以及学术论文与毕业论文等应用文写作基础知识,并通过强化训练,提高读者的写作技能。

本书具有知识系统、科学规范、难易适度、贴近实际、通俗实用等特点,因而既可作为普通高等院校本科及高职高专公共基础课的首选教材,也可用于企事业工作人员在职培训,并为公务员考试提供有益的写作指导。

本书封面贴有清华大学出版社防伪标签,无标签者不得销售。
版权所有,侵权必究。举报:010-62782989,beiqinquan@tup.tsinghua.edu.cn。

图书在版编目(CIP)数据

应用文写作/赵妍,魏蓓主编.—3版.—北京:清华大学出版社,2023.11
21世纪经济管理新形态教材.公共基础课系列
ISBN 978-7-302-64941-0

Ⅰ.①应… Ⅱ.①赵… ②魏… Ⅲ.①汉语—应用文—写作—高等学校—教材 Ⅳ.①H152.3

中国国家版本馆CIP数据核字(2023)第224476号

责任编辑:贺　岩
封面设计:汉风唐韵
责任校对:宋玉莲
责任印制:曹婉颖

出版发行:清华大学出版社
网　　址:https://www.tup.com.cn,https://www.wqxuetang.com
地　　址:北京清华大学学研大厦A座　邮　编:100084
社 总 机:010-83470000　邮　购:010-62786544
投稿与读者服务:010-62776969,c-service@tup.tsinghua.edu.cn
质量反馈:010-62772015,zhiliang@tup.tsinghua.edu.cn
印 装 者:北京嘉实印刷有限公司
经　　销:全国新华书店
开　　本:185mm×230mm　印　张:15.75　字　数:333千字
版　　次:2015年1月第1版　2023年12月第3版　印　次:2023年12月第1次印刷
定　　价:49.00元

产品编号:095204-01

第 3 版 前 言

在我国悠久的历史长河中,写作伴随文字的使用共同发展。从甲骨文到文言文,从古代奏章到现代写作,这种创造性的精神劳动一直在社会生活中发挥着促进文化传承与科学传播的重要作用。现代科学技术发展的"新常态"下,作为基础学科的写作承担着提高学生思维能力、语言表达能力、创造能力、交际能力及审美修养的重任。

在大学教育中,"应用写作"属于公共基础学科的核心和骨干课程,不仅是大学生必修和必须掌握的知识,也是就业和创业的关键技能。写作能力的培养是大学教育的要务之一,在写作教育中培养学生清晰的思维、严密的逻辑、准确地表达和写作的能力,日益成为大学通识课程建设的重要方向。写作的本质是沟通,写作的过程就是梳理、表达写作者思想的过程,亦是写作者和外界联系的途径,学习掌握好应用文写作知识技能,对今后人生的长远发展具有重要作用。

季羡林曾说:"没有100万字的积累,根本谈不上写作。"写作是日积月累的事。除了长久不懈的积累,掌握正确的写作方法,也是提高写作能力的途径之一。为切实帮助读者提高写作能力,本书编写过程中,立足在校大学生的知识结构与培养目标,在充分考虑到现实需求与就业需求的前提下,在"实用""新颖"上下功夫。

(1) 注重实用,讲求实效。充分考虑到日常工作学习中的常用文体,把写作教学与大学生的需求紧密结合起来,讲练结合,使大学生学以致用、学有所用。

(2) 思路独特,理论与实践结合紧密。立足大学生这一主体的现实与将来,注重知识接受与知识应用、现实性与前瞻性相结合,注重创新能力的培养。

(3) 内容新颖,具备工具书的指导价值。本书以中共中央办公厅和国务院办公厅联合印发的《党政机关公文处理工作条例》(中办发〔2012〕14号)、《国务院办公厅关于全面加强新时代语言文字工作的意见》(国办发〔2020〕30号)为编写依据,对此前一直沿用的依据1996年版《中国共产党机关公文处理条例》和2000年版《国家行政机关公文处理办法》编写的写作学习内容进行了调整,传递出最新版的应用文写作知识。在例文的选择上,在注重写作样式的规范性和典型性的基础上,兼顾内容的新鲜,尽量选取近3年的例文,体现与时俱进的时代感。

本书自出版以来,因写作质量高,深受全国高校广大师生欢迎,目前已多次重印再版。此次第3版,作者审慎地对原教材进行了去粗取精、更新案例、补充知识等修改,以使其更贴近经济生活，更符合社会发展，更好地为国家经济建设和教育教学实践服务。

全书分为7篇21章，遵循"引导—理论—模仿—实践—拓展"的科学规律，结合各种文体写作规程，具体介绍：汉语写作、应用文写作、党政机关公文格式规范、通知、通告、请示、报告、批复、函、会议纪要、计划总结、调查报告、述职报告、规章制度、简报、法律文书、经济文书、传播文书、学术论文等应用文写作基础知识，并注重通过强化训练，提高应用文写作技能。

由于本书融入应用文写作最新的实践教学理念，力求严谨，注重与时俱进，具有知识系统、科学规范、选文适宜、难易适度、贴近实际、通俗实用等特点，因此既可作为普通高等院校本科及高职高专公共基础课的首选教材，也可用于企事业员工的在职培训，并为公务员考试、大学生就业创业、社会工作者提供有益的写作指导。

本书由李大军筹划并具体组织，赵妍和魏蓓为主编，赵妍统改稿，俞巧珍、王锐为副主编，由应用文写作专家林玲玲教授审定。作者写作分工：赵妍(第一篇、第三篇)，王锐(第二篇)，俞巧珍(第四篇)，魏蓓(第五篇、第六篇)，冯春苗(第七篇)；李晓新(文字版式修改、教学课件制作)。

在本书的修订过程中，我们参阅了大量应用文写作的最新书刊、网站资料，以及国家历年颁布实施的应用文写作管理规定，收集了具有实用价值的典型案例，并得到有关专家教授的具体指导，在此一并致谢。为了方便教学配有教学课件，读者可扫描书后二维码免费下载使用。

因应用文写作文种文体多、涉及面广，且编者水平有限，书中难免存有疏漏，恳请专家和读者给予批评指正。

编　者

2023年6月

目 录

第一篇　应用文概述

第一章　应用文写作绪论 ······················· 3
第一节　汉语写作常识 ······················· 4
第二节　应用文写作概论 ······················ 20

第二章　应用文写作基础知识 ····················· 25
第一节　应用文的主旨 ······················· 25
第二节　应用文的材料 ······················· 27
第三节　应用文的结构 ······················· 29
第四节　应用文的语言 ······················· 34
【本章小结】 ···························· 38

第二篇　党政机关公文

第三章　党政机关公文的种类和体式 ················· 41
第一节　党政机关公文概述 ····················· 41
第二节　党政机关公文体式 ····················· 43
【本章小结】 ···························· 49
【写作练习】 ···························· 49

第四章　通知、通报、通告 ······················ 51
第一节　通知 ···························· 51
第二节　通报 ···························· 57

第三节　通告 …………………………………………………………………… 61
　　【本章小结】 ……………………………………………………………………… 65
　　【写作练习】 ……………………………………………………………………… 65

第五章　报告、请示、批复 …………………………………………………………… 66

　　第一节　报告 …………………………………………………………………… 66
　　第二节　请示 …………………………………………………………………… 69
　　第三节　批复 …………………………………………………………………… 73
　　【本章小结】 ……………………………………………………………………… 76
　　【写作练习】 ……………………………………………………………………… 76

第六章　函、纪要 ………………………………………………………………………… 78

　　第一节　函 ……………………………………………………………………… 78
　　第二节　纪要 …………………………………………………………………… 81
　　【本章小结】 ……………………………………………………………………… 85
　　【写作练习】 ……………………………………………………………………… 86

第七章　其他党政机关公文 …………………………………………………………… 87

　　第一节　决定 …………………………………………………………………… 87
　　第二节　公告 …………………………………………………………………… 90
　　【本章小结】 ……………………………………………………………………… 94
　　【思考与练习】 …………………………………………………………………… 94

第三篇　会　议　文　书

第八章　会议文书概述 ………………………………………………………………… 97

　　第一节　会议方案 ……………………………………………………………… 97
　　第二节　会议通知 ……………………………………………………………… 101
　　【本章小结】 ……………………………………………………………………… 104
　　【写作练习】 ……………………………………………………………………… 104

第九章　会中文书与会后文书 ………………………………………………………… 106

　　第一节　开幕词和闭幕词 ……………………………………………………… 106

第二节　主持词 …………………………………………………… 109
　　第三节　讲话稿 …………………………………………………… 114
　　第四节　会议记录 ………………………………………………… 116
　　第五节　会议纪要 ………………………………………………… 120
　【本章小结】 ………………………………………………………… 122
　【写作练习】 ………………………………………………………… 122

第四篇　财 经 文 书

第十章　财经文书概说 ………………………………………………… 125
　【思考与练习】 ……………………………………………………… 127

第十一章　市场调查报告与市场预测报告 …………………………… 128
　　第一节　市场调查报告 …………………………………………… 128
　　第二节　市场预测报告 …………………………………………… 133
　【思考与练习】 ……………………………………………………… 136
　【写作练习】 ………………………………………………………… 136

第十二章　可行性分析报告、审计报告 ……………………………… 137
　　第一节　可行性分析报告 ………………………………………… 137
　　第二节　审计报告 ………………………………………………… 139
　【思考与练习】 ……………………………………………………… 143

第十三章　合同 ………………………………………………………… 144
　【相关链接】 ………………………………………………………… 151
　【思考与练习】 ……………………………………………………… 152

第十四章　项目策划书 ………………………………………………… 153
　【思考与练习】 ……………………………………………………… 156

第十五章　招标书、投标书 …………………………………………… 157
　　第一节　招标书 …………………………………………………… 157
　　第二节　投标书 …………………………………………………… 159

【思考与练习】 163

第五篇　社交文书

第十六章　求职信、简历 167

第一节　求职信 167
第二节　简历 171
【写作练习】 181

第十七章　请柬、邀请信、聘书 183

第一节　请柬和邀请信 183
第二节　聘书 185

第十八章　祝词、欢迎词、答谢词 188

第一节　祝词 188
第二节　欢迎词 190
第三节　答谢词 192
【写作练习】 195

第六篇　传播文书和新闻类文书

第十九章　传播文书 199

第一节　传播文书概述 199
第二节　广告文案 200

第二十章　新闻类文书 213

第一节　新闻 213
第二节　消息 215
第三节　通讯 218
第四节　新闻评论 222
【本章小结】 224
【思考与练习】 224

【拓展实训】 ………………………………………………………………… 225

第七篇　学术论文与毕业论文

第二十一章　学术论文与毕业论文 …………………………………… 229
第一节　学术论文 ……………………………………………………… 229
第二节　毕业论文 ……………………………………………………… 234
【本章小结】 ……………………………………………………………… 239
【拓展实训】 ……………………………………………………………… 239

参考文献 ……………………………………………………………………… 240

第一篇

应用文概述

第一章

应用文写作绪论

【知识目标】

　　了解应用文的特点，能区分应用文与其他文体的不同。
　　了解应用文的语体特征，认识学习本课程的作用。
　　掌握应用文的写作要求和特点。

【能力目标】

　　能够将应用文写作的理论知识运用到写作实践中。
　　能够根据写作要求完成应用文写作。

【情景导入】

实用写作是现代社会必备的基本技能

　　叶圣陶先生说："大学毕业生不一定能写小说、诗歌，但是一定要能写工作和学习中实用的文章，而且非写得既通顺又扎实不可。"美国未来学家阿尔温·托夫勒也指出，信息时代家庭工作的任务是编制电脑程序、写作、远距离监测生产过程。信息时代社会家庭化，作为三项家庭工作任务之一的写作，自然不是文学写作而是文章写作。特别是处在高速发展的信息时代，社会的任何领域都要收集信息、加工信息、传递信息，完成这项工作的工具就是应用文写作。从预见变化、促成变化这个角度来说，社会愈是进步，应用文在社会发展中的地位愈加重要。

　　作为一名大学生，不管你毕业于哪个专业，只要你谋求向更高一级发展，就要参加考试，而差不多所有的考试都需要写实用文。研究生考试答卷文体是实用文，公务员、事业单位考试直接考公文或会议文书，还有一篇申论，其写作需要相当的实用写作知识储备。所以说，任何一位大学毕业生，不管是出身何种专业，从事何种性质的工作，都将遇到写作实用文的情况。实用文写作已经成为现代社会一项必备的技能。

第一节 汉语写作常识

一、汉语文章的概念解读

文章的概念,分为广义、狭义两种情况。广义概念包括"一般文章"和"文学作品"。狭义概念专指"一般文章"。一般文章包括文体文、应用文。

文体文,是指具有明显文体特征的文章,即记叙文、说明文、议论文。其中,记叙文的"记叙六要素"、说明文的"说明顺序与说明方法"、议论文的"议论三要素和论证的结构安排",便是明显存在的文体特点,是写作时务必遵循的原则规范,也是充分体现写作该类文章水平的主要依据。

应用文,指解决存在于实际工作与生活中的问题的文章。具有明显的应用性质。

应用文主要用于各级各类机关、企事业单位、社会团体、公民,行使管理职能、办理具体事务,对所涉及的政治、经济、社会生活等领域均有着明确的指导作用。因此,具有突出的实用性、真实客观性、针对性、时效性、规范性、平实性的特点。

按照应用文的实际功能,可分为党政公文、事务文书、财经文书、社交文书、传播文书、学术文书、法规文书等类。

二、文章写作的基本要求

(一)锤炼写作的主导意识

一篇文章主题、结构、材料、语言等诸多方面质量的高低,与写作者的写作水平密切相关,需要加强平时锤炼,不断总结、领悟。一般来说,写好文章需要做到以下几点。

1. 培养表达兴趣,努力提高自身修养

对写文章畏首畏尾,写作时常常漫不经心,是缺少写作兴趣的主要表现,这样难以写出文章,更不用说好文章。培养表达兴趣首先是在主观态度上把写文章当作生活中调剂情绪、提高自我价值的一件有意义的日常工作;然后积极面对,寓乐于中,一定时间后自然会产生较好的写作意念。

其次,培养并保持对生活的好奇心、想象力。可以说,生活无处不文章,一旦以热爱生活之心,留心观察生活的每一个角落、每一件事、每一个细节、每一个人,再发挥想象去加以表达,定会感受到从平凡中发现不凡的神奇。

2. 培养阅读习惯,不断积累写作素材

开启文章写作后,其文意、文采、文风的高低水平主要取决于写作者的思想高度、知识多寡、阅历深浅。古人云:"熟读唐诗三百首,不会吟诗也会吟""读书破万卷,下笔如有神""劳于读书,逸于作文"。这里的"会吟""有神""逸于"是建立在"熟读""破万卷""劳于"

的基础上的。

因此，平时要多读书、读好书，只有博览群书、广泛涉猎、坚持不懈，才能旁征博引、得心应手。当然，书读多了，有了材料，就有了进一步的要求——经常梳理所储备的材料，取其精华，去其糟粕，加以归类。使用材料时，更要好中选优，选取准确、典型、有价值的材料，这样才能使文章内容充分，具备理想的写作价值。

3. 掌握文章的体式规范等基本要求

写作是一门科学，它有自己的理论、规律和丰富的知识，从采集、构思到表现、修改，每个环节都有理论知识和科学方法。

从文章构成要素来讲，主题、材料、结构、表达、语言等，都有规律可循；从文体来讲，有记叙文、议论文、说明文、应用文等，每种文体都有其独特的特点和要求，所以必须正确体现体式规范。要在认真掌握基础理论知识的基础上，时常写作实践，勤于整理总结，才能保证以最佳的写作形式、准确精彩的语言文字对文章主题予以最佳的表达。

对此，清人唐彪有一段论述："学人只喜多读文章，不喜多做文章；不知读书乃藉人之功夫，多做乃切实求己功夫，其相去甚远也。人之不乐多做者，大抵因艰难费力之故……"这正说明写文章要"内""外"结合，要借鉴别人的做法，更要不怕艰苦，勤练"内"功。凡有成就的作者在谈到写作技巧时，都强调"做"的重要性。可见，写作文章，就必须勤于实践、不断总结，才有可能不断提高。

4. 要重视对写作语言的锤炼

语言是文学的第一要素。文章中词句运用得好坏，直接影响到文章质量的高低。因此，推敲、锤炼语言是写文章必不可少的步骤。

王安石的名句"春风又绿江南岸"，其中的"绿"字生动地描绘出江南早春的景色，而且用得很有气势，所以能流传千古。殊不知，诗的初稿用"到"字，后来改为"过"字，又改为"入""满"等十几个字，最后才定为"绿"字。这几经推敲的功夫，终没有白费。

多数人熟知的"红杏枝头春意闹""君不见黄河之水天上来"，其中的词语"闹""天上"，分别因意境奇特和气势雄伟而给人以无穷的想象余地，也都是重视语言的锤炼的经典案例。不下功夫锤炼语言，是写不出生动多彩、为人乐道的好文章的。

（二）培养"积累"的良好习惯

1. 在语言方面要建立"语汇库"

唐宋八大家之一的韩愈曾说过："辞不足，不可以成文。"可见，没有足够的语言积累，就写不出好文章的。

语汇是文章的细胞。广义的语汇，不仅指词、短语的总汇，还包括句子、句群。建立"语汇库"途径有二：

一是阅读——平时要广泛阅读书籍、报刊，尽力做好读书笔记，并把一些优美的词语、句子、语段摘录下来。

二是生活——平时要勤于捕捉、记录那些生活中的鲜活的语言,并不断积累、不断更新,为日后的写作奠定语言基础。

2. 要加强材料方面的积累

材料是文章的血肉。积累素材、建立"素材库",要深入观察生活、积极参与生活,并及时记录家庭生活、校园生活、社会生活中的见闻。记录时要抓住细节,把握人、事、物、景的特征,这样写出的文章就有血有肉。

3. 要加强思想方面的积累

观点是文章的灵魂。文章中心不明确,或立意不深刻,往往不能完成好文章表情达意的写作目的。因此,有必要建立"思想知识库"。建立"思想知识库"方法有二:

一要善思——遇事要善于观察、深入思考,多问几个"为什么""是什么""怎么样"的问题。坚持下来,能锤炼出"透过现象看本质"的意识和相应的逻辑思维水平。

二要辑录,也就是要不断摘录名人名言、格言警句等。

总之,加强积累、建立好"语汇库""素材库""思想库",并定期整理,不断充实、扩容,是写好文章的必要保障。

(三) 遵循写作的一般程序

1. 定题

写文章首先要确定写作意图,其次要明确文章的内容范围、时间范围、数量范围、人称范围、处所范围等要素。

2. 立意

立意,就是确定文章的主题,明确文章所要反映的主张、要求、期望等核心内容。文章立意,应该有提炼生活的基础,要努力把生活中某些根本性的东西反映出来。为了达到这一目的,必须努力做到正确、集中、新颖、深刻、巧妙。

正确是文章立意的第一要义。就是要保证文章的感情和思想观点正确,符合客观事物的本质和规律,符合我国的基本政治原则,符合人的基本道德要求,能给人以积极的启发。

集中是要求文章只有一个明确的立意,当然,可以考虑在这样一个立意之下,有一些围绕该立意而存在的分论点、子观点,可让文章内容更充实。

新颖是以独到的视角去审视题目中所蕴含的他类内容,多角度、多侧面地展开思考,或联想、或扩展、或类比、或逆向,努力写出文章的新高度、新意蕴。

深刻是指文章所确立的主题不是流于形式的或者停留在事物表面的比较浅显的道理,而要透过现象看到事物(事实)的本质,是蕴含着深层面思考、认识的思想。

巧妙要求文章的立意要从大处着眼、小处落笔。写作角度虽小,却能做到于"小"中见

"大"、"平"中见"奇"。

3．拟题

拟定出来的文章题目，要能反映出写作的动机、高度、目的。通过文章题目，读者可以基本认清文章要表达的主题和主要内容。文章的拟题，要高度精练地概括出文章的核心内容，既要准确，又要力求生动，这样才能引人注目，激起读者的兴趣。

4．选材

选材，就是选择材料。无论做什么文章，对所需材料进行选择是非常必要的。所选材料要适当得体，既能说明问题，又要生动典型。

三、文章写作的要素

（一）词语

词语是词和语的合称，包括单词、词组及整个词汇。从词性来看，可以分成实词和虚词。

1．实词

实词指有实际意义的词。

(1) 名词：表示人或事物名称的词。

① 人物名词。如：学生、群众、老头、妇女、同志、叔叔、维吾尔族、酒鬼；先生、女士、阿姨、爷爷、藏族、学生、军人、警察。

② 事物名词。如：笔、杉木、蜗牛、猎豹、棒球、冥王星、思想、物理、过程；铅笔、橡皮、网球、化学、羚羊、橡木。

③ 时间名词。如：上午、过去、将来、午夜、三更、甲戌、世纪；晚上、下午、明天、凌晨、午夜、庚申、昨天。

④ 方位名词。如：东南、上面、前方、内部、中间、西北、东南、前面、下面、中间。

(2) 动词：表示动作行为及发展变化的词。

① 行为动词。如：跑、唱、喝、敲、吆喝、盯、踢、闻、听、摸、跳、蹲、念、打、摸。

② 发展动词。如：生长、枯萎、发芽、结果、产卵。

③ 心理动词。如：喜欢、恨、气愤、觉得、思考、厌恶。

④ 存现动词。如：消失、显现、有、丢失、幻灭。

⑤ 使令动词。如：使、让、令、禁止、勒令。

⑥ 能愿动词。如：能、会、愿意、可以、能够、宁可。

⑦ 趋向动词。如：来、去、上、下；进、出、回、过、起、开。

⑧ 判断动词。如：是、为、乃。

(3) 形容词：表示事物性质、状貌特征的词。

① 表示形状的形容词。如：大、高、胖、尖尖、扁扁、圆圆。
② 表示性质的形容词。如：甜、好、香、伟大、勇敢、坚强、温柔。
③ 表示状态的形容词。如：快、浓、满、冰凉、通红、白茫茫、黑乎乎。

(4) 数词：表示事物数目的词。

① 确数词。如：6、7、8、9；陆、柒、捌、玖。
② 概数词。如：几、一些、左右、以下、余、开外。
③ 序数。如：老大、老二、初一、初八、第五、第六。

(5) 量词：表示事物或动作的单位。

① 名量词。如：吨、段、所、封、盘、匹、朵、米、升。
② 动量词。如：回、遍、趟、顿、阵、番、遭、场。

(6) 代词：能代替事物名称的词。

① 人称代词。如：我、你、它、她们、大家、咱们。
② 疑问代词。如：谁、什么、怎么、哪里、为什么、何以。
③ 指示代词。如：这、那、那里、那边。

2. 虚词

虚词，即没有实在意义的词。

(1) 副词：起修饰或限制动词或形容词作用、表程度或范围的词。

① 程度副词。如：很、极、非常、太、过分。
② 时间副词。如：已、刚、才、将、要。
③ 范围副词。如：都、全、总、只、仅。
④ 情态副词。如：特地、百般、互相、擅自、亲自、逐步、仍然。
⑤ 语气副词。如：难道、岂、究竟、偏偏、索性、简直、大概、莫非。
⑥ 重复副词。如：又、再、还、仍。

(2) 介词：用在名词、代词或名词性词组前边，合起来表示方向、对象等的词。如：从、往、在、当、把、对、同、为、以、比、跟、被、由于、除了。

(3) 连词：连接词、短语或句子的词。如：和、同、跟、不但、而且、只要、与其、尚且。

(4) 助词：附着在别的词后面，独立性差，无实在意义。

① 结构助词。如：的、地、得、所。
② 时态助词。如：着、了、过。
③ 语气助词。如：呢、吧、吗、哟、哩、呀。

(5) 叹词：表示感叹或者呼唤答应的词。如：哎呀、啊、哼、呸、哎哟、咳、哦、喂、嗯。

(6) 拟声词：模拟事物的声音的词。如：淅淅沥沥、噼里啪啦、瑟瑟、冽冽、哼哼、隆隆、呜呜、嘎嘎。

所有词语,都需要辨析使用。

首先,因为词有本义、引申义、比喻义三种意义。本义,是指词的起源义,即词的最初意义。引申义,是由词的本义引申出来的并经过推演发展而产生的意义。比喻义,是由词的本义(或引申义)的比喻用法而形成的意义,是词的一种已经固定下来的意义。

其次,因为同义词、反义词现象的存在。

同义词是指意义相同或相近的词。有些同义词的意义完全相同,在一般情况下可以互相替代。有些词,虽然意义基本相同,但并不完全相等,应用上也不能任意互换,彼此间有一定的细微差别。写作时,要注意进行辨析。

反义词,指意义完全相反或相对的词。

恰当地运用反义词,可以形成鲜明的对比,把事物的特点表达得更充分,给人留下深刻难忘的印象。巧妙地使用反义词,可以使语言精辟含蓄、寓意深刻。正确使用反义词,可以形成对比、映衬,达到正话反说的效果。

(二) 结构

文章的结构,是文章部分与部分、部分与整体之间的内在联系和外部形式的统一。

大凡文章,均是由主题、材料、结构三个要素组成的。如果说,主题是文章的"灵魂",材料是文章的"血肉";那么,结构是文章的"骨架",是谋篇布局的手段,是运用材料反映文章主题的方式方法。

常见的文章结构方式有四种:

(1) 并列式,即文章各部分的内容写作,并列展开进行,没有主次轻重之分。

(2) 总分式,即文章写作采取"先总述,再分说"或者"分—总、总—分—总"的形式进行。

(3) 对照式,即指写作时,文章中的各部分内容或进行对比,或用这部分内容烘托另一部分内容。

(4) 递进式,即文章几部分内容逐层深入。

(三) 表达方式

表达方式,是文章构成的一种形式要素,是表述特定内容所使用的特定的语言方法、手段。就文章的写作方法而言,主要有五种表达方式:记叙、描写、抒情、议论、说明。

1. 记叙

记叙,是写作中最基本、最常见的一种表达方式,它是作者对人物的经历和事件的发展变化过程以及场景、空间的转换所作的叙说和交代,主要是表达出人物的经历和事物的发展变化过程。

2. 描写

描写,是用生动形象的语言把描写对象的状貌、情态描绘出来(包括心理描写、语言描写、动作描写、神态描写、外貌描写、细节描写、环境描写、场面描写等),再现给读者的一种表达方式。

一般分为人物描写和景物描写。它是记叙文,特别是文学创作中的主要表达方式之一。在一般的抒情、议论、说明文中,有时也把它作为一种辅助手段。描写的手法运用得好,能逼真传神、生动形象,使读者如见其人、如闻其声、如临其境,从中受到强烈的艺术感染。

3. 抒情

抒情,就是以形式化的话语组织,抒发和表现作者的感情。它是抒情文体中的主要表达方式,在一般的文学作品和记叙文中,也常常把它作为重要的辅助表达手段。

4. 议论

议论,就是作者对某个议论对象发表见解,以表明自己的观点和态度。通常带有较强的主观色彩。它的作用在于使文章鲜明、深刻,具有较强的哲理性和理论深度。

议论,是议论文的主要表达方式。在记叙文、说明文或文学作品中,常被当作辅助表达手段。

5. 说明

说明,是用简明扼要的文字,把事物的形状、性质、特征、成因、关系、功用等解说清楚的表达方式。

(四) 修辞与修辞格

"修"即修饰的意思;"辞"的本意是"辩论的言词",后引申为一切的言词。修辞,就是修饰言论,也就是在使用语言的过程中,利用多种语言手段以收到尽可能好的表达效果的一种语言活动。

常用的修辞格有比喻、借代、比拟、夸张、对比、对偶、排比、反复、反语、反问、设问、顶针、摹状、双关。

1. 比喻

比喻,就是打比方,它是用某一具体、浅显、熟悉的事物或情境来说明另一种抽象、深奥、生疏的事物或情境的一种修辞方法。可以使被描写的事物形象鲜明生动,加深人们的印象;用它来说明道理时,能使道理通俗易懂,便于人们理解。

比喻,要有本体、喻体和喻词;分为明喻、暗喻、借喻三种形式。

(1) 明喻,可简缩为:甲(本体)如(喻词:像、似、若、犹、好像、仿佛)乙(喻体)。例如:她动也不动,好像石像。

(2) 暗喻,可简缩为:甲是(喻词:成、变成、成为、当作、化作)乙。

明喻在形式上是相似关系,暗喻则是相合关系。例如:乌云四合,绵延不断的山峦成了一幅蘸饱了墨汁的水墨画。

(3) 借喻,只出现喻体,本体与喻词都不出现。

例如:小猫咪在稿纸上踩了几朵小梅花。

2. 借代

借代,不直接说出要说的人或事物,而是借用与这人或事物有密切关系的名称来替代。常表现为:用专名代通称等。

(1) 用具体代抽象。如:枪杆子里面出政权。

(2) 用形象代本体。如:上面坐着两个老头,东边的一个是马褂,西边的一个是西装。

(3) 部分代整体。如:人民子弟兵不拿群众的一针一线。

(4) 专名代泛称。如:我们的时代需要千千万万个雷锋。

3. 比拟

比拟,是把人当物来写或把物当人来写的修辞方法,前者称为拟物,后者称为拟人。

(1) 拟物就是把人当作物来写,使人具有物的动作或情态,或者把甲物当作乙物来写,表达某种强烈的爱憎感情。如:我到了自家的房外,我的母亲早已迎着出来了,接着便飞出了八岁的侄儿宏儿。(鲁迅《故乡》)

(2) 拟人就是把物当作人来写,或者用表现人的特性的词语描述物,或者直接把物变成人。如:湖水愈发温柔,愈发安详了——它静静地平躺着,安然地享受着晨雾徐徐的、轻柔的爱抚,那神态,真好像母亲怀中含乳酣睡的婴儿呢。(斯妤《北海的早晨》)

4. 夸张

夸张,是运用丰富的想象,在客观现实的基础上有目的地扩大或缩小事物的形象特征,以增强表达效果的一种修辞方法。如:

(1) 蜀道之难,难于上青天。(扩大夸张)

(2) 一个浑身黑色的人,站在老栓面前,眼光像一把刀,刺得老栓缩小了一半。(缩小夸张)

(3) 农民们都说:看见这样鲜绿的麦苗,就嗅出白面包子的香味来了。(超前夸张)

5. 对比

对比,是把两种事物或同一事物的两个方面并举加以比较的方法。如:

(1) 谦虚使人进步,骄傲使人落后。

(2) 花生长在地下,不像苹果那样高挂枝头。

6. 对偶

对偶,是用结构相同或相近、字数相等、意思相对或相反的一对短语或句子对称排列以表达相对或相近的意思。如:

(1) 宝剑锋从磨砺出,梅花香自苦寒来。
(2) 不登高山,不知天之高也;不临深溪,不知地之厚也。
(3) 远看山有色,近听水无声。
(4) 野火烧不尽,春风吹又生。

7. 排比

排比是指把内容相关、结构相同或相似、语气一致的几个(一般要三个或三个以上)短语或句子连用的方法。如:如果说,坚强是一个常青的树,那么浇灌它的必定是持之以恒的意志;如果说,坚强是一朵不败的花,那么照耀它的必定是心中不落的太阳;如果说,坚强是一笔永久的财富,那么拥有它的必定是百折不挠的人。

8. 反复

反复是指为了强调某种意思、突出某种感情,有意重复使用某些词语或句子的一种修辞方法。即:使同一个词语或句子一再出现。反复可以是连续的,也可间隔出现。如:

(1) 冒着敌人的炮火,前进!前进!前进!
(2) 大堰河,为了生活,在她流尽了她的乳液之后,她就开始用抱过我的双臂劳动了;她含着笑,洗着我们的衣服;她含着笑,提着菜篮到村边的结冰的池塘去;她含着笑,切着冰屑悉索的萝卜;她含着笑,用手掏着猪吃的麦糟;她含着笑,扇着炖肉的炉子的火;她含着笑,背了团箕到广场上去晒好那些大豆和小麦。(艾青《大堰河——我的保姆》)

9. 反语

反语,是"正话反说"。即:实际要表达的意思和字面意思是相反的。如:当三个女子从容地转辗于文明人所发明的枪弹的攒射中的时候,这是怎样的一个惊心动魄的伟大啊!中国军人的屠戮妇婴的伟绩,八国联军的惩创学生的武功,不幸全被这几缕血痕抹杀了。(鲁迅《记念刘和珍君》)

10. 反问

反问,是用疑问的形式来表达确定的意思。肯定的形式表示的意思是否定的,否定的形式表示的意思是肯定的。反问在于突出地强调所要表达的意思,所说的话具有一种不可辩驳的气势。因此,不需要回答。如:李大钊同志对革命事业充满信心,怎么会惧怕反动军阀?

11. 设问

设问,是指采用"先问后答、自问自答"的形式进行叙说,是为了揭示下文、强调某种观点而有意提问。如:是什么使成千上万不同职业的人赶到天安门广场参加开国大典?我想,这主要是大家都有一颗热爱祖国的心。

12. 顶针

顶针,是指把前一句结尾的词语作为后一句起头的词语的修辞方法。如:归来见天子,天子坐明堂。(《木兰诗》)

物格而后知至,知至而后意诚,意诚而后心正,心正而后身修,身修而后家齐,家齐而后国治,国治而后天下平。(《大学》)

13. 摹状

摹状,是指对事物的形状、声音、色彩如实地摹写,给读者视觉和听觉的刺激,以引起读者的联想,就好像读者自己看到事物的形状(如观其形)、自己听到事物的声音(如闻其声)的一种修辞方法。例如:"他们轻轻地划着船,船两边的水哗、哗、哗。"

(1) 摹声:把事物的声音直接描摹出来。例如:老师走在黑板前面,嗡嗡嗡嗡说话的声音就立刻停止了,只听见哗啦哗啦翻课本的声音。

(2) 摹色:把事物的颜色直接描摹出来。例如:红彤彤的太阳从东边升起。

(3) 摹形:把事物的形状直接描摹出来。例如:几十年过去了,公公的额头开始出现"三"字纹了。

(4) 摹态:把人或事物的形态直接描摹出来。例如:他呆呆地坐着,一动也不动。

(5) 摹味:把人或事物的气味直接描摹出来。例如:隐隐约约的花香扑鼻而来,甜甜的味道很好闻,但我还是喜欢森林中神清气爽的草木香。

14. 双关

双关是指在一定的语言环境中,利用语义和语音的条件,有意使语意具有双重意义,言在此而意在彼的修辞方法。共有四种情况:谐音双关,语意双关,音、形双关,音、形、义双关。

东边日出西边雨,道是无情还有情。(刘禹锡《竹枝词》)

四周黑洞洞的,能不碰壁吗?(周晔《我的伯父鲁迅先生》)

四、文体文的写作

文体文是指具有明显文体特征的文章,即记叙文、说明文、议论文。其中,记叙文的"记叙六要素"、说明文的"说明顺序与说明方法"、议论文的"议论三要素和论证的结构安排",是各自的文体特点和写作时务必遵循的原则规范,也是充分体现写作该类文章的水平的主要依据。

(一) 记叙文的写作

记叙文,是以叙述表达方式为主,描写、抒情、说明和议论表达方式为辅,以写人物的经历和事物发展变化为主要内容的一种写作文体。

记叙文的特点是通过生动形象的事件来反映生活、来表达作者的思想感情,文章的中心思想蕴含在具体材料中,往往通过对人、事、物的生动描写来予以表现。

从写作内容与方式的角度进行分析,记叙文可分为两类,即简单的记叙文和复杂的记叙文。从不同的写作对象角度进行分析,记叙文可分为四类,即写人的记叙文;叙事的记叙文;写景的记叙文(即散文);状物的记叙文。

写作记叙文,要注意记叙六要素、人称、记叙的顺序、表达方式等的有机运用。

1. 记叙文的六要素

记叙文的六要素是指人物、时间、地点、事件的起因、经过和结果。

2. 记叙文的人称

第一人称"我、我们"具有"真实可信"的表达效果,第二人称"你、你们"具有"更加亲切"的表达效果,第三人称"他(她)、他(她)们"具有"易于引起共鸣、影响广泛"的表达效果。

写作时,如能围绕文章主题而运用不止一种的人称表现手法,则可以增加记叙文写作的思维活跃程度,促使文章的结构层次更加多元、内容(情节)更加跌宕,从而有机完善写作效果。

3. 记叙文的线索

(1) 以时间转移为线索;

(2) 以人为线索;

(3) 以事为线索;

(4) 以物为线索;

(5) 以感情为线索。

4. 记叙文的顺序

顺叙:指按照事情发生、发展和结局的顺序来叙事,清楚交代事件的前因后果,文章的条理性很强。

倒叙:指"把后发生的事情写在前面,把先发生的事情写在后面"的叙事手法。先把结局说出来,往往可以在第一时间就强烈吸引读者关注事件的起因和过程。

插叙:指在正常叙说过程中,插入其他一些与叙说之事相关的情节后,再接着按照原事件顺序叙述后面的情况。所插入的内容要对主要情节起到补充、衬托或者解释说明的作用,才会促使此篇文章的写作脉络清晰、结构紧凑。

补叙:指行文中用三两句话或简单的一段话对前边说的人或事作一些简单的补充交代。运用补叙,有助于更好地表达主题,使文章结构完整、行文跌宕起伏,常会收到出人意料的效果。

分叙(平叙):分叙法是对同一时间、不同地点发生的两件或两件以上的事情进行的平行叙述。这一写作手法的运用,可直接丰富文章的内容,增加紧张感,从而起到耐读的作用。

写作记叙文时,综合且灵活地运用几种叙述顺序,可以促使记叙文的内容更加丰富而紧凑、结构层次更加多元、上下文的衔接更加自然、写作手法的选择更加多样,最终会促使写作的效果更加富有表现力、影响力。

5. 记叙文的表达方式与表现手法

记叙文的表达方式指叙述、描写（肖像、语言、动作、心理、环境等，或正面、侧面、细节）、议论、抒情、说明等。如要达到让记叙更生动的目的，需要辅之以描写的表达方式；如要达到让记叙过程流露出适度的感情色彩的目的，需要辅之以抒情的表达方式；如要达到让记叙的人和事情有意义的目的，需要辅之以议论的表达方式。在记叙的过程中，需要说明的内容，还需要辅之以说明的表达方式。

记叙文的表现手法指描写、衬托、渲染、对比、伏笔、铺垫、象征、比喻、以小见大、欲扬先抑、借景抒情、卒章显志、托物言志等。

写作记叙文时，如能综合且灵活地运用多种表达方式和表现手法，可以使记叙文的写作效果变得更具感染力。

（二）说明文的写作

说明文是以说明为主要表达方式来解说事物、阐明事理而给人知识的文章体裁。它通过揭示概念来说明事物特征、本质及其规律性。说明文一般介绍事物的形状、构造、类别、关系、功能，解释事物的原理、含义、特点、演变等。

在各种文体中，说明文的实用性很强，是一种客观的说明事物、阐明事理的文体。其内容具有高度的科学性，结构具有清晰的条理性，语言具有严密的准确性。因此，在社会生活中的运用范围极为广泛。

写作说明文时，要注意以下几点。

1. 运用好说明方法

为了把事物特征说清楚，或者把事理阐述明白，必须有相适应的说明方法。常见的说明方法有举例子、分类别、作比较、列数字、下定义、作诠释、打比方、引用、画图表（作图表）等。

写说明文要根据说明对象和写作目的，选用最佳方法。

采用什么说明方法，一方面服从内容的需要，另一方面作者有选择的自由。是采用某一种说明方法，还是采用多种说明方法，是采用这种说明方法，还是采用那种说明方法，可以灵活，不是一成不变的。

2. 运用好表达方式

说明文虽然以说明为主要表达方式，但若没有其他表达方式（叙述、议论、描写等）的恰当配合，难以较好地达成介绍事物、解释事理的写作目的；如能准确、恰当地使用叙述、议论等方式来辅助说明，常能实现将说明文写得有声有色、文采斐然的最终效果。

3. 运用好说明顺序

说明要有顺序，这是使说明内容条理化的必要条件。常见的说明顺序有逻辑顺序、时间顺序、空间顺序。采用什么顺序，主要取决于所说明对象的特点。

(1) 逻辑顺序

逻辑顺序,即按照事物、事理的内在逻辑关系,或由个别到一般,或由具体到抽象,或由主要到次要,或由现象到本质,或由原因到结果等逐一介绍说明。

不论是实体事物,如山川、江河、花草、树木、器物等,还是抽象的事理,如思想、观点、概念、原理、技术等,都适用于以逻辑顺序来说明。而阐述事物、事理间的各种因果关系或其他逻辑关系,按逻辑顺序写作也最为适宜。

(2) 时间顺序

时间顺序,即按照事理发展过程的先后来介绍某一事物的说明顺序。如说明生产技术、产品制作、工作方法、历史发展、文字演变、人物成长、动植物生长等,按时间顺序写作最为适宜。因为说明得更清楚而使读者一目了然,对写作起到画龙点睛的作用。

(3) 空间顺序

空间顺序,即按照事物空间结构的顺序来说明,或从外到内,或从上到下,或从整体到局部来加以介绍,这种说明顺序有利于全面说明事物各方面的特征。

4. 安排好说明结构

(1) 按照说明对象的自身条理性安排结构

任何事物都有自身的条理规律,把握这种规律并据此安排结构,能使说明的内容井然有序、条理清楚。一般来说,运动、变化、发展的事物,其条理性表现在时序上,不同时间有不同的形态,说明时可按时间顺序安排结构。

处于静止状态的事物,如建筑群、名胜古迹、物品等,常常从空间位置上体现其条理性。说明这类事物,宜按空间顺序,先表后里、先外后内进行说明。

(2) 按照人们对说明对象的认识规律安排结构

对比较陌生或者难以理解的说明对象,说明时要安排好"由具体到抽象,由表面现象到内在事理,由个别推及一般"的写作结构。要在具体说明中,先写状态,后写功用或成因,最后揭示性质、特征。

对并不陌生的事物或事理,说明时可先说一般,再叙说个别现象(先写性质、特征,后写状态)。这样,阅读者可以先获得对事物或事理的总体认识,然后再完成具体理解的工作。

(三) 议论文的写作

议论文又叫说理文,是以议论为主要表达方式,直接表达作者的观点和主张的、以理服人的文章。文章要通过摆事实、讲道理、辨是非等方法,或从正面提出某种见解、主张,或是驳斥别人的观点,最终确定自己的观点正确、树立或否定某种主张。

杂文、说法或常见的思想感受等,都属于议论文的范畴。

议论文要求观点明确、论据充分、语言精练、论证合理、逻辑严密。

1. 议论文的分类

（1）立论文

立论文以议论为主要表达方式，直接表达自己的观点和主张。写作时要求观点明确且正确；论据充分且具有说服力；语言表达准确、清楚且具备逻辑性。

（2）驳论文

驳论文在对对方的观点加以批驳的同时，阐述自己的观点。写作时，首先采用摆事实、讲道理的方式指出对方的实质性错误，再分步骤（分层次）驳斥对方的错误论点，并在批驳的同时或之后提出自己的正确观点并予以充分论证。

2. 议论文的主要特点

首先，语言表达要具有概括性和针对性。主要是用词要准确、鲜明、生动、有力。

其次，注重逻辑性。主要是段落与段落之间要有非常清楚的逻辑关系——总分、对照、层进、并列等。并要借助可以起到过渡性作用的语句来突出这种关系，如："有""还有""虽然、但是""固然""诚然""由此"等。

3. 议论文三要素

议论文要围绕确立的论点，运用严密的论证，让具有典型性和普遍性的论据充分证明观点的正确。论点、论据、论证，是议论文写作的三要素，缺一不可。

（1）论点

论点，解决的是"要证明什么"的问题。它是一个可以准确、鲜明、概括地阐述写作者观点的完整陈述句，是一篇文章的灵魂、统帅。一篇议论文只有一个中心论点，根据写作需要可以有分论点。

① 论点要正确

论点的说服力根植于对客观事物的正确反映，而这又取决于作者的立场、观点、态度、方法是否正确。如果论点本身不正确，甚至是荒谬的，再怎么论证也不能说服人。因此，论点正确是写作议论文的最基本也是最根本的要求。

② 论点要鲜明

论点的主旨往往指证一种态度、一个主张，其赞成什么、反对什么的指向要非常鲜明，绝不能模棱两可、含混不清。

③ 论点要新颖

论点应该尽可能新颖、独特、深刻，能超出而不是重复他人的既往主张（见解）；也不能是无关痛痒、流于形式的泛泛之谈。

论点的位置一般有四个：文题、开头、文章中间、结尾。较多情况是在文章的开头，段落论点（分论点）也是如此。若文章开头与结尾出现类似的论点语句（语段），那么可以认定开头处语句（语段）为论点，结尾处的则是对论点的呼应。

（2）论据

论据，解决的是"用什么来证明"的问题。它是支撑论点的材料，是作者用来证明论点的理由和根据。分为事实论据和理论论据。

① 事实论据

事实论据包括事例和数据，在议论文中的作用十分明显。用具有代表性的事例、确凿的数据、可靠的史实等来分析事实，证明道理，处理它们与文章主旨之间的逻辑关联，有助于议论文的写作最终取得"有理有力有节"的写作结果。

② 理论论据

作为论据的理论包括名言警句、谚语格言以及作者的说理分析，这些内容因为是对大量事实抽象、概括的结果，所以通常都是能够得到社会的普遍认可的。

使用论据时，要求做好三点。

一要保证确凿性——选择确凿的、典型的事实；引用经过实践检验的理论材料，还必须注意所引理论本身的精确含义。

二要保证典型性——引用的事例应该具有广泛的代表性，代表这一类事物的普遍特点和一般性质。

三要处理好论据与论点的统一——论据是为论点服务的，两者必须紧密一致。

（3）论证

论证，解决的是"如何进行证明"的问题。其目的在于揭示论点和论据之间的内在逻辑关系。一般分为立论和驳论两大类型。

① 立论

立论是对一定的事件或问题从正面阐述作者的见解和主张的论证方法。

写作时要注意以下三点：

一是所阐述的见解和主张必须是经过认真的思考或者一定的实践，确实是自己所独有的正确的认识和见解，或者是切实能解决实际问题的主张。要使读者感到有新意、有价值。

二是必须围绕所论述的问题和中心论点来进行论证。开篇提出怎样的问题，结篇要归结到这一问题。在论证过程中，不能随意发挥。所有分论点的论证工作都要围绕中心论点进行，要前后呼应、首尾一致。

三是"立"要建立在"破"的基础之上。在立论的过程中，需要提到一些错误的见解和主张，加以否定和辩驳，以增强说服力，使读者不会误解自己的观点。

② 驳论

驳论是以有力的论据反驳别人错误论点的论证方式。可以有三种途径，即反驳论点、反驳论据、反驳论证。

反驳论点，即直接反驳对方论点本身的片面、虚假或谬误，是驳论中最常用的方法。

反驳论据,即揭示对方论据的错误,以达到推倒对方论点的目的(因为错误的论据必定得出错误的论点)。

反驳论证,即揭露对方在论证过程中的逻辑错误,如大前提、小前提与结论的矛盾,对方各论点之间的矛盾,论点与论据之间的矛盾,等等。

4. **论证方法**

(1) 举例论证(例证法)

举例论证(例证法),指写作议论文时,列举确凿、充分、有代表性的事例证明论点,起到增强文章的说服力的作用。

(2) 理论论证

理论论证,指写作议论文时,用经典著作中的精辟见解和古今中外名人的名言警句以及人们公认的定理、公式等来证明论点,起到增强文章的权威性和说服力的作用。

(3) 对比论证

对比论证,指写作议论文时,用正反两方面的论点或论据进行对比,在对比中证明论点。因为具有突出、全面的论证特点,所以容易留下深刻的印象。

(4) 比喻论证

比喻论证,指写作议论文时,使用人们熟知的事物做比喻来证明论点。因为比较生动形象,所以能促使文章浅显易懂,易于理解和接受。

(5) 引用论证(引证法)

引用论证(引证法),指写作议论文时,引用名人名言、格言警句、权威数据、名人逸事、笑话趣闻等来分析问题、说明道理,可以增强文章的说服力或文采。

(6) 演绎论证

演绎论证,指写作议论文时,根据一般原理或结论来论证个别事例,即用普遍性的论据来证明特殊性的论点。

(7) 类比论证

类比论证,指写作议论文时,从已知的事物中推出同类事例,即从特殊到特殊的论证方法。

(8) 因果论证

因果论证,指写作议论文时,通过分析事理,揭示论点和论据之间的因果关系来证明论点。因果论证可以用因证果,或以果证因,还可以因果互证。

5. **论证结构**

分析议论文内容的逻辑关系,可以将其写作的结构形式划分为两大类。

(1) 纵式结构

纵式结构是逐层深入的论述结构。是按照逻辑关系,由浅入深、层层递进、纵向开掘的一种结构方式。即:在提出论点后,循序渐进地去论证,把观点逐渐展开,最后归纳总结。主要有两种类型：

一是将中心论点分成几个分论点，分论点之间构成的是由浅入深、由简单到复杂的关系。层次间可用诸如"不仅……而且……""……况且"等关联词语过渡。

二是按照"提出问题、分析问题、解决问题"的思路安排论证结构，即按"是什么→为什么→怎么样"的顺序来写。其论证结构的好处是层次清楚、逻辑严密、论证深刻。

运用层进式结构要注意：各个部分之间的关系要符合人们的认知规律，不可随意颠倒；各个部分之间的过渡要自然，要注意使用一些过渡性词语做好承上启下的工作。

(2) 横式结构

横式结构是并列展开的论述结构。各部分内容之间没有明显的主次、先后、因果、条件等层级关系，而是站在不同的角度对论点展开论证。

第二节　应用文写作概论

【知识链接】

全国政协委员、著名作家梁晓声在谈到自己对学生的教育时说：今天的中文首先是一种写作能力，不一定是写小说写诗歌，更重要的是把这种文字能力与求职与工作相结合，提升自己在这个社会的立足能力。

实际上，在中国社会经济进入"新常态"的背景下，传统的"就业三大能力"——计算机、英语、写作的地位进一步得到增强，尤其是各种公文写作，不但是大学生自身能力、学识的直接体现，也关系着用人单位的经济效益和社会认可度。

写作能力是现代社会每个人必备的基本能力，它在一定程度上影响着一个人的学业水平、工作能力和对社会的适应程度，也影响着个人才能的充分发挥。

写作是客观事物或现象通过作者的认识、分析、研究和提炼后，以文字为媒介给以能动反映的过程。它是人类组织社会生产、生活的一种重要行为，涉及人类生活的各个领域，既是一项创造性的实践活动，也包含一定的技能成分，尤其是应用写作。

应用写作是以应用文的文体及其写作活动为研究对象，探讨应用文写作规律的实际应用科学。

一、应用文的内涵、种类及特性

(一) 应用文的内涵

应用文，也称实用文，是人类长期的社会实践活动中形成的一种文体，是国家行政机关、企事业单位、社会团体以及人民群众在行政管理、社会交往与活动过程中，处理公私事务、沟通信息、交流情况、联络感情时形成并使用的具有惯用格式和直接实用价值文体的总称，是依法行政和进行公务活动与社会活动的一种重要的书面交际工具。

（二）应用文的种类

1. 按用途

应用文分为两大类：一类是行政机关、团体和企事业单位用来处理公务的；一类是个人或集体用来处理私事的。

2. 按性质

应用文分为三大类：一般性应用文，这类应用文一般包括书信、启事、会议记录、读书笔记、产品说明书等；公文性应用文，这类应用文包括以党和国家机关、社会团体、企事业单位的名义发出的文件，如公告、通告、决定、命令、请示、批复、函等；事务性应用文，这类应用文一般包括计划、总结、简报、调查报告、规章制度及各种鉴定等，这是在处理日常事务时所使用的一种应用文。

（三）应用文的特性

应用文自有本身鲜明的特性。依据认识的不同角度，我们认为应用文至少应该有以下特性。

1. 实用性

实用是应用文的第一属性，也是应用文区别于文学作品和其他文体的主要标志。

实用性是指应用文从现实生活的客观实际出发，以其成品有实际使用价值为前提的社会活动。这种实用的特性，具体表现为广泛的社会性和工具性（充当着相互交流、往来的工具角色）。

2. 真实性

真实性是指应用文的内容必须在本质意义上实有其事、真有其人，即人物、事件、时间、地点以及因果关系等不仅是确凿有据、真实可靠、经得起考查和检验，而且能够显示事实的本质，带有普遍的而不是个别的意义。

3. 针对性

针对性是指应用文总是有针对性地为解决现实中出现的问题而作，它目的明确，现实意义大，一般有时间要求，有的甚至刻不容缓。应用文的针对性，首先表现为写作目的明确，其次表现在现实意义和时间性上。

4. 程式性

文学作品的创作，一般都强调创作者的个性。而应用文的格式则较为固定，有程式性特征。要么是约定俗成、广为大家接受认可的，要么是被法定固化的，如国家行政机关公文。

应用文的格式稳定，可以使不同的文种清晰醒目，便于写作、阅读、承办、归档、查询等,更好地达到行文的目的。

  5．其他特性

  应用文除了实用性、真实性、针对性、程式性之外,还有其他一些具体特性,如写作中的主动性和受动性、个体性和群体性,文字表述中的准确性和简约性、直接性和常规性等。

二、应用文的作用

  应用文的作用体现在社会生活的方方面面,具体来讲主要有以下几点。

  1．宣传政策,发布法规,促进社会改革

  党的方针、政策和国家的法律、法规,主要是通过各种形式的公文固定下来并传播的。这些法规、法律、政策的发布对保障社会的安定和各项工作的正常进行,促进社会的改革和发展起了重要作用。如《合同法》《教师法》《公民道德行为准则》等,都要通过应用文书来公布或颁布执行。

  2．传播信息,总结经验,促进生产和工作

  应用文能突破时间、空间的限制把各个单位和部门紧密联系在一起,使其互通情况、交流信息、商洽事情、联系工作。如广告,它通过各种媒体把最新信息发布出去,有关单位或个人根据广告了解产品的信息,同时向商家及时反馈需求信息。

  人们还常用应用文对科研、生产、工作的经验进行理论总结,探索客观事物的规律,从而能有效地提高工作质量和工作效率,如常见的总结。

  3．具有凭证记载作用,积累历史资料

  应用文能够真实地记载和反映国家机关、单位、组织或个人在不同时期的工作及活动情况,是准确、客观的历史资料。这些文件无论是正在运转之中还是已经归档的,都是宝贵的信息资源。

  人们通过查阅存档的应用文书,可以了解相关社会活动的历史,从中参考借鉴,以防止在工作中重犯错误再走弯路。一旦工作中有了分歧矛盾甚至产生了法律纠纷,都可以从应用文中找到凭证。如经济合同、会议纪要、注册申请书、招标投标书等文种的参考和凭证作用更加明显。

  4．处理事务,加强社会联系

  为了促进工作和学习,营造和谐有序的工作、学习和生活环境,常用到应用文。如常见的贺信,在他人遇到生日诞辰、新婚之喜、职务荣升,或单位遇到工程竣工、会议开幕等喜庆事时,都可以发贺信或到场表示祝贺,这样更有助于加强社会联系。

三、学习应用写作的意义和方法

(一) 学习应用写作的意义

  随着社会的发展,人们在工作和生活中的交往越来越频繁,事情也越来越复杂,应用文不仅与在校学生的生活密切相关,比如通知、书信、请假条、倡议书、入党申请书等,即使学生将来走向社会,在日常生活和工作中更是经常要用到应用文。

在科技迅猛发展的当前,应用文绝不是单纯的应景之作,而是社会的需求和培养实用型人才的需要。正是为适应各行各业应用写作的需要,不同行业的应用文由自然诞生到引起教育工作者关注,再到被整理归类,在理论上加以提升,使之规范化,并吸纳为教学内容。

（二）学习应用写作的方法

一个人如何把握各类实用文体,掌握写作要领,应是一项基本功。由于现代社会经济发展,人际交往和人才培养的需求,应用文写作必将日益受到社会的重视和人们的青睐。学习应用写作的方法,应当注意以理论为指导,以例文为借鉴,以训练为中心。具体来说,有以下几种方法。

1. 了解原理

应用文写作原理是指导应用文写作的最基本的理论,必须了解它、认识它,以避免走弯路。不懂道理的实践活动,如同盲人骑瞎马；懂得了道理,了解了规律,实践中就会心明眼亮,事半功倍。

2. 懂得规矩

应用文各类文体的文种繁多,范围广泛,涉及各行各业。但不同的文种按照不同的类属都有各自的规矩。如行政公文的种类 2001 年施行的文件认定为 13 种,2012 年修订为党政机关公文认定为 15 种。这就是规矩。其他文类如法律、财经、礼仪等也各有自己的规矩。学习应用文写作必须懂得并熟悉这些规矩,以便得之于心,应之于手。

为了适应中国共产党机关和国家行政机关(以下简称党政机关)工作需要,推进党政机关公文处理工作科学化、制度化、规范化,2012 年 4 月 16 日,中共中央办公厅、国务院办公厅以中办发〔2012〕14 号印发《党政机关公文处理工作条例》(以下简称《条例》)。

该《条例》分总则、公文种类、公文格式、行文规则、公文拟制、公文办理、公文管理、附则 8 章 42 条,自 2012 年 7 月 1 日起施行。1996 年 5 月 3 日中共中央办公厅发布的《中国共产党机关公文处理条例》和 2000 年 8 月 24 日国务院发布的《国家行政机关公文处理办法》停止执行。

该《条例》将公文种类分为 15 种：决议、决定、命令(令)、公报、公告、通告、意见、通知、通报、报告、请示、批复、议案、函、纪要。

3. 掌握技法

应用文写作的技法不能脱离写"实",写"实"的关键在于成功的调查研究。当然,这并不是说有了调查研究就有了技法的一切,学习应用文写作还需根据不同的文种掌握具体的方法。如网络应用文体的写作,它在思维、表述、符号等方面有许多不同于传统技法的地方,这就需要具体掌握了。

4. 先仿后创

仿,就是模仿,要选好"样板"例文,认真研究技法。心领神会后再进行仿作。按照"样板"的格式、规矩、要求,一一模仿,当然,材料和内容是新的。仿作到一定程度,就可以脱离"样板"进行创造了。

仿作,要符合"样板"规范;创造,要抛开"样板"而又"随心所欲不逾矩"。先仿后创虽是应用文写作的笨办法,但它是开展研究性学习的行之有效的办法。

以上方法,只是应用文写作的入门技巧,写作是一个综合性的脑力劳动,应用写作是众多因素构成的复杂的系统工程,如想进一步提高写作水平,根本途径是必须全面提高修养,即德、才、学、识这四个方面的修养。

第二章

应用文写作基础知识

【知识目标】
　　了解应用文主旨的重要性。
　　了解主旨与材料、结构之间的关系。

【能力目标】
　　能够运用应用文四要素分析文章。

应用文写作与一般文体写作有许多共通之处，如都需要立意、布局、谋篇，但在写作知识运用上应用文又有其独特性，只有掌握其独特性，才能写出正确、规范的应用文。

第一节　应用文的主旨

一、应用文主旨的含义及特点

（一）应用文主旨的含义

主旨是文章的灵魂。所谓应用文主旨是应用文本表达的主要内容，是写作主体的认识、观点、见解、主张、情感及对事物的处理安排意见等统一在文本中的体现，也是应用文价值的体现。

主旨在应用写作中具有极为重要的意义，它决定着一个应用写作文本的基本内容和表现形式。具体地说，它决定着材料的选取、文种的选择、结构的安排和表达方式的选用。

在文艺性作品中，"主旨"或"主题"主要是指艺术形式、语言等蕴含或流露出来的作者的认识观点及思想情感，所以文艺作品的主题要求"愈隐蔽愈好"，但应用文的主旨则是要求明显、准确地表达出来。

文艺性作品写作反对"主题先行"，而应用文的写作则必须先确定好表现的主旨，然后才可写作撰制。再则，文艺性作品的主题往往是个体的独特的，而应用文的主旨却要求是社会的共同的，作者主体必须和读者主体达到一致，才会有其存在的意义。

（二）应用文主旨的特点

应用文的主旨具有以下特点。

1. 先行

应用文主旨确立于全文写作之前，所谓"意在笔先"。因为应用文总是先产生了具体问题而后产生写作的需求，而解决这一问题的方法、结论往往也产生在文章写作之前；同时执笔者的写作行为在一定程度上也是被动的，是应解决问题而动笔，写作的过程更是确切地体现主旨的过程。

2. 单一

一般来说，文学作品的主旨具有复杂性，对主旨的理解更呈多元化。然而应用文的主旨则必须单一、明确，读者对主旨的理解不允许多元，而要求理解上的同一性，这样才利于统一认识，更有利于问题的解决。

每篇应用文的主旨通常只有一个。强调一文一事，严禁一文多事，不可多中心、面面俱到、主次不分；更不可下笔千言、离题万里。例如一篇总结报告，想把所有的工作都容纳进去；甚至写请示，也想同时解决几个问题。其结果，使文件越写越长，主旨越来越模糊。

3. 鲜明

应用文写作要求直截了当地点明主旨，表明态度，提出解决问题的措施和办法，对文章所涉及的各类问题，必须有明确的观点立场，应该怎么做，解决什么问题，达到什么目的，都要明确地表达出来。

4. 受命

应用文体的观点主要通过上级或部门、单位的领导布置下来，是一种"受命写作"。即作者在写公务应用文时，不是"我要写"，而是"要我写"。

作者只能根据领导人提出的目的、要求、观点去进行拟写，而不允许作者撇开领导人指示的意见去自己另搞一套。

从这一方面讲，应用文体主旨的确立有较强的客体意识，另外，应用文的主旨还多是集体智慧的结晶，不是作者一个人所能决定得了的。像"决议"这种文体，其观点是集体讨论与决议的产物。

二、应用文主旨的表现方法

应用文主旨的表达必须做到准确、鲜明。下面介绍几种常用的表现方法。

1. 标题显旨

标题显旨，就是在文章的标题中直接点明主旨，有时表现为标题中的发文事由。这种方式简洁、明快，直截了当。如《中国汽车出口实现逆势增长　勾画高质量发展新蓝图》这篇经济活动分析报告的标题就直接点明了主题,让人一看就大致明白了文章的主要内容,主题十分显露。这不失为一种使主题显现的好方法。

很多行政公文都是采用了标题显旨的方法,如:《关于限电的通知》,一看标题就知道文章的基本内容是什么。

2. 开篇明旨

开篇明旨也称开篇破题,就是在文章的开头或每一段落的开头用简短的语句陈述主旨,使主旨凸现出来。这种方式直接、明确,开宗明义。

例如:感谢信,一般在开头一段就把要感谢的人及感谢原因简要做一个说明,表明感谢的主旨,然后在下面用较之开头略长的篇幅来详细叙述事情的经过。

3. 篇中立旨

篇中立旨也称文中点题或片言立题。一般有两种表现方式:一种是在文中用小标题或者二级标题的形式,把文章的主旨逐步点明,如常见的规章制度;另一种就是在文章的某一个地方用简短的一段话点明主旨。

4. 篇末结旨

篇末结旨是在文章的结尾处点明文章主题。如调查报告,一般情况下,首先把调查了解到的情况作必要的陈述,然后进行分析,在文章的结尾得出最后的结论,这个结论就是调查报告的主旨。

三、应用文主旨的作用

主旨是文章的统帅和灵魂,是写作构思时首先要考虑的问题。应用文是为解决工作、生活中的实际问题而存在、而写作的,每写一篇应用文都要有针对性地表明态度、表明主旨,只有这样才能表现出其应用的效果。

应用文的写作中,主旨能决定文种的选用、结构的安排、表达方式的选用等。所以应用文写作下笔之前,一定要确定好主旨。

第二节 应用文的材料

一、应用文材料的含义及特点

(一) 应用文材料的含义

所谓材料,就是作者为了某一写作目的从生活中搜集、摄取并写入文章中的事实或论据。积累了众多材料,并不等于能写成好的文章。就像做菜,光有一大堆原材料还不行,还必须为一定的目的,按一定的比例,有步骤地加工之后才能成为美味可口的佳肴。与文学作品中的素材相比,应用文的材料表现出更多的自身特点。

(二)应用文材料的特点

1. 确凿

确凿,即真实、准确,是指写进应用文里的材料,必须做到:一真、二准,确凿无误。应用文在材料的选用过程中不准改变材料本身性质,必须保持材料的真实性,对材料的时间、地点、数据、事实过程及结果都不能任意改动,否则就会使材料本身的价值发生变异,导致歪曲事实的真相、弄虚作假的后果,失去应用文主旨应有的价值,不仅不能解决问题,反而于事无补。

应用文所要求的真实是"绝对的真实",也就是说所有材料要确凿无误、持之有据,不仅对搜集到的材料要反复核实,在材料的解释上,也要有科学的态度、实事求是。真实是应用文的生命,用事实说话是对应用文材料的根本要求。写作者必须以端正的态度和立场、实事求是的作风来选择真实可用的材料。

2. 典型

典型材料能揭示事物的本质,增强文章的说服力和感染力。应用文的写作必须选择能够反映事物的共性和特征,揭示事物的本质和规律的典型材料。典型材料可以是一个具体的事例、一些有说服力的数据和一些带有普遍性的现象。

3. 新颖

新颖,是指写进应用文里的材料,必须反映客观事物的最新面貌,以及现实生活中人们最关心的那些新人、新事、新思想、新成果和新问题。应用文写作是为了解决现实问题而作的即时之作,其主要的材料需选取能反映现实的新颖材料。

材料本身是新近产生的,如新事实、新政策、新的统计数据、新发现的问题等和用新的角度重新审视其新意。

二、应用文材料的处理和使用

获取材料是写作的第一步。总的来说,获取材料要求以多为好,以全为贵。材料多了,便于比较、鉴别,更有选择的余地;材料全面,观点才不至于偏颇。因此动笔之前,应当围绕主旨,占有详尽而充分的材料。

在获取了大量的应用文材料之后,重要的是如何处理和使用这些材料。简单地堆砌材料,会使人味同嚼蜡,也反映不出主旨的含义。下面介绍几种常用的应用文材料处理和使用的方法。

1. 围绕主旨,挖掘材料意义

对于材料不能停留在表面的认识上,要挖掘材料能凸现主旨的一面,使其在文章中发挥彰显主旨的作用。

2. 根据主旨需要，进行详略处理

使用材料时，要分清主次。对材料的加工整理，无非为了突出文章的主旨，加强应用文的表达效果，处理材料的详略要以此为据。

突出事件特征的材料要详写，一般材料可略写；处于主体地位的材料要详写，处于从属地位、过渡的材料可略写；读者不熟悉的材料要详写，熟悉的可略写；材料之间角度相异的要详写，材料之间相同的可略写。

3. 合理安排材料，注重条理

根据主旨的需要，按照一定的组织形式安排材料的先后顺序。在安排顺序时要考虑材料的主次、时间的先后、材料间的逻辑顺序、人们认识事物的规律、事物发展的过程等因素。另外，数字材料是应用文写作中十分重要的材料，数字有时比文字材料更具体、准确、更能说明问题。因此，要注意以下几点：

（1）真实、准确地用好数据材料。

（2）运用统计数据，展开分析论证，更好地为主旨服务。

（3）适当地使用统计图表。

（4）变抽象的数字为具体，使其更加形象。

第三节　应用文的结构

一、应用文结构的含义及特点

（一）应用文结构的含义

结构是指为表现文章内容对材料所做的组织和安排，也就是通常所说的"布局""谋篇"。结构是一种排列组合的艺术，也是作者思路的表现。有人说，主旨是文章的灵魂，材料是文章的血肉，结构是文章的骨架。

结构不仅在形式上要和谐统一，给人以美感，而且要表现出文章的整体与部分、部分与部分、部分自身的联系和变化。应用文的结构要服务于表现主旨的需要，要适应文种的特点和表达的需要。只有这样，才能将材料组成有机的整体，真正做到布局谋篇。

（二）应用文结构的特点

应用文结构的概念有两层含义，从宏观上看，是指文章的总体构思、大体框架；从微观上看，是指文章的层次和段落、开头和结尾、过渡和照应，以及主次、详略的具体安排。原则上讲，应用文的结构要求完整、严谨，纲目清楚，层次分明，段落清晰，要避免松散与重复。具体地讲，还应具有以下特点。

1. 固定性

应用文经过长期写作实践,逐渐形成较固定的写作结构,以适应实际工作的需要。这些固定的结构形式,使写作更快速,阅读更便捷,从而提高了办事效率。特别是公文写作,其格式更规范,结构更固定。

2. 条理性

应用文写作要求有严密的思路,表现在结构上要求清晰、有条理。在写作中要根据主旨的需要安排好结构,要反映客观事物的本质联系和规律。如写事件,通常应按"开端—发展—结果"的顺序安排结构;写问题通常应按"发现问题—分析问题—解决问题"的顺序安排结构。

3. 差异性

凡文种都有相对稳定的结构样式,应用文写作结构安排需适应不同文体的要求。如写合同就需要将合同的条款按标的、数量、质量、价款等内容分条列项地写清楚;写通知要按目的、依据、事项、执行要求的顺序安排结构。

二、应用文的常见结构类型

应用文可以采用纵式结构,即根据人们的思路、事物的发展、活动的开展,由浅入深、由眼前到长远纵向推进;也可以采用横式结构,即根据应用文的内容沿着横向展开,材料之间呈并列关系;还可以采用纵横结合式,即在组织材料时,既考虑到时间的发展过程,又考虑到事物的内在联系和性质。应用文的常见结构类型有以下几种。

(一)单段式

单段式结构模式是指正文内容用一个自然段来表达。它用于内容少而单一、不便分开、往往采用一段文字来表达的文章。如写在商品外包装上的说明文。公文中的函、批复,也常用一段文字来进行写作。

(二)两段式

两段式结构模式是指正文内容用两个自然段来表达。它用于内容简单、不需每层内容都分段的文章。这种结构模式,一般用于以下两种情况:

(1)把结语部分内容和主体内容分开写,单列一个自然段,成为两段式。即行文的缘由和行文事项为一段,希望、要求等结语为一段。

(2)写作目的(缘由)、行文事项各为一段。

(三)三段式

这是短篇应用文比较规范的常用模式。正文把写作目的(缘由)、写作事项、结尾分为三段来写。

(四) 多段式

多段式用于内容较多、篇幅较长的应用文,共有四个以上自然段。一般是开头概述基本情况,说明原因、目的、依据,结尾单独成段或省略结尾,主体部分内容分为若干个段,各部分不再分条列项,如短文式的说明书、简单的市场预测报告等。

内容多、篇幅长的应用文,一般不宜采用多段式,宜采用将主体内容分成几部分,用小标题或总分条文式。

(五) 条款式

条款式是指用分条列项的形式安排结构。规章制度、计划、合同和职能部门的一些文书,较多使用这种形式。全文从头到尾都用条款组织内容,给人以眉目清楚、排列有序的印象。

通常有两种形式:一是章断条连式,即以章节为序划分层次,各章节下的"条"不随章节不同而另起开头,而是连续编号,这便于执行承办时援引使用;二是条文并列式,正文内容分条列项,逐层阐明。

(六) 表格式

这是应用文不同于其他文体所特有的一种结构形式。表格式通常有以下两种形式。

1. 规范表格文本

由职能部门事先印制好表格式的规范文本,将有关内容分项列出,各项之后留下空白,让使用、合作单位和个人按规定填写。表格文书一般要注明填写要求和注意事项。如申请专利、商标的文书,合同、税务征管文书和财务会计文书大都采用这种形式。

2. 临时表格文书

作者单位临时制作的表格式文书,根据写作目的,将有关统计数据编制成表格。

三、标题、开头和结尾

(一) 标题

标题是文章的眼睛,有着概括全文、揭示中心的作用,因此有"题好一半文"之说。应用文写作的标题要求充分体现主旨,有的标题还有规范要求,这与文学作品形式多样、灵活多变的标题有着明显的不同。

(二) 开头

万事开头难,写文章也不例外。应用文的开头,没有一成不变的写法。由于文种不同、内容不同,写法也各不相同。但无论哪一类文种,无论什么内容,在写开头的时候,都要考虑两条:一是紧扣主旨,尽快引出主旨,在开头第一句、第一段就要把读者的思想引到所要说明和解决的问题上;二是能吸引读者。

就应用文的种类而言,不同的文件也有习惯性的开头。比如请示,一般应首先陈述请示的原因、理由;通知一般是以"根据……""兹定于……"等开头;会议纪要的开头有比较固定的格式,即依次写出会议时间、地点、主持者、出席者、列席者;调查报告开头使用最多的是先介绍调查对象的基本情况。

总之,应用文的开头都离不开根据、目的、原因、事件、时间等要素。具体选用哪一种开头好,要根据全文内容表达、结构表达的需要来定。

(三)结尾

文章的结尾也就是行文的"收笔"。应用文的结尾大体可分为自由式和比较固定式两类。自由式即随着文章的自然发展,该讲的问题讲完即收。比如法规,该写几条就是几条,最后一条写完即可收尾;汇报提纲把该汇报的内容讲清楚就可打住;会议纪要也是把会议的要点,分条分段写出,不必再加什么"尾语"。这些文种的结尾没有什么习惯用法,更没有格式。但有些文种的结尾则有一定的格式或习惯用法,我们叫它"比较固定式"结尾。比如请示结尾要提出肯定式要求,多用"当否,请批示"等;通知结尾一般用"特此通知"等。

(四)段落和层次

1. 段落

段落是组成文章的最基本单位,又叫自然段,是按照表达层次划分出来的一个个小的结构单位。

在一般情况下,它是同属于一个中心思想的一些句子的连接,是小于篇、大于句子的一个完整的意义单位。在形式上,段落是明显的换行的标志。

2. 层次

层次是文章思想内容的表现次序,它反映了作者的思维过程,又称"逻辑段""部分""意义段"等。安排结构层次的常见顺序有如下几种。

(1)以事件的时地为序

以事件的时地为序,即以事件发生的时间或地点作为划分层次的依据。"报告""通报""调查报告"等应用文多采用这种形式。

(2)以逻辑发展为序

以逻辑发展为序,即并列式和递进式。并列式就是说明主旨的各个层次的内容是一种平等、并列的关系,"规章制度""说明书"一般采用这种形式。递进式一般指内容层层推进、环环相扣,"决定""调查报告"等文体多采用这种形式。

(3)总分顺序

采取总分顺序的应用文一般按照总—分—总、分—总、总—分的关系安排层次。"通知""计划""总结"等文体多采用这种形式。

(4)纵横式

纵横式也称综合式,是指由于应用文内容复杂,可以综合运用几种形式来安排结构层次,如先以时间为序划分大的层次,再以其中的问题为序划分小的层次,或反之。

3. 层次的表述方法

常见的层次表述方法有以下几种。

(1)用小标题表示。如《中共中央关于加快农业发展若干问题的决定》一文的层次即用小标题的形式表示:(一)统一全党对我国农业问题的认识;(二)当前发展农业生产力的二十五条政策和措施;(三)实现农业现代化的部署。

(2)用数量词表示。如:一、二、三、四……,(一)、(二)、(三)、(四)……。

(3)用表示顺序的词或词组表示。如:"首先""其次""最后""会议认为""会议决定"等。

(五)过渡和照应

过渡和照应是使应用文前后连贯、脉络畅通的重要手段。要把各段文字和各层意思衔接得浑然一体,就必须巧妙地安排过渡和照应。

1. 过渡

应用文的过渡,是指上下文之间的衔接、转换。过渡的方式,主要是用过渡段、过渡句和关联词语。如:"综上所述""总之""为此""故此"等。

应用文常见的过渡有以下几种。

(1)内容开合处:文章内容由总到分或由分到总时需要过渡。

(2)意思转换处:文章内容由一层意思转入另一层意思时需要过渡。

(3)表达变动处:文章内容由叙述转入议论或由议论转入叙述时需要过渡。

2. 照应

应用文的照应,是指文章前后内容的关照、呼应。

应用文的照应,主要有以下几种形式。

(1)首尾照应:开头与结尾相呼应。

(2)前后照应:前面的内容为后面的内容埋下伏笔,相互呼应。

(3)题文照应:题目与文章的内容相呼应。

第四节　应用文的语言

语言是应用文书的又一基本要素。为了把文章思想内容表达好,就要注意语言的运用。虽然由于文体、内容、风格的不同,文章会表现出不同的语言特色,但应用文对语言的要求整体上还表现出很多共同特点。

一、应用文语言的特点

不同的文体,有不同的社会功能,也形成了不同的语言特色。应用文的语言特色,主要是和文学作品比较而言的。应用文和别的文章一样,都离不开写人、写事。

(一) 应用文和文学作品语言特色比较

1. 关于写人

玛格丽特·米切尔的《飘》在小说的开篇是这样描述女主人公的:"思嘉·奥哈拉长得并不漂亮,但是男人们像塔尔顿家那对孪生兄弟为她的魅力所迷住时,就不会这样想了。她脸上有着两种特征,一种是她母亲的娇柔,来自法兰西血统的海滨贵族;一种是她父亲的粗犷,来自浮华俗气的爱尔兰人,这两种特征混在一起显得不太协调,但这张脸上尖尖的下巴和四方的牙床骨,是很引人注意的。她那双淡绿色的眼睛纯净得没有一丝褐色,配上乌黑的睫毛和翘起的眼角,显得韵味十足,上面是两条墨黑的浓眉斜在那里,给她木兰花般白皙的肌肤划上十分分明的斜线,这样白皙的皮肤对南方妇女是极其珍贵的。她们常常用帽子、面纱和手套把皮肤保护起来,以防受到佐治亚炎热太阳的暴晒。"

在一篇调查报告中,介绍一位工程师时,采用的是另一种语体:

"张××,男,现年42岁,1962年清华大学机电工程系毕业,可阅读英、日语专业资料,工作勤勤恳恳,积极努力。近年来,工厂的几项重大技术课题,都有他参与或是在他主持下攻克的,被公认为'全厂一号技术尖子'。

"他从1957年起便申请入党,但因出身于地主家庭,哥哥曾被错划'右派',工厂一些领导认为,对他只能在技术上使用,不能在政治上重用。因此至今仍被关在党组织的'大门之外'。"

2. 关于写事

《水浒》中有一段"鲁提辖拳打镇关西",其中对鲁达的三拳是这样写的:

"只一拳,正打在鼻子上,打得鲜血迸流,鼻子歪在半边,却便似开了个油酱铺:咸的、酸的、辣的,一发都滚出来。郑屠挣不起来,那把尖刀也丢在一边,口里只叫:'打得好!'鲁达骂道:'直娘贼!还敢应口!'提起拳头来就眼眶际眉梢只一拳,打得眼棱缝裂,乌珠进出,也似开了个彩帛铺的:红的、黑的、绛的,都绽将出来……郑屠当不过,讨饶。

"鲁达喝道:'咄!你是个破落户!若只和俺硬到底,洒家倒饶了你!你如今对俺讨饶,洒家偏不饶你!'又只一拳,太阳上正着,却似做了一个全堂水陆的道场:磬儿、钹儿、饶儿,一齐响。"

在陕甘宁边区高等法院刑事判决书中一段枪杀的叙述,是另一个样子:"当时,黄克功即拔出手枪对刘威胁恫吓,刘亦不屈服,黄克功感情冲动,失去理智,不顾一切,遂下最后的毒手,竟以打敌人的枪弹对准青年革命分子刘茜的胁下开枪,刘倒地未死,尚呼求救,黄复对刘头部再加一枪,刘即毙命。"

从这两组文字的对比看,无论写人还是写事,语体的差别是显而易见的。

(二) 应用文的语言特点

从应用文的角度看,语言的使用主要有以下四个特点。

1. 平实

应用文是为了解决实际问题而说服读者的,不是用形象化的描绘去感染读者。因此在阅读中,不包含欣赏的因素。这种特点的突出表现是:

(1) 实在

它不用烘托、渲染等手法,而是实实在在地写下去。同样写人,应用文和小说所使用的语言大不相同。

比如《红楼梦》写贾雨村,是先写总貌"穷儒",再报姓名字号,然后讲出身、追求,最后写现状。用语是动静结合,动中写静,笔调曲折,有起有伏。调查报告写张××,则是直接介绍姓名、性别、年龄、经历,平铺直叙,不转弯子。同样写事件,鲁达的三拳,拳拳描绘,层层深入,有意渲染,色彩斑斓,腾挪跌宕,十分感人。而判决书写枪杀,却是如实叙述,一丝不苟。

(2) 质朴

如实地表现事物的本来面目,不允许有类似"燕山雪花大如席""白发三千丈"之类的艺术夸张。妥帖的夸张,在诗歌中会成为名句,而在应用文中则会成为笑话。

有些应用文的作者,为了追求生动性,常常在写作中搞一连串的修饰语、形象词,类似前些年简报上的什么"红彤彤""气昂昂""凯歌阵阵"等,不仅文章显得虚泛、空洞,丧失说服力,而且形成一种装腔作势、矫揉造作的文风,十分要不得。

(3) 通俗

应用文的用词造句,都应当力求大众化,避免用生僻晦涩的字句。有人在应用文中常常喜欢使用一些半文半白的词语,如放着现成的"他"不用,而用"其";放着现成的代词不用,要用"与之"。还有的用些半通不通的词句。

例如,"他的变化很大,前后简直判若两个人。"把"判若两人"这个文言词组写成"判若两个人",不仅很不和谐,而且成了笑话。还有人故作高雅,硬要在文件中搞一些文言虚语,好像《镜花缘》中淑士国里的酒保,"请教先生,酒要一壶乎？两壶乎？菜要一碟乎？两碟乎？"结果,也只能引人发笑。

2．得体

应用文的语言要和作者的身份、读者对象、所要达到的目的以及客观环境和谐一致,恰到好处。说什么,不说什么,说到什么程度,用什么语气,选择什么词汇,都要考虑最后的效果。

过去曾有一段时期,在我们党和国家领导人接待外宾的通讯报道中,常常使用"接见"两个字,周恩来总理看后,指示记者改成"会见",即双方会见。这就避免了使外宾有我们居高临下的不愉快感,体现了大小国家一律平等的精神,改得非常得体。

要做到得体,还应当和所写的文章的体例相符。比如,请示性公文,用语要谦恭,讲究礼貌,结尾多使用"请批复""请指示"等,以表示下级对上级的尊重。不能用"必须如此"之类口气很硬、很大的语句。

3．确切

应用文多是用来反映情况、指导工作的,一词一句,一个概念,都必须有确定的含义,只能有一种解释,不能有多种解释；更不能给那些善于从文章的文字上钻空子的人,留下各取所需的漏洞。如果我们的文章使人读了产生歧义,那就必然造成思想混乱,给工作带来损失。

4．概括

应用文的用语要求简洁明快,因此应当特别注重使用论断性语言、综合性语言、群众性语言。

二、应用文常用的专用语言

除了上述所列的应用文的基本特点外,应用文大多用于处理事务,这就逐步形成一系列用法较为固定的事务性专用词语。这些词语虽非法定,但已约定俗成,尤其是在公务文书中使用,有助于文章表达得简练。

（一）称谓词

称谓词即表示称谓关系的词。在应用文写作中,若涉及机关或个人时,通常应直呼机关的全称或规范化的简称,以及对方的职务或称"××同志""××先生"。在表述指代关系的称谓时,一般用下列专门用语。

第一人称:"本""我",后面加上所代表的单位简称,如"本公司""本局""我厂""我中心"等。

第二人称:"贵""你",后面加上所代表的单位简称,如"贵省""贵局""你厂"等。应用文中用"贵"字作为第二人称,表示尊敬与礼貌,一般用于平行文或涉外公文。

第三人称："该"，在应用文中使用广泛，可用于指代人、单位或事物，如"该厂""该部""该同学""该产品"等。

（二）引叙词

引叙词即指用于引出应用文撰写的根据、理由或应用文具体内容的词。

应用文的引叙词多用于文章的开端，引出法律、法规以及国家政策做依据，或引出事实做根据；用在文章的中间，起过渡、衔接的作用。一般情况下，借助引叙词可以使应用文写得开宗明义。常用的引叙词有：根据、按照、遵照、为了、接……、悉、近悉、惊悉、收悉、为……特……、前接……、近接……等。

（三）经办词

经办词即用来说明工作处理过程的已然时态，表明处理时间及经过情况。

在使用时，应注意这类词语在表述次数和时态方面的差异。常用的经办词有：兹经、业经、前经、即经、复经、均经等。

（四）承转词

承转词又称过渡语，即承接上文转入下文时使用的关联词、过渡用语。

承转词用于在陈述理由及事实之后引出作者的意见和方案。常用的承转词有：为此、据此、故此、综上所述、总而言之、总之等。

（五）期请词

期请词即指用于向受文者表示请求和希望的词语。

使用期请词的目的在于营造机关之间相互敬重、和谐合作的氛围，从而建立正常的工作关系。常用的期请词有：即请查照、希即遵照、希、敬希、希予、请、拟请、恳请、烦请、务求等。

（六）商洽词

商洽词用于征询对方的意见和反映，具有探询的语气。

这类词语一般用于公文的上行文、平行文中。在使用时要确有实际的针对性，即确需征询对方的意见时才使用。常用的商洽词有：当否、可否、妥否、是否可行、是否妥当、是否同意等。

（七）受事词

受事词即向对方表示感谢、感激时使用的词。

受事词属于客套语，一般用于平行文或涉外的公文。常用的受事词有：蒙、承蒙。

（八）命令词

命令词即表示命令或告诫语气的词语。

命令词的作用在于增强公文的严肃性与权威性，引起受文者的高度注意。常用的命令词有：着令、着、特命、责成、着即、切切、毋违、不得有误、严格办理等。

（九）目的词

目的词即直接交代行文目的的词语。

人们撰写应用文尤其是公文，都有明确而具体的目的，对此，需要有针对性地使用简洁的词语加以表述，以便受文者正确理解并加速办理。

用于上行文、平行文的目的词，还需加上期请词。常用的有：请批复、函复、批示、告知、批转、转发。

用于下行文的有：查照办理、遵照办理、参照执行。

用于知照性的文件，有：周知、知照、备案、审阅。

（十）表态词

表态词又称回复用语，即针对对方的请示、问函，表示明确意见时使用的词语。

在使用表态词时，应对公文中的下行文和平行文严加区别。常用的有：照办、同意、可行、不宜、不可、同意、不同意、遵照执行等。

（十一）结尾词

结尾词即置于正文最后，表示正文结束的词语。

使用结尾词，有助于使文章表达得简练、严谨并富有节奏感，从而赋予文章庄严、严肃的色彩。常用的有：此致、此布、特此报告、为要、为盼、为荷、特此函达、敬礼、谨致谢忱等。

扩展阅读2.1 应用文写作的渊源

【本章小结】

应用文写作是一门与社会同步发展的学科，它来源于社会，服务于社会。学好应用文对于我们适应日常的工作、学习以及现代社会的需求，是十分必要的。因此，我们要认真学习，努力掌握应用文写作的基础知识，为驾驭应用文写作打下坚实的基础。

第二篇

党政机关公文

第三章 党政机关公文的种类和体式

【知识目标】
了解党政机关公文的含义、种类和特点。
掌握党政机关公文的格式要求。

【能力目标】
熟悉不同文种的使用范围。
能按照要求写出规范的通知、通报、请示等。

【情景导入】

扩展阅读3.1 中国共产党第十九届中央委员会第六次全体会议公报

第一节 党政机关公文概述

公文,即人们通常所说的公务文书,是人类在治理社会、管理国家的公务实践中创造和运用的应用文书。

一、党政机关公文的概念

党政机关公文,是党政机关实施领导、履行职能、处理公务的具有特定效力和规范体式的文书,是传达贯彻党和国家方针政策,公布法规和规章,指导、布置和商洽工作,请示和答复问题,报告、通报和交流情况等的重要工具。

党政机关公文主要指中共中央办公厅和国务院办公厅于 2012 年 4 月 16 日联合发

布、2012年7月1日起施行的《党政机关公文处理工作条例》(以下简称《条例》)中列出的15种公文,即决议、决定、命令(令)、公报、公告、通告、意见、通知、通报、报告、请示、批复、议案、函、纪要。

二、党政机关公文的特点

1. 法定性

公文的作者只能是根据国家有关法律规定设立的各级机关、团体和机构以及各企事业单位这些法定机关或组织,代表着法定机关或组织的意图,在法定机关或组织的权限范围内,具有法定的权威性和约束力。

2. 政策性

公文作为处理公务问题的重要工具,其直接作用是使党和国家的各项方针、政策逐级贯彻、落实到具体工作中去,这样各级机关才能在党和国家的方针、政策指导下,更好地开展各项工作。

3. 实用性

制发公文的目的就是解决实际问题,推动工作顺利进行,每一份公文都有其具体的制发目的和公务职能。公文内容越具体明确,越有针对性,受文单位越重视,公文的实际作用越强。

4. 时效性

为了迅速、及时地处理公务活动中的实际问题,对于公文的制发和实施有着严格的时间要求,公文的效用也是有时间限制的。

5. 规范性

公文不可以任意撰写,根据国家有关部门的严格规定,公文从文种、名称到行文关系,从制发程序到文件体式都有统一、规范的要求,从而维护了公文的权威性和严肃性。

三、党政机关公文的种类

(一) 按照行文关系和行文方向划分

按照行文关系和行文方向划分,将公文分为上行文、平行文、下行文三种。

1. 上行文

上行文指下级机关向所属上级机关呈送的公文,如请示、报告等。

2. 平行文

平行文指向同级机关或不相隶属的机关送交的公文,如函、议案等。

3. 下行文

下行文指上级机关向下级机关发送的公文,如决议、命令(令)、决定、公报、公告、通告、通知、通报、批复等。

(二) 按照紧急程度划分

按照紧急程度划分,将公文分为紧急公文与常规公文。其中紧急公文分为特急、加急两类。

(三) 按照有无保密要求及秘密等级划分

按照有无保密要求及秘密等级划分,将公文分为无秘密要求的普通公文和有秘密要求的保密公文。其中保密公文分为绝密文件、机密文件、秘密文件三类。

1. 绝密文件

绝密文件是秘密等级最高的文件,它所反映的通常是党和国家的核心秘密。按国家保密局的规定,绝密文件的保密期为20~30年。

2. 机密文件

机密文件是秘密等级较高的文件,它包含着党和国家的重要秘密。按国家保密局的规定,机密文件的保密期为10~20年。

3. 秘密文件

秘密文件是秘密等级较低的文件,它所反映的是党和国家的一般秘密。按国家保密局的规定,秘密文件的保密期在10年以内。

第二节 党政机关公文体式

党政机关公文的体式主要指党政机关公文的构成要素、排列顺序及其印装规格等。体式固定、规范是党政机关公文的一大突出特征,也为公文发挥其作用提供了重要保证。

一、党政机关公文的构成要素和标识规则

中华人民共和国国家标准《党政机关公文格式》(GB/T 9704—2012),将版心内的公文格式各要素划分为版头、主体、版记三部分。公文首页红色分隔线(宽度同版心,即156mm)以上的部分称为版头;公文首页红色分隔线(不含)以下、公文末页首条分隔线(不含)以上的部分称为主体;公文末页首条分隔线以下、末条分隔线以上的部分称为版记。页码位于版心外。

公文一般由份号、密级和保密期限、紧急程度、发文机关标志、发文字号、签发人、标题、主送机关、正文、附件说明、发文机关署名、成文日期、印章、附注、附件、抄送机关、印发机关和印发日期、页码等组成。

（一）版头

公文版头部分主要标识份号、密级和保密期限、紧急程度、发文机关标志、发文字号、签发人等要素。

1. 份号

份号即公文印制份数的顺序号，即将同一文稿印制若干份时每份公文的顺序编号。涉密公文应当标注份号。顶格编排在版心左上角第一行。

2. 密级和保密期限

密级和保密期限即公文的秘密等级和保密的期限。涉密公文应当根据涉密程度分别标注"绝密""机密""秘密"。保密期限是对公文秘密等级时效规定的说明。

公文如需标注密级和保密期限，一般用 3 号黑体字，两字之间空 1 字，顶格编排在版心左上角第二行；保密期限中的数字用阿拉伯数字标注，密级和保密期限之间用"★"隔开。

3. 紧急程度

紧急程度即公文送达和办理的时限要求。根据紧急程度，紧急公文应当分别标注"特急""加急"，紧急电报应当分别标注"特提""特急""加急""平急"。

公文如需标注紧急程度，一般用 3 号黑体字，两字之间空 1 字，顶格编排在版心左上角；如需同时标注份号、密级和保密期限、紧急程度，按照份号、密级和保密期限、紧急程度的顺序自上而下分行排列。

4. 发文机关标志

发文机关标志由发文机关全称或者规范化简称加"文件"二字组成，如"国务院文件""北京市人民政府文件""××省人民政府文件""××大学文件""××公司文件"；也可以使用发文机关全称或者规范化简称。联合行文时，发文机关标志可以并用联合发文机关名称，也可以单独用主办机关名称。

发文机关标志居中排布，上边缘至版心上边缘为 35mm，推荐使用小标宋体字，颜色为红色，以醒目、美观、庄重为原则。

联合行文时，如需同时标注联署发文机关名称，一般应当将主办机关名称排列在前；如有"文件"二字，应当置于发文机关名称右侧，以联署发文机关名称为准上下居中排布。

5. 发文字号

发文字号简称文号，是发文机关在同一年度制发的公文排列的顺序号。由发文机关代字、年份、发文顺序号组成。如国发〔2022〕1 号，"国"是发文机关国务院的代字，"2022"是发文年份，"1 号"是发文顺序号，表明这份公文是国务院在 2022 年制发的第 1 号公文。联合行文时，使用主办机关的发文字号。

编排在发文机关标志下空二行位置，居中排布。年份、发文顺序号用阿拉伯数字标注;年份应标全称,用六角括号"〔 〕"括入;发文顺序号不加"第"字,不编虚位(即1不编为01),在阿拉伯数字后加"号"字。

上行文的发文字号居左空一字编排,与最后一个签发人姓名处在同一行。

6. 签发人

签发人指最后审定公文文稿并签字印发的行文机关负责人。上报的公文(上行文)需标识签发或会签人姓名,平行排列于发文字号右侧。

由"签发人"三字加全角冒号和签发人姓名组成,居右空一字,编排在发文机关标志下空二行位置。"签发人"三字用3号仿宋体字,签发人姓名用3号楷体字。

如有多个签发人,签发人姓名按照发文机关的排列顺序从左到右、自上而下依次均匀编排,一般每行排两个姓名,回行时与上一行第一个签发人姓名对齐。

7. 版头中的分隔线

发文字号之下4mm处居中印一条与版心等宽的红色分隔线。

(二) 主体

公文主体部分主要标识标题、主送机关、正文、附件说明、发文机关署名、成文日期、印章、附注、附件等要素。

1. 标题

公文标题是对公文主要内容准确、简要的概括,由发文机关名称、事由和文种组成。发文机关名称、事由、文种被称为构成公文标题的三个基本要素。在实际运用中,公文标题的三个要素出现和组合的情况不同,因此可划分为四种类型。

第一种是由发文机关名称、发文事由和公文种类全部三要素构成的标题。如《国务院关于发布〈国家行政机关公文处理办法〉的通知》,"国务院"是发文机关;"发布《国家行政机关公文处理办法》"是发文事由,是对公文内容的高度概括,在事由之前通常加有介词"关于";"通知"是公文种类。

第二种是由发文事由和公文种类两个要素构成的标题。如《关于成立中华人民共和国澳门特别行政区基本法起草委员会的决定》,"成立中华人民共和国澳门特别行政区基本法起草委员会"是发文事由,"决定"是公文种类。这种标题常见于冠有红色版头的公文。

第三种是由发文机关名称和公文种类两个要素构成的标题。如《中华人民共和国工业和信息化部公告》,"中华人民共和国工业和信息化部"是发文机关名称,"公告"是公文种类。这种标题常见于公开发布的公文。

第四种是只标明公文种类的标题。如"通告",这种标题主要用于公开发布的公文,不大常用。

标题一般用2号小标宋体字,编排于红色分隔线下空二行位置,分一行或多行居中排布;回行时,要做到词意完整、排列对称、长短适宜、间距恰当,标题排列应当使用梯形或菱形。

2. 主送机关

主送机关是指公文的受文办理机关,应当使用全称、规范化简称或统称。

通常情况下,上行文(如请示、报告)、专发性下行文(如批复、通知)、平行文(如函),只写一个主送机关;普发性下行文(如决定、通知、通报、意见等)写多个主送机关,为使行文简洁,可统称受文机关,如"各省、自治区、直辖市人民政府";公开发布的周知性公文(如公告、通告)可以不写主送机关。

主送机关编排于标题下空一行位置,居左顶格,回行时仍顶格,最后一个机关名称后标全角冒号。如主送机关名称过多导致公文首页不能显示正文时,应当将主送机关名称移至版记。

3. 正文

正文即公文的主体,用来表述公文的内容。公文正文是一份公文的核心部分。正文一般包括开头、主体、结尾三部分。

公文首页必须显示正文。一般用 3 号仿宋体字,编排于主送机关名称下一行,每个自然段左空二字,回行顶格。文中结构层次序数依次可以用"一、""(一)""1.""(1)"标注;一般第一层用黑体字、第二层用楷体字、第三层和第四层用仿宋体字标注。

4. 附件说明

附件说明即公文附件的顺序号和名称。附件是附在主件之后,对文件内容起补充和说明作用的文字材料,主要包括随文颁发的规章、制度,随文转发、报送的文件,以及文件中的报表、统计数字、人员名单等。

公文如有附件,在正文下空一行左空二字编排"附件"二字,后标全角冒号和附件名称。如有多个附件,使用阿拉伯数字标注附件顺序号(如"附件:1.×××××");附件名称后不加标点符号。附件名称较长需回行时,应当与上一行附件名称的首字对齐。

5. 发文机关署名

发文机关署名署发文机关全称或者规范化简称。

6. 成文日期

成文日期指公文生效的时间。署会议通过或者发文机关负责人签发的日期。联合行文时,署最后签发机关负责人签发的日期。

成文日期一般右空四字编排,用阿拉伯数字将年、月、日标全,年份应标全称,月、日不编虚位(即 1 不编为 01)。

7. 印章

公文中有发文机关署名的,应当加盖发文机关印章,并与署名机关相符。有特定发文机关标志的普发性公文和电报可以不加盖印章。

(1) 加盖印章的公文

成文日期一般右空四字编排，印章用红色，不得出现空白印章。

单一机关行文时，一般在成文日期之上、以成文日期为准居中编排发文机关署名，印章端正、居中下压发文机关署名和成文日期，使发文机关署名和成文日期居印章中心偏下位置，印章顶端应当上距正文（或附件说明）一行之内。

联合行文时，一般将各发文机关署名按照发文机关顺序整齐排列在相应位置，并将印章一一对应、端正、居中下压发文机关署名，最后一个印章端正、居中下压发文机关署名和成文日期，印章之间排列整齐、互不相交或相切，每排印章两端不得超出版心，首排印章顶端应当上距正文（或附件说明）一行之内。

(2) 不加盖印章的公文

单一机关行文时，在正文（或附件说明）下空一行右空二字编排发文机关署名，在发文机关署名下一行编排成文日期，首字比发文机关署名首字右移二字，如成文日期长于发文机关署名，应当使成文日期右空二字编排，并相应增加发文机关署名右空字数。

联合行文时，应当先编排主办机关署名，其余发文机关署名依次向下编排。

(3) 加盖签发人签名章的公文

单一机关制发的公文加盖签发人签名章时，在正文（或附件说明）下空二行右空四字加盖签发人签名章，签名章左空二字标注签发人职务，以签名章为准上下居中排布。在签发人签名章下空一行右空四字编排成文日期。

联合行文时，应当先编排主办机关签发人职务、签名章，其余机关签发人职务、签名章依次向下编排，与主办机关签发人职务、签名章上下对齐；每行只编排一个机关的签发人职务、签名章；签发人职务应当标注全称。

签名章一般用红色。

8. 附注

附注列明公文印发传达范围等需要说明的事项。一般为公文的传达范围、使用方法的规定、名词术语的解释等。如"此件发至省军级"或"此件发至县团级"、口头传达到群众"，"此件可以登报、广播"等。

公文如有附注，居左空二字加圆括号编排在成文日期下一行。

9. 附件

附件列明公文正文的说明、补充或者参考资料。附件应当另面编排，并在版记之前，与公文正文一起装订。"附件"二字及附件顺序号用3号黑体字顶格编排在版心左上角第一行。附件标题居中编排在版心第三行。附件顺序号和附件标题应当与附件说明的表述一致。附件格式要求同正文。

如附件与正文不能一起装订，应当在附件左上角第一行顶格编排公文的发文字号并在其后标注"附件"二字及附件顺序号。

(三) 版记

公文版记部分主要标识抄送机关、印发机关和印发日期等要素。

1. 抄送机关

抄送机关指除主送机关外需要执行或者知晓公文内容的其他机关，应当使用机关全称、规范化简称或者同类型机关统称。

公文如有抄送机关，一般用4号仿宋体字，在印发机关和印发日期之上一行、左右各空一字编排。"抄送"二字后加全角冒号和抄送机关名称，回行时与冒号后的首字对齐，最后一个抄送机关名称后标句号。

如需把主送机关移至版记，除将"抄送"二字改为"主送"外，编排方法同抄送机关。既有主送机关又有抄送机关时，应当将主送机关置于抄送机关之上一行，之间不加分隔线。

2. 印发机关和印发日期

印发机关和印发日期即公文的送印机关和送印日期。印发机关指公文的印制主管部门，一般是发文机关的办公厅(室)或文秘部门。印发日期指公文付印的具体日期。

印发机关和印发日期一般用4号仿宋体字，编排在末条分隔线之上，印发机关左空一字，印发日期右空一字，用阿拉伯数字将年、月、日标全，年份应标全称，月、日不编虚位(即1不编为01)，后加"印发"二字。

版记中如有其他要素，应当将其与印发机关和印发日期用一条细分隔线隔开。

3. 版记中的分隔线

版记中的分隔线与版心等宽(156mm)，首条分隔线和末条分隔线用粗线(推荐高度为0.35mm)，中间的分隔线用细线(推荐高度为0.25mm)。首条分隔线位于版记中第一个要素之上，末条分隔线与公文最后一面的版心下边缘重合。

4. 页码

页码一般用4号半角宋体阿拉伯数字，编排在公文版心下边缘之下，数字左右各放一条一字线；一字线上距版心下边缘7mm。单页码居右空一字，双页码居左空一字。

公文的版记页前有空白页的，空白页和版记页均不编排页码。公文的附件与正文一起装订时，页码应当连续编排。

二、党政机关公文的印装规格

公文用纸采用国际标准A4型纸，成品幅面尺寸为297mm×210mm(长×宽)。

1. 公文页边与版心尺寸

公文用纸天头(上白边)为：37mm±1mm

公文用纸订口(左白边)为：28mm±1mm

版心尺寸为：156mm×225mm(不含页码)

2. 公文排版规格

正文用 3 号仿宋体字，文中如有小标题可用 3 号小标宋体字或黑体字，一般每面排 22 行，每行排 28 个字。

版面干净无底灰，字迹清楚无断划，尺寸标准，版心不斜，误差不超过 1mm。

3. 印刷要求

双面印刷；页码套正，两面误差不得超过 2mm。黑色油墨应达到色谱所标 BL100%，红色油墨应达到色谱所标 Y80%、M80%。印品着墨实、均匀；字面不花、不白、无断划。

4. 装订要求

公文应当左侧装订，不掉页，两页页码之间误差不超过 4mm，裁切后的成品尺寸允许误差±2mm，四角成 90°，无毛茬或缺损。

骑马订或平订的公文应当：

(1) 订位为两钉外订眼距版面上下边缘各 70mm 处，允许误差±4mm；

(2) 无坏钉、漏钉、重钉，钉脚平伏牢固；

(3) 骑马订钉锯均订在折缝线上，平订钉锯与书脊间的距离为 3mm～5mm。

包本装订公文的封皮(封面、书脊、封底)与书芯应吻合、包紧、包平、不脱落。

【本章小结】

《党政机关公文处理工作条例》自 2012 年 7 月 1 日施行，党政机关的公文处理工作日趋科学化、制度化、规范化，充分发挥着实施领导、处理公务、沟通信息、联系事务、传达决策的重要作用。

本章对《党政机关公文处理工作条例》中关于党政机关公文的基础知识、种类、格式等内容进行了较细致的阐述，有利于公文作者提高公文制作的水平和质量。

【写作练习】

下面是一份规范的公文，请按照正式行文要求，为本文拟制完整体式(包括版头、主体与版记部分)。

关于"丰苑路"道路命名的请示

区人民政府：

随着城市化进程的不断推进，南京市高淳区保障房建设有限公司在我区淳溪街道范围内兴建了一条道路。为规范地名管理，方便群众日常工作生活，根据省、市地名管理有关文件精神，我局受理了建设单位将新建道路命名为"丰苑路"的申请，具体如下：

新建道路为东西走向,东起规划路,西止北漪路,道路长 1471.99 米、宽 24 米。

经市地名办审核,该申请符合地名管理的相关规定,拟同意该道路名称命名为"丰苑路"。

以上请示如无不妥,请批准。

附件:
  1. 建设单位申请书
  2. 地名命名申请表
  3. 项目建设批复
  4. 总平面图
  5. 市审核意见

南京市高淳区民政局
2018 年 12 月 24 日

第四章

通知、通报、通告

【知识目标】
　　了解通知的含义和写法。
　　了解通报的含义和写法。
　　了解通告的含义和写法。

【能力目标】
　　能够区分通知、通报和通告的不同。
　　能够按照要求撰写规范的通知、通报和通告。

【情景导入】

　　王小宁大学毕业后在一家上市公司行政部工作,2021年公司克服新冠疫情带来的不利影响超额完成全年效益,公司决定召开2021年度总结表彰大会。行政部经理让王小宁写一份召开表彰大会的通知,王小宁该怎么写呢?

第一节　通　　知

一、通知的含义

　　《党政机关公文处理工作条例》对通知所下的定义为:适用于发布、传达要求下级机关执行和有关单位周知或者执行的事项,批转、转发公文。

二、通知的特点

　　1. 功能的多样性
　　在下行文中,通知的功能最为丰富。它可以用来布置工作、传达指示、晓谕事项、发布规章、批转和转发文件、任免干部等，总之，下行文的主要功能，它几乎都具备。在下行文中，通知的权威性低于命令、决定等文种。

2．运用的广泛性

通知的发文机关范围十分广泛，大到国家级的行政机关，小到基层的企事业单位、社会团体，都可以发布通知。通知的受文对象也很广泛，在基层岗位上工作的人员接触最多的上级公文就是通知。从整体上看通知是下行文，但晓谕事项的通知也可以发往不相隶属的机关。

3．一定的指导性

多数通知都具有一定程度的指导性。用通知来发布规章、转发文件、传达指示、布置工作都在实现着通知的指导功能，受文机关对通知的内容要认真学习，并在规定时间内完成通知布置的任务。

4．较强的时效性

通知常常要求受文机关在规定的时间内立刻办理、执行或知晓某事项，不得延误。有些通知只在指定时间内生效。

三、通知的分类

根据《条例》的适用规定，通知可分为批示性通知、指示性通知、告知性通知、任免性通知。

（一）批示性通知

批示性通知可分为"颁发"型通知、"转发"型通知、"批转"型通知。

1．"颁发"型通知

"颁发"型通知又称"发布"型通知或"印发"型通知，指用来颁发行政法规和规章或印发有关文件的通知。例如《国务院办公厅关于印发"十四五"全民医疗保障规划的通知》（国办发〔2021〕36号）。

2．"转发"型通知

"转发"型通知指用来转发上级机关、同级机关和不相隶属机关的公文的通知。例如：《国务院办公厅转发国家乡村振兴局中央农办财政部关于加强扶贫项目资产后续管理指导意见的通知》（国办函〔2021〕51号）；《关于转发〈财政部关于委托第三方机构参与预算绩效管理的指导意见〉的通知》（闵财评〔2021〕1号）。

3．"批转"型通知

"批转"型通知指用来转发下级机关发来的公文的通知。例如：《省人民政府关于批转省发改委关于2021年全省国民经济和社会发展计划报告的通知》（鄂政发〔2021〕1号）；《市政府关于批转市城乡建设委员会2022年南京市城乡建设计划的通知》（宁政发

〔2022〕1号)。

(二) 指示性通知

指示性通知又称规定性通知或布置性通知。指上级机关宣布要求下级机关办理或执行的事项,但限于发文机关的权限,或因其内容不宜用命令(令)、指示等文种行文时,可用指示性通知。

例如:《教育部 中央军委政治工作部关于进一步做好中小学国防教育示范学校创建活动的通知》(教体艺函〔2021〕13号);《教育部办公厅关于加强高等学历继续教育教材建设与管理的通知》(教职成厅函〔2021〕28号)。

(三) 告知性通知

告知性通知一般用来告知某一具体事项,其用途比较广泛。比如,设立或撤销机构、迁移办公地址、调整办公时间、启用或更换公章、修改行政规章、修正或补充文件内容、安排假期等各种事项,都可使用这类通知。

例如:《自然资源部关于加快完成集体土地所有权确权登记成果更新汇交的通知》(自然资发〔2022〕19号);《国务院办公厅关于2022年部分节假日安排的通知》(国办发明电〔2021〕11号)。

会议通知是告知性通知的一个重要的类别,其用途仅限于告知会议的召开及相关会议事项。例如《国家知识产权局办公室关于召开全国知识产权运用促进工作会议暨举办知识产权强国建设示范工作培训班的通知》(国知办函运字〔2021〕909号)。

(四) 任免性通知

任免性通知是用来传达任命或免去国家工作人员职务的通知。例如:《教育部关于姚××等职务任免的通知》(教任〔2021〕55号)。

四、通知的写法

由于通知的功能多,种类多,写法彼此有较大的区别,我们在分类时已经有意识地对各种不同通知的写法作了一些介绍,这里只能概括介绍一些通知写作的基本方法。

(一) 通知的标题和主送机关

1. 通知的标题

通知的标题一般采用公文标题的常规写法,由发文机关+主要内容+文种组成。如《国务院办公厅关于成立中关村论坛组织委员会和执行委员会的通知》(国办函〔2021〕86号)。

也可以省略发文机关,由主要内容+文种组成标题。如《关于印发〈规范国有土地租赁若干意见〉的通知》。

发布规章的通知,所发布的规章名称要出现在标题的主要内容部分,并使用书名号。

批转和转发文件的公文,所转发的文件内容要出现在标题中,但不一定使用书名号。如《国务院办公厅转发教育部等部门关于进一步加快高等学校后勤社会化改革意见的通知》。

2. 通知的主送机关

通知的发文对象比较广泛,因此,主送机关较多,要注意主送机关排列的规范性。如人事部《关于解除国家公务员行政处分有关问题的通知》的主送机关为:"各省、自治区、直辖市人事(人事劳动)厅(局)、监察厅(局);国务院各部委、各直属机构人事(干部)部门、监察局(室)。"

由于级别、名称不同,主送机关的称法和排列非常复杂,这个序列显然是经过深思熟虑后确定下来的。

(二)通知的正文

1. 通知缘由

发布指示、安排工作的通知主要用来表述有关背景、根据、目的、意义等。

如《国务院关于更改新华通讯社香港分社、澳门分社名称问题的通知》的缘由:"鉴于中央人民政府已经对香港、澳门恢复行使主权,为更好地贯彻'一国两制''港人治港''澳人治澳'、高度自治的方针和《中华人民共和国香港特别行政区基本法》《中华人民共和国澳门特别行政区基本法》(以下均简称基本法),支持特别行政区政府依照基本法施政,保障中央人民政府驻香港、澳门的工作机构按照授权履行职责。"这是采用了根据与目的相结合的开头方式。

《国务院办公厅关于成立国家信息化工作领导小组的通知》的开头是这样的:"为了加强对全国信息化工作的领导,国务院决定成立国家信息化工作领导小组。"这则通知采用的是以"为了"领起的"目的式"开头方式。

批转、转发文件的通知,根据情况,可以在开头表述通知缘由,但多数以直接表达转发对象和转发决定为开头,无须说明缘由。

发布规章的通知,多数情况下篇段合一,无明显的开头部分,一般也不交代缘由。

2. 通知事项

通知事项是通知的主体部分,所发布的指示,安排的工作,提出的方法、措施和步骤等,都在这一部分中有条理地组织表达。内容复杂的需要分条列款。

有些通知,需要列出新成立的组织的成员名单,以及改变名称或隶属关系之后职权的变动等。

3. 执行要求

发布指示、安排工作的通知，可以在结尾处提出贯彻执行的有关要求。如无必要，可以没有这一部分。

其他篇幅短小的通知，一般不需有专门的结尾部分。

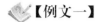【例文一】

国务院办公厅关于印发
《"十四五"全民医疗保障规划》的通知

国办发〔2021〕36 号

各省、自治区、直辖市人民政府，国务院各部委、各直属机构：

《"十四五"全民医疗保障规划》已经国务院同意，现印发给你们，请认真贯彻执行。

国务院办公厅

2021 年 9 月 23 日

【例文评析】

这是一则批示性通知。标题由发文机关＋主要内容＋文种构成，标题有"印发"字样，是印发有关文件的通知。主送机关为"各省、自治区、直辖市人民政府，国务院各部委、各直属机构"。主体部分主要表述工作要求。这则通知简明扼要。

【例文二】

教育部办公厅关于推广学校落实"双减"
典型案例的通知

教基厅函〔2021〕37 号

各省、自治区、直辖市教育厅（教委），新疆生产建设兵团教育局：

《关于进一步减轻义务教育阶段学生作业负担和校外培训负担的意见》印发以来，各地各校迅速组织行动、积极贯彻落实，聚焦提高作业管理水平、提高课后服务水平、提高教育教学质量等主要任务，拿出实招硬招真招，涌现出一大批新举措、新典型、新经验，呈现出新面貌、新气象、新变化。教育部组织遴选了 10 个典型案例，现予以推广。

各地各校要结合实际认真学习借鉴，进一步完善政策措施，积极调动广大局长、校长、教师积极性创造性，充分发挥学校教育主阵地作用，确保"双减"要求落地见效。各地各校在贯彻落实中形成的好经验好做法，请及时通过基础教育管理监测平台报送我部。

附件：学校落实"双减"典型案例

国务院

2021 年 9 月 17 日

【例文评析】

这是一则指示性通知。开头表述背景和缘由,接下来提出工作要求。这则通知条理清楚。

教育部办公厅关于设立教育部基础教育综合改革实验区的通知

教基厅函〔2021〕38号

河北省、山西省、上海市、江苏省、浙江省、安徽省、福建省、山东省、湖北省、广东省、四川省、陕西省教育厅(教委):

经研究,决定在上海市、广东省深圳市、四川省成都市、河北省廊坊市、山西省长治市、江苏省常州市、浙江省金华市、安徽省铜陵市、福建省三明市、湖北省宜昌市、陕西省西安市、山东省诸城市设立教育部基础教育综合改革实验区。

请各地按照实施方案,认真抓好落实,不断深化基础教育综合改革,发挥好示范引领作用。在改革中,请将取得的积极成效、积累的有益经验和存在的困难问题及时报告教育部(基础教育司)。

教育部办公厅
2021年9月24日

【例文评析】

这是一则告知性通知。开头部分具体表述设立教育部基础教育综合改革实验区的有关事项,接着对实验区提出进一步的工作希望与要求。

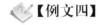

教育部关于姚××等职务任免的通知

教任〔2021〕55号

××大学:

2021年12月16日研究决定:

任命姚××、周××、何×、沈××为××大学副校长,刘××、康××为××大学副校长(试用期一年);免去朱××、蒲×、冯××的××大学副校长职务。

教育部
2021年12月27日

【例文评析】

这是一则任免性通知。通知写明最终决定,不表述原因,显示出通知的权威性。

第二节 通 报

一、通报的含义

《党政机关公文处理工作条例》对通报所下的定义为：适用于表彰先进、批评错误、传达重要精神和告知重要情况。

二、通报的特点

1. **态度的严肃性**

写作通报在动笔之前必须审慎地将事实调查核对清楚，使说明的情况确凿无误，对情况进行分析、判断要以事实为基础，以有关法律、规定为依据，使结论科学严谨，从而体现通报的严肃性。

2. **题材的典型性**

通报的题材，不论是表彰性的、批评性的，还是通报情况的，都要求有典型意义。典型就是既有普遍性、代表性，又有个性和新鲜感的事实。只有普遍性没有个性的题材，不能给读者以深刻印象；只有个性没有普遍意义的题材，缺乏广泛的指导价值。通报的题材，要做到个性与共性的统一。

3. **思想的教育性**

通报的价值不仅仅在于宣布对事件的处理结果，而是要树立学习榜样，或者提供鉴戒，使读者能够总结经验、汲取教训，思想上受到启迪、获得教益。

4. **制发的时效性**

通报的制发是为了推进当前工作顺利进行，因此无论是先进典型、错误事实，还是重要情况，一旦出现就要迅速及时地进行通报，以免时过境迁，使通报内容失去现实意义。

三、通报的类型

根据《条例》的适用规定，通报可分为表彰性通报、批评性通报和传达性通报。

1. **表彰性通报**

表彰性通报是用来表彰先进人物或先进集体，介绍先进事迹、推广典型经验，号召广大干部、群众向先进单位或个人学习，把工作做得更好的通报。例如《国务院办公厅关于对"十三五"时期实行最严格水资源管理制度成绩突出的省级人民政府给予表扬的通报》（国办函〔2021〕87号）；《国务院办公厅关于对国务院第八次大督查发现的典型经验做法给予表扬的通报》（国办发〔2021〕44号）。

2. **批评性通报**

批评性通报是针对某一错误事实或某一有代表性的错误倾向而发布的，是用来批评违法违纪事件,惩戒错误,使广大干部、群众能够引以为戒、吸取教训,防止发生类似问题的通报。

例如:《国务院教育督导委员会办公室关于几起校外培训机构违规开展培训查处情况的通报》(国教督办函〔2020〕65号)。

3. 传达性通报

传达性通报是用来向有关部门和人员传达重要精神、发布重要情况,使人们了解形势、掌握情况、明确问题,便于统一思想和行动、协调一致地完成工作的通报。例如《交通运输部 公安部 商务部关于命名天津市等16个城市"绿色货运配送示范城市"的通报》(交运发〔2021〕72号)。

四、通报的写法

通报的标题大多采用发文机关+事由+文种的常规写法。主送机关一般都比较多,以体现"通"的特点。正文的写法因类而异,下面分别进行介绍。

(一)表彰性通报

表彰性通报的正文分为四个部分。

1. 介绍先进事迹

这一部分用来介绍先进人物或集体的行动及其效果,要写清时间、地点、人物、基本事件过程。表达时使用概括叙述的方式,只要将事实讲清楚即可,不能展开绘声绘色的描绘,篇幅也不可过长。

如果是基层单位表彰个人先进事迹的通报,事迹可以更具体一些。

2. 先进事迹的性质和意义

这部分主要采用议论的写法,但并不要求有严谨的推理,而是在概念清晰的前提下,以判断为主。既要注意文字的精练,又要注意措辞的分寸感和准确性,不能出现过誉或夸饰的现象。

3. 表彰决定

这部分写什么会议或什么机构决定,给予表彰对象以什么项目的表彰和奖励。

如果表彰的是若干个人,或者有具体的奖励项目,可分别列出,要注意的主要是清晰、简练。

4. 希望号召

这是表彰通报必须有的结尾部分,用来提出希望、发出号召。希望号召部分表述的是发文的目的,也是全文的思想落脚点。要写得完整、得体、富有逻辑性。

(二)批评性通报

批评性通报也分为四个部分。

1. 错误事实或现象

如果是对个人的错误进行处理的通报,这部分要写明犯错误人的基本情况,包括姓名、所在单位、职务等,然后是对错误事实的叙述。要写得简明扼要、完整清晰。

如果是对部门、单位的不良现象进行通报,这部分要占较大的篇幅。

如果是针对普遍存在的某一问题进行通报,这部分要从不同地方、不同单位的许多同类事实中,选择出一些有代表性的进行综合叙述。

2. 对错误性质或危害性的分析

处理单一错误事实的通报,这部分要对错误的性质、危害进行分析,一般都写得比较简短。

对综合性的不良现象或问题进行通报,这部分的分析性文字可能要复杂一些。对不良现象或问题的性质和原因,分析得全面、深刻,为下文提出纠正措施打下基础。

3. 惩罚决定或治理措施

对个人单一错误事实进行处理,要写明根据什么规定,经什么会议讨论决定,给予什么处分等。

对普遍存在的错误现象或问题,在这部分中要提出治理、纠正的方法措施。内容复杂时,这部分可以分条列项。

4. 提出希望要求

在结尾部分,发文机关要对受文单位提出希望要求,以便受文单位能够高度重视、认清性质、汲取教训、采取措施。

如果是针对一些违纪比较严重的现象进行通报,结尾部分的措辞还可以更严厉一些,譬如提出继续违反要严惩、要登报公布等警告。

(三) 情况通报

情况通报正文由三个部分构成。

1. 缘由与目的

情况通报的开头要首先叙述基本事实,阐明发布通报的根据、目的、原因等。

作为开头,文字不宜过长,要综合归纳,要言不烦。

2. 情况与信息

主体部分主要用来叙述有关情况、传达某些信息,通常内容较多、篇幅较长,要注意梳理归类,合理安排结构。

3. 希望与要求

在明确情况的基础上,对受文单位提出一些希望和要求。这部分是全文思想的归结之处,写法因文而异,总的原则是抓住要点、切实可行、简练明白。

【例文五】

**国务院办公厅关于对"十三五"时期实行
最严格水资源管理制度成绩突出的
省级人民政府给予表扬的通报**

国办函〔2021〕87号

各省、自治区、直辖市人民政府，国务院各部委、各直属机构：

"十三五"时期，在党中央、国务院正确领导下，各地区、各部门采取有力措施，继续实行最严格水资源管理制度，节约用水、取用水监管、水资源保护、河湖管理等各项措施加快落实，取得显著成效。2020年，全国用水总量、用水效率和重要江河湖泊水功能区水质达标率均实现了"十三五"期末控制目标，为经济社会发展提供了重要支撑。

为表扬先进、宣传典型，经国务院同意，对"十三五"时期实行最严格水资源管理制度成绩突出的浙江、江苏、山东、安徽4个省人民政府予以通报表扬。希望受到表扬的地区珍惜荣誉，再接再厉，充分发挥示范引领和带动作用，取得新的更大成绩。

各地区、各部门要认真贯彻党中央、国务院决策部署，立足新发展阶段，完整、准确、全面贯彻新发展理念，构建新发展格局，全面落实"节水优先、空间均衡、系统治理、两手发力"的治水思路，强化水资源刚性约束，坚持以水定城、以水定地、以水定人、以水定产，合理规划人口、城市和产业发展，深入实施国家节水行动，促进经济社会发展方式绿色转型，为推动生态文明建设和经济社会高质量发展提供水安全保障。

国务院办公厅
2021年9月18日

【例文评析】

这是一则表彰性通报。先讲通报的缘由和根据；然后列举表彰单位的名单；最后提出号召和希望。

【例文六】

**交通运输部 公安部 商务部关于命名天津市等16个城市
"绿色货运配送示范城市"的通报**

交运发〔2021〕72号

各省、自治区、直辖市、新疆生产建设兵团交通运输厅（局、委）、公安厅（局）、商务主管部门：

为深入贯彻党的十九大精神，推进落实国家新型城镇化战略，促进物流业降本增效，推动城市货运配送绿色高效发展，按照《国务院办公厅关于印发推进运输结构调整三年行动计划(2018—2020年)的通知》(国办发〔2018〕91号)部署安排,交通运输部联合公安部、商务部自2018年起在全国组织开展了城市绿色货运配送示范工程建设,并于2018年6月公布了第一批创建城市名单。

根据城市绿色货运配送示范工程验收工作有关安排,交通运输部、公安部、商务部联合受理了第一批19个城市人民政府提出的城市绿色货运配送示范工程验收申请。经技术组暗访、专家组实地验收、向社会公示等程序,确定天津市等16个城市达到了城市绿色货运配送示范工程创建预期目标。交通运输部、公安部、商务部决定命名天津市、石家庄市、衡水市、鄂尔多斯市、苏州市、厦门市、安阳市、襄阳市、十堰市、长沙市、广州市、深圳市、成都市、泸州市、兰州市、银川市为"绿色货运配送示范城市"。

希望命名的示范城市坚持以习近平新时代中国特色社会主义思想为指导,再接再厉,持续深化创建工作,不断提升城市绿色货运配送发展质量,进一步增强人民群众对城市货运配送的获得感和满意度,为全面打造绿色高效的现代物流体系发挥更大的示范引领作用。未通过验收的城市,要进一步加大工作力度,扎实推进各项创建任务,各省级交通运输、公安、商务部门要加强业务指导和工作督导,达到验收条件的及时申请再次验收。各地交通运输、公安、商务部门要认真学习借鉴通过验收城市的创建经验,加快建立"集约、高效、绿色、智能"的城市货运配送服务体系,加快建设交通强国,为畅通国民经济循环、实现碳达峰目标和碳中和愿景提供有力支撑。

交通运输部 公安部 商务部
2021年8月6日

【例文评析】

这是一则情况性通报。先讲通报的缘由和根据;然后列举优化营商环境的典型做法;最后提出要求和希望。

第三节　通　　告

一、通告的含义

《党政机关公文处理工作条例》对通告定义的表述为:适用于在一定范围内公布应当遵守或者周知的事项。

二、通告的特点

1. 法规性

通告常用来颁布地方性的法规,这些法规一经颁布,特定范围内的部门、单位和民众都必须遵守、执行。例如,《省人民政府关于禁止在荆门汉江堤防加固三期工程建设控制范围内新增建设项目及迁入人口的通告》(鄂政函〔2022〕6号)。

2. 周知性

通告的内容,要求在一定范围内的人们或特定的人群普遍知晓,以使他们了解有关政策法令,遵守某些规定事项,共同维护社会公务管理秩序。

3. 实务性

所有的公文都是实用文,从根本性质上说都应该是务实的。但它们之间还是有一些区别,有的公文只是告知某事,或者宣传某些思想、政策,并不指向具体事务。通告则是一种直接指向某项事务的文种,务实性比较突出。

4. 行业性

不少通告都具有鲜明的行业性特点,如税务局关于征税的通告,机动车管理部门关于机动车辆年度检验的通告,银行关于发行新版人民币的通告,房产管理局关于对商品房销售面积进行检查的通告,等等,都是针对其所负责的那一部分的业务或技术事务发出的通告。因此,通告行文中要时常引用本行业的法规、规章,也免不了使用本行业的术语、行话。

三、通告的分类

通告有法规性通告和知照性通告两大类型。这两种通告是以法规性的强弱不同为标准来区分的,二者之间没有绝对的界限。法规性通告不可能没有知照性,知照性的通告完全没有法规内容的也不多见。但二者在性质上毕竟有所区分,如《关于坚决清理非法占道经营的通告》,强制性措施较多,属于法规性通告;如《关于因施工停水、停电的通告》,主要起通知事项的作用,没有强制性措施,属于知照性通告。

四、通告的写法

(一)通告的标题和发文字号

1. 通告的标题

通告的标题,主要有两种写法。

一是全题写法,也就是公文标题的常规写法,由发文机关、主要内容、文种三者共同构成。如《工业和信息化部关于公布第五批国家工业遗产名单的通告》(工信部政法函〔2021〕332号)、《上海市人民政府关于第四届中国国际进口博览会期间实行临时价格干预措施的通告》(沪府规〔2021〕12号)等。

二是省略主要内容的写法,由发文机关、文种组成。如《中华人民共和国公安部通告》《北京市人民政府通告》等。

通告也可以由主要内容和文种构成标题,还有的通告标题只有文种"通告"两字。

通告标题还有一种特殊的写法,将标题分为两个部分,第一部分是发文机关加文种,即"××××通告";第二部分是通告的主要内容。例如《中国人民银行通告明日起发行1990年版壹圆券人民币》。

2．通告的发文字号

通告的发文字号不像一般公文那样只用常规方式,在实践中有多种情况并存。

如果是政府发布通告,要有正规的发文字号,如《农业农村部关于发布长江流域重点水域禁用渔具名录的通告》,发文字号就是"农业农村部通告〔2021〕4号"。

如果是某一行业管理部门发布通告,则可采用"第×号"的方式,标示位置在标题之下正中。

一些基层企事业单位发布的通告,也可以没有字号。

（二）通告的正文

正文采用公文通用结构模式撰写,共分三大部分。

1．通告缘由

作为开头部分,通告缘由主要用来表达发布通告的背景、根据、目的、意义。

2．通告事项

这是主体部分,文字最多,内容最复杂。较多采用分条列项的写法,以做到条理分明,层次清晰。如果内容比较单一,也可采用贯通式写法。

3．通告结语

这是结尾部分,写法比较简单,多采用"本通告自发布之日起实施"或"特此通告"的模式化结语。

【例文七】

上海市人民政府关于第四届中国国际进口博览会期间实行临时价格干预措施的通告

沪府规〔2021〕12号

第四届中国国际进口博览会(以下简称"进博会")将于2021年11月5日至10日在上海举行。为保持价格稳定,形成良好的价格秩序和环境,根据《中华人民共和国价格法》的有关规定,市政府决定,进博会期间对全市除崇明区外的酒店旅馆、网络预约出租汽车(以下简称"网约车")及部分公共停车场(库)实行临时价格干预。现将有关事项通告如下:

一、临时价格干预措施实施时间

2021年11月1日至2021年11月12日。

二、临时价格干预措施实施范围

(一)除崇明区外,具有特种行业许可证(旅馆业)的酒店旅馆及其客房销售企业。

(二)本市所有网约车。

(三)国家会展中心(上海)周边10公里范围内(涉及徐汇、长宁、普陀、闵行、青浦、松江、嘉定7个区)实行市场调节价的公共停车场(库)。

三、临时价格干预措施实施内容

(一)酒店旅馆客房价格

1. 除崇明区外,酒店旅馆销售的2021年临时价格干预措施实施期间各类客房的实际交易价格(包含线上、线下所有交易渠道)不得高于2020年临时价格干预实施期间该酒店同等房型、同等服务条件客房的最高限价。

2. 除崇明区外,2020年11月13日以后新开业的酒店旅馆,应参照同等地段、同等档次酒店旅馆客房价格水平,确定2021年临时价格干预实施期间各类客房最高销售价格,并向所在行政区文化旅游主管部门申报。其中,2020年11月13日至本通告施行前新开业的酒店旅馆,应在本通告施行后10个工作日内申报;本通告施行后新开业的酒店旅馆,应在开业前10个工作日内申报。区文化旅游主管部门应在受理酒店旅馆申报后5个工作日内,会同区价格主管部门出具审核意见,并抄送区市场监管部门。酒店旅馆销售的临时价格干预实施期间,各类客房的实际交易价格(包含线上、线下所有交易渠道)不得高于相关部门核准的价格。

(二)网约车运价

1. 本通告施行前已在沪运营的网约车平台,在临时价格干预措施实施期间,其各类车型运价(包括各运价组成部分的价格)不得高于通告施行前30日内本平台实际执行的最高运价(包括各运价组成部分的最高价格)。同时,不得新增其他收费项目。各平台经营者应在通告施行后10个工作日内,将通告施行前30日内本平台实际执行的最高运价表报送市市场监管局。

2. 本通告施行后在沪新投入运营的网约车平台,在临时价格干预措施实施期间,其各类车型运价(包括各运价组成部分的价格)不得高于已在沪运营网约车平台在本通告施行前30日内相同或相似车型的最高运价(包括各运价组成部分的最高价格)。各网约车平台经营者应在投入运营前10个工作日,将临时价格干预措施实施期间平台拟实行的运价表报送市市场监管局。

(三)实行市场调节价的公共停车场(库)价格

1. 本通告施行前,国家会展中心(上海)周边10公里范围内已对外经营的公共停车场(库)在临时价格干预措施实施期间,机动车停放服务收费标准不得高于通告施行前经营者办理公共停车场(库)经营备案时报送的收费标准。

2. 本通告施行后,国家会展中心(上海)周边10公里范围内首次办理经营备案的公共停车场(库)在临时价格干预措施实施期间,机动车停放服务收费标准不得高于所在区域(国展中心周边10公里范围内)同等场(库)最高备案价格。各经营单位应在投入运营前10个工作日,将临时价格干预措施实施期间拟实行的收费标准报送所在行政区交通主管部门。

四、临时价格干预措施实施要求

（一）各经营单位应严格执行临时价格干预措施的有关规定，规范自身价格行为，认真做好明码标价。市、区有关部门应抓紧开展酒店旅馆、交通等专项检查，严厉查处未执行临时价格干预措施等违法行为，维护市场价格秩序。

（二）公民、法人或者其他组织对违反临时价格干预措施的行为，可以通过"12315"投诉举报热线等途径，进行监督举报。

（三）对不执行法定价格干预措施的，有关部门将依据《中华人民共和国价格法》《价格违法行为行政处罚规定》规定，予以严肃查处。

本通告自2021年9月30日起施行，有效期至同年11月12日。

上海市人民政府
2021年9月19日

【例文评析】

这是一则知照性通告。第一部分为通告缘由，随后用"现将有关事项通告如下"引出正文，正文逐项列出通告内容。收尾运用了规范的说明式结尾。全文短小精悍，语言简练，是一篇简洁干练的通告。

【本章小结】

通知、通报、通告都是党政机关公文中比较常见的文种，且通知又以使用频率极高在公文中著称。本章分别从含义、特点、分类以及写法等方面对两种文体进行了阐释，并辅之以例文分析。在学习本章文体知识以及写作规范等内容之后，应与实际应用相结合，力求做到准确选择文种，正确表达思想，规范使用公文，高效发挥作用。

【写作练习】

一、以你所在学院党委宣传部名义拟文，面向全院各相关部门制作一份关于开展献礼建党百年征集活动的通知。

二、根据下列信息写一则表扬通报

2022年4月3日，正值小长假第一天，嵩县高速下站口车流量持续增加，为严格按照县委、县政府部署要求，压紧压实卡点责任，落实外来人员车辆防控管理措施，认真做好查验工作，确保不漏一车、不漏一人。在县交警大队当班组组长王利锋的带领下，辅警刘育恩、郭力铭、梁东东、郭运龙等工作人员，相互协作，密切配合，在洛栾高速田湖产业集聚区下站口交通卡点，对所有入嵩人员逐一查看"两码一证"，对相关手续规范人员登记备案放行，对手续不规范人员按流程进行核酸检测，对重点人员"点对点"送至集中隔离点或发热门诊，各项工作井然有序。

第五章

报告、请示、批复

【知识目标】

掌握报告、请示、批复的基本知识。

了解报告与请示的异同。

【能力目标】

掌握公文写作的格式要求,能够撰写规范的报告、请示和批复。

【情景导入】

汪洋通过竞聘当上了学校文艺部部长,他踌躇满志,希望有所作为。恰逢学校要举办迎接建党百年红歌比赛,因学校礼堂音响设备部分老旧,经学校领导商议,对设备进行更新,需要向上级部门申请资金。

某日,学校领导对汪洋说:"咱们更换音响设备经费短缺,得打个报告说明情况,争取点经费。你来写。"汪洋很兴奋,觉得表现的时刻到了,通宵达旦洋洋洒洒几千字赶出来一篇报告,第二天兴冲冲地交给校领导。领导一看,说:"怎么写成报告了?"汪洋懵了,"您不是说打个报告吗?"

这是怎么回事呢?汪洋究竟该用什么文种呢?

第一节 报 告

一、报告的含义

《党政机关公文处理工作条例》对报告定义的表述为:适用于向上级机关汇报工作、反映情况,回复上级机关的询问。

二、报告的特点

1. 应用的广泛性

报告的用途十分广泛,具体而言,报告可以用来向上级机关汇报工作,使上级机关全面掌握工作进展的情况;报告也可以用来向上级机关反映情况,使上级机关及时准确了解具体情况;报告还可以用来答复上级机关的询问,告知上级机关本单位对询问事项的安排处理情况。

2. 行文的单向性

与请示不同的是:报告是下级机关向上级机关汇报工作、反映情况、提出建议时使用的单方向上行文,上级机关只需要审阅其内容即可,不需要给予批复。

3. 内容的陈述性

报告要将本机关的工作或情况向上级一一陈述清楚,所表达的内容和使用的语言都是陈述性的。陈述性公文主要使用叙述和说明的表达方式。

4. 时机的事后性

在机关工作中,有"事前请示,事后报告"的说法。多数报告,都是在工作开展了一段时间之后,或是在重大、突发情况发生之后向上级作出的汇报。

三、报告的类型

(一) 按性质分

1. 综合报告

综合报告涉及面宽,要把主要工作范围之内的方方面面都涉及,可以有主次的区分,但不能有大的遗漏。大到国务院提供给人民代表大会的政府工作报告,小到某单位向上级提供的年度、季度、月份工作报告,都属于这种类型。

2. 专题报告

专题报告的涉及面窄,只针对某一方面的工作或者某一项具体工作进行汇报,如党的机关关于"三讲"工作的报告,行政机关关于技术革新工作的报告,等等。

(二) 按适用内容分

1. 情况报告

情况报告是向上级机关或业务主管机关反映本单位、本地区突发情况或临时出现的问题的报告。一般来说,在发生特殊情况、较大事故、突发事件时,应该及时将有关情况向上级机关原原本本地进行汇报;一些带有倾向性的新问题、新现象、新动态、新事物,也要向上级机关报告。凡此种种,常常采用情况报告。

2. 答复报告

答复报告是答复上级机关或业务主管机关询问事项的报告。这种报告内容针对性最强,上级询问什么,就答复什么,不能答非所问。对待上级机关的询问,一定要慎重,如果不了解真情,要经过深入的调查研究后再作答复。

3. 报送报告

报送报告是向上级机关报送重要文件或物件时使用的报告。正文通常非常简略,只需写明报送文件或物件的名称、数量,以"请收阅""请查收"结尾即可。真正有意义的内容都在所报送的文件里。

四、报告的写法

(一) 报告的标题和主送机关

1. 报告的标题

报告的标题,有两种写法,一是发文机关＋主要内容＋文种,如《退役军人部关于2021年第四季度部属网站和政务新媒体检查情况的报告》;二是主要内容＋文种,如《关于进一步加强我市公共场所防火工作的报告》。

2. 报告的主送机关

行政机关的报告,主送机关尽量要少,一般只送一个上级机关即可。但行政机关受双重领导的情况比较多见,只报送其中一个上级机关显然不妥,因此,有时主送机关可以不止一个。报告应报送自己的直接上级机关,一般情况下不要越级行文。

(二) 报告的正文

1. 报告的导语

导语指报告的开头部分,它起着引导全文的作用,所以称为导语。

不同类型的报告,其导语的写法也有较大不同。概括起来,报告的导语有以下几种类型:

(1) 背景式导语。即交代报告产生的现实背景。

(2) 根据式导语。即交代报告产生的根据。

(3) 叙事式导语。在开头简略叙述一个事件的概况,一般用于反映情况的报告。

(4) 目的式导语。将发文目的明确阐述出来作为导语。

报告导语的写法不止以上四种,运用时可以举一反三,融会贯通,灵活处理。

2. 报告的主体

报告的主体也有多种写法,下面择要介绍几种常见形态。

(1) 总结式写法

这种写法主要用于工作报告。主体部分的内容,以成绩、做法、经验、体会、打算、安排为主,在叙述基本情况的同时,有所分析、归纳,找出规律性认识,类似于工作总结。

总结式写法最需要注意的是结构的设计安排。按照总结出来的几条规律性认识来组织材料、安排层次,是最常用的结构方式。

(2)"情况——原因——教训——措施"四步写法

这种结构多用于情况报告。先将情况叙述清楚,然后分析情况产生的原因,接着总结经验教训,最后提出下一步的行动措施。例如《××省商业厅关于××市百货大楼重大火灾事故的报告》,采用的就是这样的写法。

(3)指导式写法

这种结构多用于建议报告。希望上级部门采纳建议,批转给有关部门执行、实施,是建议报告的基本写作目的。为此,建议要针对某项工作提出系统完整的方法、措施和要求,对工作实行全面的指导。形式上采用分条列项的方法逐层表达。

3. 报告的结语

报告的结语比较简单,可以重申意义、展望未来,也可以采用模式化的套语收结全文。模式化的写法大致是:"特此报告""以上报告,请审阅""以上报告如无不妥,请批转执行"等。

【例文一】

退役军人部关于 2021 年第四季度部属网站和政务新媒体检查情况的报告

按照《政府网站和政务新媒体检查指标》等有关标准和要求,退役军人事务部办公厅严格落实对政府网站与政务新媒体常态化监管,组织开展了 2021 年第四季度抽查检查工作,对部官方网站、部官方微信公众号、中华英烈网、再启航 APP 等在内的部属网站和政务新媒体进行了全面检查。本次检查政府网站和政务新媒体抽查比例达标,被抽查网站和政务新媒体整体运行情况良好,无安全、泄密事故等一票否决类问题,未发现其他重大问题,检查结果合格。

下一步,我部将按照政府网站和政务新媒体建设有关要求,积极主动作为,加强内容建设,完善功能渠道,提升政府网站和政务新媒体规范化水平。继续加强对部属网站和政务新媒体平台可用性、内容更新情况等进行日常监测,持续推动我部部属网站和政务新媒体健康有序发展。

退役军人事务部办公厅
2022 年 1 月 14 日

第二节 请 示

一、请示的含义

《党政机关公文处理工作条例》对请示定义的表述为:适用于向上级机关请求指示、批准。

二、请示的适用范围

请示作为报请性的上行文,应用范围十分广泛。大致可归纳为以下几个方面:

(1) 下级机关遇到新情况、新问题,因无章可循而没有对策或没有把握,需要上级机关给以指示的时候,要用请示行文;

(2) 下级机关在处理较为重要的事件和问题时,因涉及有关方针政策必须慎重对待,需要报请上级机关批准时,要用请示行文;

(3) 下级机关在工作中遇到问题,虽然有解决的办法,但由于职权、条件的限制,没有权力或没有能力实施这些办法,需要上级帮助解决的时候,要用请示行文;

(4) 下级机关遇到某方面的困难时,要报请上级机关(特别是主管机关)给予财力、物力或人力上的援助,通常是向主管机关要钱、要物、要人时,要用请示行文;

(5) 下级机关对有关方针、政策和上级机关发布的规定、指示有疑问,需要上级机关给予解答时,要用请示行文;

(6) 下级机关之间在较重要的问题上出现意见分歧,需要上级机关裁决时,要用请示行文。

三、请示的特点

1. 求复性

在公文体系中,请示是为数不多的双向对应文种之一,与它相对应的文种是批复。下级机关有一份请示报上去,上级机关就会有一份批复发下来。不管上级机关是否同意下级机关的请示事项,都必须给请示机关一个回复。因此可以说,写请示最直接的目的就是得到上级机关的批复。

2. 单一性

与其他上行文相比,请示更强调遵循"一文一事"的原则。在一份请示中,只能就一项工作或一种情况、一个问题作出请示,不得在一份公文中就若干事项请求指示或批准。如果确有若干事项需要同时向同一上级机关请示,可以写出若干份请示,它们各自都是一份独立的公文,有不同的发文字号和标题。而上级机关则会分别对不同的请示作出不同的批复。

3. 请求性

请示的行文,有很强的请求性。凡属本机关职权范围内可以解决的问题,或上级机关以往政策中已明确的问题,不能使用请示。必须针对本机关没有对策、没有把握或没有能力解决的重要事件和问题,才能运用请示。动辄就向上级请示,似乎是尊重上级,实则是把矛盾交给上级,而自己躲避责任的表现。

4. 超前性

请示必须在办理事项之前行文,在批复后才能实施,不允许出现先斩后奏的情况。

四、请示的类型

根据《条例》的适用规定,请示可分为请求指示的请示、请求批准的请示。

1. 请求指示的请示

请求指示的请示用于以下情况:遇到有关方针、政策的界限难以界定的问题;遇到新情况、新问题;把握不准或无章可循的事项;情况特殊;有意见分歧;无法办理,需要上级机关给予指示意见。

2. 请求批准的请示

请求批准的请示用于以下情况:单位职权范围内不能解决的问题;要做某项工作而需要或缺少一定的财力、物力、人力,要请求上级机关予以帮助。

五、请示的写法

(一)标题

请示的标题可以由发文机关、事由、文种构成,如《东城区召开政府常务会议听取关于开展 2019 年应急管理和安全生产督察工作的请示》。也可以由事由和文种构成,如《关于成立老干部办公室的请示》。

(二)主送机关

请示的主送机关就是负责受理和答复请示的机关。请示在确定主送机关时,要注意以下三点。

1. 主送机关只能有一个

国务院办公厅规定:请示"一般只写一个主送机关,如需同时送其他机关,应当用抄送的形式。"中共中央办公厅也规定:"向上级机关行文,应当主送一个上级机关,受双重领导的机关向上级机关行文,应当写明主送机关和抄送机关,由主送机关负责答复其请示事项。"请示如果多头行文,很可能得不到任何机关的批复。

2. 只能主送上级机关,不能送领导者个人

请示主送的是上级机关,不能是某领导者个人。对此,国务院办公厅的规定是:"除上级机关负责人直接交办的事项外,不得以机关名义向上级机关负责人报道'请示'。"中共中央办公厅的规定是:"不应直接送领导者个人。"

3. 不得越级

国务院办公厅规定:"一般不得越级请示和报告。"中共中央办公厅规定:"党委各部门应当向本级党委请示问题。未经本级党委同意或授权,不得越过本级党委向上级党委主管部门请示重大问题。"

(三) 正文

请示的正文由开头、主体、结语三部分构成。

1. 开头

开头主要表述请示的缘由,是上级机关批复的主要依据。一般而言,这部分要写明所遇到的新情况、新问题,或自身没有能力解决的困难,要写得充分、恰当、具体。

如果请示仅仅是为了履行一下规定的程序,开头可以写得简略一些。

内容简略、篇段合一的请示,开头也可以是表达行文目的和意义的一两句话,不独立成段。

2. 主体

主体是表明请示事项的部分,也是请示最核心、最重要的部分。请求指示的请示,主体要写明想在哪些具体问题、哪些方面得到指示。请求批准的请示,要把要求批准的事项分条列款一一写明。如果在请求批准的同时还需要人、财、物等方面的支持和帮助,更需要把编制、数量、途径等表达清楚、准确,以便上级及时批准。

如果请示内容十分复杂,可以在条款之上分列若干小标题,每一小标题下再分条列款。

3. 结语

请示的结语比较简单,在主体之后,另起一段,按程式化语言写明期复请求即可。期复请求用语常见的有"当否,请批示""妥否,请批复""以上请示如无不当,请批准""以上请示如无不妥,请批转有关部门执行"等。

【例文二】

关于要求核定青山水库2008年控制运用计划的请示

省防汛抗旱指挥部:

青山水库是东苕溪流域的防洪骨干工程。自1964年建成以来已拦蓄大洪水20余次,尤其是在"96.6.30""99.6.30"两次特大洪水中,发挥了巨大的防洪效益。同时,水库为5.5万亩农田灌溉以及上、下游环境用水提供了可靠保障。

2005年12月青山水库除险加固工程完成后,根据巡查观测和自动监测资料分析,水库大坝、泄洪设施等完好,运行正常。水库水雨情自动测报、洪水预报调度、水库实时安全调度和防汛远程会商等系统运行正常。水库具备安全度汛条件。根据省防指办颁发的

《东苕溪德清以上河段洪水调度方案》和《东苕溪防洪调度细则》中的青山水库洪水调度方案,我部对青山水库管理处上报的《青山水库2008年度控制运用计划》进行了初审,同意青山水库提出的控制运用计划。具体如下:

(1) 青山水库梅汛期、台汛期汛限水位23.20米(吴淞25.00米)。

(2) 从大坝现状、水库和下游河道的预泄能力、库区防洪堤已建成,以及建库以来的实际运用情况、库区移民已编制应急预案等方面综合考虑,梅汛期后期拦蓄洪水尾水至25.20米(吴淞27.00米),当预报台风影响前48小时内,库水位降至23.20米以下,以满足抗旱和环境用水的需要,充分发挥水库效益。

特此请示,请予批复。

附件:《青山水库2008年度控制运用计划》

杭州市林业水利局办公室
二〇〇八年三月二十五日

【例文三】

关于水务局部分事业单位机构名称更名的请示

金水发〔2018〕132号

金湖县编办:

因我县乡镇布局优化,部分乡镇撤并、镇变街道,为规范管理,建议水务局局属部分事业单位统一更名如下:

黎城镇水利服务站,更名为黎城街道水利服务站;

戴楼镇水利服务站,更名为戴楼街道水利服务站;

陈桥镇水利服务站与金北镇水利服务站合并,成立金北街道水利服务站;

撤销闵桥镇水利服务站、陈桥镇水利服务站。

当否,请批示。

金湖县水务局
2018年9月4日

第三节　批　　复

一、批复的含义

《党政机关公文处理工作条例》对批复定义的表述为:适用于答复下级机关请示事项。

二、批复的特点

1. 指导性

上级机关在批复中对政策所作出的解释、提出的指导性意见以及表明的批准或不批准的态度,具有权威性和指令作用,下级机关必须遵照执行。

2. 政策性

批复针对请示事项作出的答复,无论可否,都应以党和国家的各项政策为依据,要坚持原则、照章办事,不能任意行事。

3. 针对性

批复的针对性极强,下级机关请示什么事项或问题,上级机关的批复就指向这一事项或问题,决不能答非所问,也无须旁牵他涉。

4. 被动性

批复和请示是相互对应的一组公文,下级有请示,上级才会有批复。批复不是主动行文,而是根据下级机关的请示事项被动制发的公文。

三、批复的类型

根据《条例》的适用规定,批复可分为指示性批复、审批性批复。

1. 指示性批复

指示性批复,是针对下级机关的请示事项给予政策、认识上的指示性意见的批复。

2. 审批性批复

审批性批复,是针对下级机关的请示事项给予批准、认可事项的批复。

四、批复的写法

(一) 批复的标题和主送机关

1. 批复的标题

批复的标题一般采用公文常规模式写法,即发文机关＋主要内容＋文种。略有不同的是,批复往往在标题的主要内容一项中,明确表示对请示事件的意见和态度,而一般公文标题中的主要内容部分一般只点明文件指向的中心事件或问题,多数不明确表示态度和意见。

例如《国务院关于同意陕西省撤销榆林地区设立地级榆林市的批复》,其中"同意"两字就是用来表明态度和意见的。如果不批准请求事项,标题中可以不出现态度和意见,到正文中再表态。如果是答复请求指示的请示,也无须在标题中表态。

2. 批复的主送机关

批复的主送机关,一般只有一个,即发出请示的下级机关。

(二) 批复的正文

批复的正文由三部分组成,分别是批复依据、批复事项、执行要求。

1. 批复依据

批复依据主要涉及两个方面:一是对方的请示,二是与请求事项有关的方针、政策和上级规定。

对方的请示是批复最主要的论据,要完整引用请示的标题并加括号注明其请示的发文字号,例如:"你省《关于唐山市城市总体规划(2008—2020年)的请示》(冀政〔2009〕15号)收悉。"

上级有关的文件和规定是答复请示的政策和理论依据。可表述为:"根据××关于××的规定,现作如下答复。"必要时,可标引文件名、文件编号和条款序号。如果下级请示的事项在上级文件和规定中找不到依据,这样的文字便不需出现了。

2. 批复事项

针对下级机关请示所发出的指示、作出的批准决定以及补充的有关内容,都属于批复事项。如果内容复杂,可分条表述,但必须坚持一文一批的原则,不得将若干请示合在一起用列条的方式分别给以答复。

3. 执行要求

对下级执行批复的要求可写在结尾处,文字要简约。如《国务院关于同意陕西省撤销榆林地区设立地级榆林市的批复》的结尾:"榆林市的各级机构均应按照'精简、效能'的原则设置,所需人员编制和经费由你省自行解决。"如果只是批准事项,无须提出要求,此段可免。

批复撰写要注意及时、明确、庄重周严、言简意赅。

【例文四】

国务院关于京津冀系统推进全面创新改革试验方案的批复

国函〔2016〕109号

国家发展改革委、科技部,北京市、天津市、河北省人民政府:

你们关于报送《京津冀系统推进全面创新改革试验方案》(送审稿)的请示收悉。现批复如下:

一、原则同意《京津冀系统推进全面创新改革试验方案》(以下简称《方案》),请认真组织实施。

二、要全面贯彻党的十八大和十八届三中、四中、五中全会以及全国科技创新大会精神,按照"五位一体"总体布局和"四个全面"战略布局,牢固树立创新、协调、绿色、开放、共享的新发展理念,落实党中央、国务院决策部署,围绕促进京津冀协同发展,以促进创新资源合理配置、开放共享、高效利用为主线,以深化科技体制改革为动力,充分发挥北京全国科技创新中心的辐射带动作用,依托中关村国家自主创新示范区、北京市服务业扩大开放综合试点、天津国家自主创新示范区、中国(天津)自由贸易试验区和石(家庄)保(定)廊(坊)地区的国家级高新技术产业开发区及国家级经济技术开发区发展基础和政策先行先试经验,进一步促进京津冀三地创新链、产业链、资金链、政策链深度融合,建立健全区域创新体系,推动形成京津冀协同创新共同体,打造中国经济发展新的支撑带。

三、北京市、天津市、河北省人民政府要切实加强对《方案》及各自具体方案实施的组织领导,进一步健全协作机制,明确责任分工,落实各项改革举措,形成工作合力。三地具体实施方案由国家发展改革委、科技部另行印发。

四、国家发展改革委、科技部要加强统筹,指导并及时协调解决改革试验中出现的新情况、新问题,组织开展试点经验和成效的总结评估,推广有力度、有特色、有影响的重大改革举措。相关部门要按照职能分工,主动作为,加大对改革试验的支持力度,加强与北京市、天津市、河北省的衔接和协调,使相关改革举措真正落实落地。国家发展改革委、科技部要加强对《方案》实施情况的跟踪分析和督促检查,重大问题及时向国务院报告。

国务院
2016 年 6 月 24 日

【本章小结】

报告、请示、批复是党政机关公文中比较常见文种,报告用途广泛,请示与批复相伴出现,在党政机关工作中发挥着极其重要的作用。但是,日常工作中,将请示、报告混为一谈或以此代彼的现象极为普遍。

本章分别从含义、特点、分类以及写作等方面对三种文体进行了阐释,并辅之以例文分析,目的在于引导人们经过不断地学习和实践,真正掌握这几个文种的写作规范,做到准确选择文种,正确表达思想,规范使用公文,高效发挥作用。

【写作练习】

请根据下列资料确定文种并写一份规范的公文。

北京肿瘤医院是集医、教、研于一体的三级甲等肿瘤专科医院和肿瘤防治研究中心,现有编制床位 790 张,设有 29 个临床科室和包括核医学科在内的 13 个医技科室。2013 年度,该院门急诊量为 459 617 人次,出院人数为 40 779 人次,住院病人手术量为 13 763 人次。医院核医学科现有工作人员 26 名,其中高级职称 4 人、中级职称 7 人,相关医技人员均已取得大型医用设备上岗证书。

该科室2009年11月首次配置PET-CT一台,2010年的检查人数为2 400人,2011年为3 700人,2012年为4 900人,2013年达到5 800人。相关医技人员每天工作超过12小时,设备严重超负荷运转。此外,该科室近期启用了医用回旋加速器,增加了多种新型示踪剂,检查人数增长较快。目前现有机器无法满足使用。北京市卫生和计划生育委员会作为北京市接到了北京市肿瘤医院提供的相关信息,向国家卫生和计划生育委员会反映情况。

第六章

函、纪要

【知识目标】
了解函、纪要的写作特点。

【能力目标】
能够根据要求撰写格式规范的函和纪要。

【情景导入】

安琪同学在法学院院长办公室做实习助理。这个学期,学院要安排一批学生去实习,需要跟一些相关单位联系,有的是政府部门,比如法院,还有一些社会单位,比如律师事务所。院长让安琪写相关的文件,请问,该用哪些文种呢?

第一节 函

一、函的含义

《党政机关公文处理工作条例》对函定义的表述为:适用于不相隶属机关之间商洽工作,询问和答复问题,请求批准和答复审批事项。

二、函的特点

1. 使用范围的广泛性

函对发文机关的资格要求很宽松,高层机关、基层单位、党政机关、社会团体、企事业单位等各类平级机关和不相隶属机关之间均可发函。

2. 写法的灵活简便性

函的写法灵活简便,不受内容繁简和事情大小、轻重的限制,篇幅短小,制作程序、手续一般较为简易。

三、函的类型

根据《条例》的适用规定,函按行文方向划分可分为去函和复函;按内容划分可分为商洽性函、询问性函、请求性函、答复性函。

1. 按行文方向划分的函

(1) 去函,是本机关为询问事项或请求批准而主动制发的函。

(2) 复函,是为答复受文机关所提出的问题或回复批准事项而被动制发的函。

2. 按内容划分的函

(1) 商洽性函,是平级机关或不相隶属机关之间用于商量和接洽工作的函。

(2) 询问性函,是平级机关或不相隶属机关之间用于询问问题、征求意见的函。

(3) 请求性函,是平级机关或不相隶属机关之间用于请求帮助或配合、请求批准的函。

(4) 答复性函,是平级机关或不相隶属机关之间用于答复问题的函。

四、函的写法

(一) 函的标题、主送机关

1. 函的标题

作为正式公文的函,其标题和一般公文的写法一样,由发文机关名称、主要内容(事由)、文种组成。较完全的写法如《国务院办公厅对国家工商行政管理局关于贯彻〈食用盐加碘消除碘缺乏危害管理条例〉有关问题请示的复函》《国务院办公厅关于羊毛产销和质量等问题的函》等。也可以采用省略发文机关名称的写法,如《关于请求批准××市节约能源中心编制的函》。

2. 函的主送机关

函的行文对象一般情况下是明确、单一的,所以多数函的主送机关只有一个。但有时内容涉及部门多,也有排列多个主送机关的情况。

(二) 函的正文

1. 发函缘由

发函缘由是函的开头部分,主要用来说明发函的根据、目的、原因等。如果是复函,则先引用对方来函的标题、发文字号,然后再交代根据,说明缘由。这部分结束时,常用一些习用的套语转入下一部分,如"现将有关情况说明如下""现就有关问题函复如下"等。

2. 事项

这是函的主体部分,有关某项工作展开商洽、有关某一事件提出询问或作出答复、有关事项提请批准等主要内容,都在这一部分予以表达。

3. 希望或请求

这是结尾部分,向对方提出希望或请求。或希望对方给予支持和帮助,或希望对方给予合作,或请求对方提供情况,或请求对方给予批准,等等。最后,另起一行以"特此函商""特此函询""请即复函""特此函告""特此函复"等惯用结语收束。

函的写作要注意用语的分寸,因是平行文,语言要平和礼貌,但要避免阿谀逢迎。还要注意针对性和时效性。

【例文一】

国家发展改革委等部门关于同意京津冀地区启动建设全国一体化算力网络国家枢纽节点的复函

发改高技〔2022〕212号

北京市、天津市、河北省发展改革委、网信办、工业和信息化主管部门、通信管理局、能源局:

转来《关于呈报〈全国一体化算力网络京津冀国家枢纽节点建设方案〉的请示》(冀发改高技〔2022〕23号)收悉。经研究,现函复如下:

一、同意在京津冀地区启动建设全国一体化算力网络国家枢纽节点(以下简称"京津冀枢纽")。

二、京津冀枢纽要充分发挥本区域在市场、技术、人才、资金等方面的优势,发展高密度、高能效、低碳数据中心集群,提升数据供给质量,优化东西部间互联网络和枢纽节点间直连网络,通过云网协同、云边协同等优化数据中心供给结构,扩展算力增长空间,实现大规模算力部署与土地、用能、水、电等资源的协调可持续。

三、京津冀枢纽规划设立张家口数据中心集群。张家口数据中心集群起步区为张家口市怀来县、张北县、宣化区。围绕数据中心集群,抓紧优化算力布局,积极承接北京等地实时性算力需求,引导温冷业务向西部迁移,构建辐射华北、东北乃至全国的实时性算力中心。

四、张家口数据中心集群应落实好京津冀协同发展关于生态保护的要求,符合新型数据中心发展要求,充分发挥可再生能源丰富等优势,尽快启动起步区建设,逐步落地重点建设项目。项目建设主体原则上为数据中心相关行业骨干企业,支持发展大型、超大型数据中心,建设内容涵盖绿色低碳数据中心建设、网络服务质量提高、算力高效调度、安全保障能力提升等,落实项目规划、选址、资金等条件。

五、张家口数据中心集群应抓紧完成起步区建设目标:数据中心平均上架率不低于

65%。数据中心电能利用效率指标控制在1.25以内,可再生能源使用率显著提升。网络实现动态监测和数网协同,服务质量明显提升,电力等配套设施建设完善,能高质量满足"东数西算"业务需要。形成一批"东数西算"典型示范场景和应用。安全技术、措施和手段同步规划、同步建设、同步使用。

六、京津冀枢纽要统筹好区域内在建和拟建数据中心项目,设置合理过渡期,确保平稳有序发展。自2022年3月起,有关进展情况于每季度末报国家发展改革委、中央网信办、工业和信息化部、国家能源局。

国家发展改革委
中央网信办
工业和信息化部
国家能源局
2022年2月7日

第二节 纪 要

一、纪要的含义

《党政机关公文处理工作条例》对纪要定义的表述为:适用于记载会议主要情况和议定事项。

二、纪要的特点

1. **纪实性**

会议纪要是对会议情况的纪实,即必须真实、全面地反映会议的基本情况,传达会议议定的事项和形成的决议。会议纪要的纪实性特点,使得它具有依据凭证作用和文献资料参考价值。会议纪要的撰写者不能随意改动会议议定的事项、会议上达成的共识和形成的决定,也不能对会议内容进行评论。

2. **概括性**

顾名思义,纪要即记录要点。撰写会议纪要不能有言必录、面面俱到,而要在正确领会会议精神、全面掌握会议情况的前提下,抓住要点,高度概括地把会议的主要精神、讨论议定的重要事项反映出来。

3. **指导性**

会议纪要应当将会议情况和会议精神传达给下级机关以及需要知晓的其他机关,要求与会机关和相关单位以此为依据开展工作,贯彻落实会议的议定事项。体现出会议纪要具有指导工作的特点。

三、纪要的类型

根据《条例》的适用规定,会议纪要按内容和功用可分为决策型会议纪要、交流型会议纪要、研讨型会议纪要三种类型;按会议性质划分为日常行政工作会议纪要、大型专题工作会议纪要两种类型。

1. 决策型会议纪要

决策型会议纪要是以会议形成的决定、决议或者议定事项为主要内容的会议纪要。这种会议纪要的特点是指导性强,会议上确定的工作重点,对工作的步骤、方法和措施的安排,都要求与会单位共同遵守或执行。这种会议纪要的内容有些类似于指示和安排工作的通知,只是发出的指导性意见不是由领导机关作出的,而是由会议讨论议定的。这样的会议纪要,除大家共同遵守的内容外,还常常会有一些工作分工,每个与会单位除完成共同任务之外,还要完成会议确定自己承担的那些工作。

如《关于改革北京、太原铁路局管理体制的会议纪要》,就议定了成立北京铁路管理局,下设北京、太原、天津、石家庄四个铁路局,不再设铁路分局。确定山西煤炭运输主要由北京、太原及相关的郑州铁路局承担,有一些具体的分工,并对各方如何协调工作进行了安排。由于最后议定的事项是与会单位的共识,这样的指导性公文落实起来应该是比较顺利的。

2. 交流型会议纪要

交流型会议纪要是以思想沟通或情况交流为主要内容的会议纪要。其主要特点是:以统一思想、达成原则共识或树立学习榜样为目的,而不布置具体工作,有明显的思想引导性,但没有明显的工作指导性。一些理论务虚会、经验交流会形成的会议纪要,大多属于这种类型。这样的会议纪要,往往多处采用"会议认为"的说法来表达会议在原则问题上达成的共识,或者将会议上介绍的先进经验以及与会单位的评价、态度作为主要内容。

3. 研讨型会议纪要

研讨型会议纪要的鲜明特点是并不以共识和议定事项为主要内容,而是以介绍各种不同的观点和争鸣情况为主。研讨会和学术讨论会的纪要多是这种类型。会议开完了,各家的观点也发表过了,但是并没有形成统一意见,当然更谈不上确定什么议定事项,在这种情况下,仍然有必要发会议纪要,以便让更多的人了解会议的情况,了解不同的观点及其争鸣过程。这对启发和活跃思想,对百花齐放、百家争鸣的学术空气的形成是有促进作用的。

四、会议纪要的写法

(一)会议纪要的标题和成文日期

1. 会议纪要的标题

会议纪要的标题与一般公文略有不同,因为会议纪要是以会议的名义发出的,而不是以领导机关的名义发出的,所以会议纪要的标题多是由会议名称、文种两个要素构成。例如《2020区政务服务局局长办公会第6次会议纪要》《第21届中华预防医学会微生态学学术会议纪要》。也有采用一般公文标题写法的,由主要内容(事由)加文种组成,如《关于解决粮食购销体制改革后遗留问题的会议纪要》。

2. 会议纪要的成文日期

会议纪要的成文日期一般加括号标写于标题之下正中位置,以会议通过日期或领导人签发日期为准。也有出现在正文之后的。

(二)会议纪要的正文

会议纪要的正文分为前言、主体、结尾三大部分。

1. 前言

前言的写法与一般公文区别较大,主要用来记述会议的基本情况。包括:召开会议的时间、地点,会议名称,主持人,主要出席人,会议主要议程,讨论的主要问题等。对会议基本情况的介绍,要根据需要把握好详略。这部分表达完毕后,可用"会议纪要如下"或"会议确定了如下事项"为过渡,转入主体部分。

2. 主体

主体是会议纪要的核心部分,会议的主要精神、会议议定的事项、会议上达成的共识、会议对与会单位布置的工作和提出的要求、会议上各种主要观点及争鸣情况等,都在这一部分予以表达。决议型、交流型、研讨型的会议纪要,各自在主体部分的写作上有较大的不同,前面在分类时已有介绍。

由于这部分内容复杂,多数情况下都需要分条分项撰写。不分条的,也多用"会议认为""会议指出""会议提出"等惯用语作为各层意思的开头语,以体现内容的层次感。

3. 结尾

结尾比较简短,通常用来强调意义、提出希望和号召等。

结尾处还可以对会议的情况作一些补充说明。

在不影响全文结构完整的前提下,也可以不写专门的结尾部分。

【例文二】

2018—2022年教育部高等学校图书情报
工作指导委员会第四次工作会议纪要

关志英　张璐

2021年12月25日,由2018—2022年教育部高等学校图书情报工作指导委员会(以下简称图工委)主办、北京大学图书馆承办的图工委第四次工作会议以线上与线下相结合的方式顺利召开。教育部高等教育司一级巡视员宋毅、图工委委员和各省、直辖市、自治区图工委的主任委员、秘书长,在线参加了会议。

会议开幕式由图工委副主任委员党跃武主持。图工委主任委员陈建龙在致辞中指出,2021年是建党100周年,是"十四五"规划的开局之年,更是图工委成立40周年,希望大家能够全面总结图工委40年的奋斗历程、历史性成就和宝贵经验,学习领会24日学术研讨会上教育部高教司吴岩司长和北京大学邱水平书记的讲话精神,从高等教育事业发展的战略高度理解大学图书馆的发展,做好贯彻和落实工作。

教育部一级巡视员宋毅代表高教司发表重要讲话,对图工委成立40周年表示祝贺,对各位委员一直以来的辛勤工作和贡献表示衷心感谢。他从提升高等教育质量的任务出发,对图工委工作提出了三点要求:(1)准确定位使命与任务,尽职尽责。将自身目标与任务统一到高等教育改革与发展的使命上来。(2)完善制度,创新机制。建立年度工作计划、工作总结与信息通报制度,加强与教育部各专业指导委员会的交流。(3)加大宣传,提升创新影响。树立新时代高校图书馆的全新形象,紧扣人才培养中心任务,体现特色,开拓创新,赢得支持。并部署了2022年的五项具体任务:(1)大力推动"慕课西部行计划"2.0。发动高校图书馆广泛参与,提升责任,支援西部发展。(2)依托高校图书馆试点建设未来学习中心。发挥自身优势,建立人、空间与信息的三元交互,形成学习服务模式。(3)研制标准,促进服务转型。重点关注质量评估,向既重数量更重质量发展。(4)深入开展信息素质教育,发挥领导力。(5)研究整体发展的可持续运行机制。他强调,图工委应充分发挥研究、咨询、指导、评估、服务的作用,成为指导图书情报工作的骨干力量与领导力量。

开幕式后,图工委秘书长陈凌作工作报告。他回顾了图工委2021年的各项工作,包括筹备此次40周年纪念活动,组织主任、副主任与秘书长会议,优化"高校事实数据库"建设,举办"第14届图书馆管理与服务创新论坛",继续开展新时代高校图书馆服务创新"西部行"活动以及建设边防书屋等。他指出,2022年,图工委将认真学习领会吴岩司长的讲话精神,通过发展趋势调研、优秀教材推广等手段带领高校图书馆不断提升服务水平,并详细介绍了本届图工委有待完成的各项任务。

专题报告环节由图工委副主任委员王新才主持。六个专题报告围绕"革命文献与红色文化"主题,结合实际案例分享了高校图书馆在收藏、整理、挖掘、服务、推广革命文献方面的经验与思考。其中,北京大学图书馆馆长陈建龙作了题为"继承革命文化 深挖革命文献——北京大学图书馆大钊阅览室探幽"的报告;中山大学国家文化遗产与文化发展研究院院长程焕文作了题为"马克思主义文献保护与传承"的报告;四川大学图书馆馆长党跃武作了题为"新时代高校图书馆红色文化资源开发探索与实践:从四川大学'学习书屋'谈起"的报告;复旦大学图书馆副馆长王乐作了题为"红色经典特藏的大众宣传和价值挖掘——以复旦大学图书馆为例"的报告;中国人民大学图书馆常务副馆长宋姬芳作了题为"传承红色基因 助力资政育人——红色文献整理与利用实践"的报告;内蒙古师范大学图书馆副馆长穆晓艳作了题为"红色百年 师书铸魂——内蒙古师范大学图书馆红色文献建设和传播"的报告。

在下午的线上分组讨论中,与会者分成四组,就如何继承和发扬教育部高校图工委精神,领会和落实教育部领导讲话,创造性地建设、保护和开发利用革命文献与红色文献以及年度工作总结与下一步工作计划等问题展开了热烈讨论。

在会议总结环节,东北师范大学图书馆原馆长刘万国、内蒙古大学图书馆馆长刘实、山西大学图书馆馆长肖珑、清华大学图书馆副馆长邵敏分别代表各讨论组作了汇报。大家普遍认为:24日举办的40周年学术研讨会具有里程碑意义,会议内容丰富、视野开阔,会上对图工委突出贡献者、榜样馆长和榜样馆员的表彰是弘扬图书馆精神的重要举措,希望能够持续下去;三项出版物的发布,具有战略性,为高校图书馆的发展指明了方向;要深刻领会教育部领导的讲话精神,从高等教育事业发展的全局看待自身发展,提升核心竞争力,积极参与"慕课西部行计划"2.0和未来学习中心建设;高校图书馆要发挥文化传承与文化育人职能,借鉴先进经验,做好革命文献与红色文献的保护和利用工作。

在2022年工作计划方面,各工作组提出了诸多建设性的建议:(1)将海南、山西、广西、河北等省份纳入"慕课西部行计划"2.0,建立中西部合建联席会,促进协同发展;(2)加强联盟建设和规范化建设,促进共建共享;(3)加强标准化建设,包括发布《信息素质教育指南》、研制各类标准、建立评价指标体系、落实《普通高等学校图书馆规程》实施细则等;(4)结合"慕课西部行计划",开展线上线下相结合的信息素质教育与馆员业务培训,继续组织信息素质教育大赛;(5)发挥教育部高校图工委的战略引领作用,考虑组织各高校建立百年红色文献簿、整理榜样人物事迹口述史、定期组织专题研讨会等;(6)组织编制《高校图书馆新技术应用案例》,召开技术专题研讨会,开展数据转型研究等。

中国教育图书进出口有限公司执行董事兼总经理王建新作了题为"新时代文献引进的数字化创新与服务"的报告,分析了新时代国内外新形势与新趋势,分享了公司的一系列创新实践。

最后,图工委主任委员陈建龙作会议总结。他指出,站在40周年的新起点上,图工委应加强更全服务、更深融合;在新境界上,应追求更美精神、更大格局;在新高度上,应保证更优结构、更高质量;在新贡献上,应发挥更多价值、更强力量。2022年,图工委会面临更大的压力和更繁重的任务,希望本届委员能够共同奋斗,站好最后一班岗,不断开拓高校图书情报事业的新天地。

【本章小结】

函和纪要是党政机关公文中使用频率较高的公文。因此,本章的学习,可以为将来从事机关文秘工作或企事业团体的行政助理等职务,为处理好本单位的一般会议及重要问题,为不同单位之间顺畅沟通与交流奠定写作学的理论基础。

【写作练习】

一、请根据下面的通知写一份会议纪要。

关于召开 2020 年全省群众体育工作会议的通知
冀通〔2020〕015 号

各市体育行政部门,机关各处室,省体总秘书处、省社体中心、省体科所(省国民体质监测中心)、省体彩中心:

为贯彻落实 2019 年全国群众体育工作会议和 2019 年全省体育局局长会议精神,进一步做好我省 2020 年群众体育工作,经省体育局研究,决定召开 2020 年全省群众体育工作会议和社会体育指导员工作会议。现将有关事项通知如下:

(一)会议时间:2020 年 4 月 26—29 日(4 月 25 日下午报到,4 月 30 日下午离会),地点:河北省涞水县体育宾馆。

(二)参会人员:①省体育局领导;②局机关各处室负责人;③河北体育运动职业技术学院,省体总秘书处、省社体中心、省体科所(省国民体质监测中心)、省体彩中心、全民健身工程办公室负责人;④各市体育局分管局长、群体科长、社体中心主任各 1 人;⑤有关新闻单位记者。

(三)会议内容:传达贯彻 2019 年全国群众体育工作会议、全国社会体育指导员工作会议、2019 年全省体育局局长会议精神;总结 2020 年全省群众体育工作。

(四)有关事项:1.报名。会议报名表于 4 月 20 日报群体处,也可通过办公网或群体邮箱报群体处王×。2.会议经费。参会人员往返差旅费自理,会议期间食宿费由大会统一负责。3.报到。请各市参会人员于 4 月 25 日下午,至涞水县体育宾馆报到,各市可带驾驶员一名。会务联系人:省体育局群众体育处王× 0311-×××××× 。

(五)未尽事宜,另行通知。

附件:会议报名表

河北省体育局
二〇二〇年四月十九日

二、请根据下述材料,以教育部的名义拟写一份函。材料所提供的信息若有不足之处,请做合理虚构填充。

近日,山东省教育厅申请建立全国儿童青少年近视综合防控省级改革示范区,特提交《山东省教育厅关于申请全国儿童青少年近视综合防控省级改革示范区的请示》(鲁教呈字〔2021〕246 号),请以教育部名义回复。

第七章

其他党政机关公文

【知识目标】
　　了解决定、公告的不同特点。
　　了解公告与通告的区别。

【能力目标】
　　能够根据要求撰写规范的决定和公告。

第一节　决　　定

一、决定的含义

《党政机关公文处理工作条例》对决定定义的表述为：适用于对重要事项作出决策和部署、奖惩有关单位和人员、变更或者撤销下级机关不适当的决定事项。

二、决定的特点

1. 权威性

决定虽然没有命令那样浓的强制色彩，但也是一种权威性很强的下行文。决定是上级机关针对重要事项和重大行动，经重要会议或领导班子研究通过后，对所辖范围内的工作所做的安排。决定一经发布，就对受文单位具有很强的约束力，必须遵照执行。从内容到口气，都坚定确凿、不容置疑，体现了决定的权威性特点。

2. 指挥性

决定在对重要事项进行决策时，同时也提出工作任务、具体措施和实施方案，要求受文单位依照执行。决定通过原则、任务、措施、方案的确定和安排，指挥下属单位统一思想、统一行动，从而保证工作的顺利开展，并取得预期效果。

3. 全局性

决定一般不是向某一个具体单位发出的，行文对象有一定的普遍性。这是由于决所涉及的事项和解决的问题，都有全局性的意义。类似依法行政、西部开发，都是事关全局的重要问题。即使有时涉及的事件比较具体，其意义也必然是全局性的。

例如《中共中央关于接收宋庆龄同志为中国共产党正式党员的决定》，就不能简单地看作接收一个人入党的具体事务性文件，它表达了党中央对宋庆龄一生的评价，也传达了中央的统战政策和组织路线，在宣传党的路线、政策方面，具有相当普遍的意义。

三、决定的分类

1. 法规政策性决定

关于建立、修改某项法规的决定，关于贯彻、落实某一法律的决定，关于对某一领域犯罪行为进行专项打击的决定，都属于法规政策性决定。如《全国人民代表大会常务委员会关于修改〈中华人民共和国大气污染防治法〉的决定》《全国人民代表大会常务委员会关于中国人民解放军现役士兵衔级制度的决定》《全国人民代表大会关于修改〈中华人民共和国地方各级人民代表大会和地方各级人民政府组织法〉的决定》等。

2. 重要事项和重大行动的决定

对重要事项或事关全局的重大行动作出的决定，具有决策的性质。一般要阐述基本原则，提出工作任务、方案、措施、要求。如《国务院关于全面推进依法行政的决定》《国务院关于成立国务院西部开发领导小组的决定》《第十三届全国人民代表大会第五次会议关于第十四届全国人民代表大会代表名额和选举问题的决定》《中共中央关于恢复沈雁冰同志党籍的决定》等。

3. 奖惩性决定

决定也可以对一些事迹突出、有典型意义的先进个人或集体进行表彰，或者对一些影响较大、群众关心的事故、错误进行处理。前者如《国家教材委员会关于首届全国教材建设奖奖励的决定》《关于表彰第八届全国道德模范的决定》等。后者如《国务院关于处理"渤海二号"事故的决定》《国务院关于大兴安岭特大森林火灾事故的处理决定》等。

奖惩性决定与用于奖惩的命令和通报作用接近，但层次规格不同。决定从规格上看低于命令，但高于通报。一般性的奖惩或者基层单位的奖惩活动，用通报即可。

用于奖惩的这三种文体，在写法上也比较接近。

四、决定的写法

（一）标题

决定的标题一般采取公文标题的常规模式，即发文机关＋主要内容＋文种的写法，如《国务院关于进一步加强产品质量工作若干问题的决定》。标题中有时可在主要内容部分加书名号，如《全国人民代表大会常务委员会关于批准〈中华人民共和国、俄罗斯联邦和哈萨克斯坦共和国关于确定三国国界交界点的协定〉的决定》,但标题中不得使用其他标点符号。

(二) 正文

正文采用公文常用的结构基本型,由开头、主体、结尾三部分组成。

1. 开头

开头一般是写发布决定的背景、根据、目的、意义。

如果是批准某一文件的决定,则写明批准对象的名称。

如果是表彰、惩戒性的决定,开头部分要叙述基本事实,也就是先进事迹或事故情况,篇幅要比一般决定长一些。这实际上也属于行文的根据,跟公文结构的基本型仍是一致的。

2. 主体

主体写决定事项。

用于指挥工作的决定,这部分要提出工作任务、措施、方案、要求等,内容复杂时要用小标题或条款显示出层次来。用于批准事项的决定,这部分要表达批准意见,如有必要,还可对批准此事项的根据和意义予以阐述。

用于表彰或惩戒的决定,这部分要写明表彰决定和项目,或处分决定、处罚方法。

3. 结尾

结尾主要用来写执行要求或希望号召。

【例文一】

全国人民代表大会常务委员会关于中国人民解放军现役士兵衔级制度的决定

(2022年2月28日第十三届全国人民代表大会常务委员会第三十三次会议通过)

为了深化国防和军队改革,加强军队的指挥和管理,推进国防和军队现代化,根据宪法,现就中国人民解放军现役士兵衔级制度作如下决定:

一、士兵军衔是表明士兵身份、区分士兵等级的称号和标志,是党和国家给予士兵的地位和荣誉。

士兵军衔分为军士军衔、义务兵军衔。

二、军士军衔设三等七衔
(一)高级军士:一级军士长、二级军士长、三级军士长;
(二)中级军士:一级上士、二级上士;
(三)初级军士:中士、下士。

军士军衔中,一级军士长为最高军衔,下士为最低军衔。

三、义务兵军衔由高至低分为上等兵、列兵。

四、士兵军衔按照军种划分种类，在军衔前冠以军种名称。

五、军衔高的士兵与军衔低的士兵，军衔高的为上级。军衔高的士兵在职务上隶属于军衔低的士兵的，职务高的为上级。

六、士兵军衔的授予、晋升，以本人任职岗位、德才表现和服役贡献为依据。

七、士兵军衔的标志式样和佩带办法，由中央军事委员会规定。士兵必须按照规定佩戴与其军衔相符的军衔标志。

八、士兵服现役的衔级年限和军衔授予、晋升、降级、剥夺以及培训、考核、任用等管理制度，由中央军事委员会规定。

九、中国人民武装警察部队现役警士、义务兵的衔级制度，适用本决定。

十、本决定自2022年3月31日起施行。

第二节 公　　告

一、公告的含义

《党政机关公文处理工作条例》对公告定义的表述为：适用于向国内外宣布重要事项或者法定事项。

二、公告的特点

1. 发文权力的限制性

由于公告宣布的是重大事项和法定事项，发文的权力被限制在高层行政机关及其职能部门的范围之内。具体地说，国家最高权力机关（人大及其常委会）、国家最高行政机关（国务院）及其所属部门，各省市、自治区、直辖市行政领导机关，某些法定机关，如税务局、海关、铁路局、人民银行、检察院、法院等，有制发公告的权力。其他地方行政机关，一般不能发布公告。党团组织、社会团体、企事业单位，不能发布公告。

2. 发布范围的广泛性

公告是向"国内外"发布重要事项和法定事项的公文，其信息传达范围有时是全国，有时是全世界。譬如我国曾以公告的形式公布中国科学院院士名单，一方面确立他们在我国科学界学术带头人地位，另一方面尽力为他们争取在国际科学界的地位。这样的公告肯定会在世界科学界产生一定的影响。我国有关部门还曾在《人民日报》上刊登公告，公布中国名酒和中国优质酒的品牌、商标和生产企业，以便消费者认清名牌。

3. 题材的重大性

公告的题材，必须是能在国际国内产生一定影响的重要事项，或者依法必须向社会公布的法定事项。公告的内容庄重严肃，体现着国家权力部门的威严，既要能够将有关信息和政策公之于众，又要考虑在国内国际可能产生的政治影响。一般性的决定、指示、通知的内容，都不能用公告的形式发布，因为它们很难具有全国性和国际性的意义。

4. 内容和传播方式的新闻性

公告还有一定的新闻性特点。所谓新闻，就是对新近发生的、群众关心的、应知而未知的事实的报道。公告的内容，都是新近的、群众应知而未知的事项，在一定程度上具有新闻的特点。公告的发布形式也有新闻性特征，它一般不用红头文件的方式传播，而是在报刊上公开刊登。

三、公告的分类

1. 重要事项的公告

凡是用来宣布有关国家的政治、经济、军事、科技、教育、人事、外交等方面需要告知全民的重要事项的，都属此类公告。常见的有国家重要领导岗位的变动、领导人的出访或其他重大活动、重要科技成果的公布、重要军事行动等。如全国人大常务委员会关于确认全国人大代表资格的公告，新华社受权宣布我国将进行向太平洋发射运载火箭试验的公告，都属此类公告。

2. 法定事项的公告

依照有关法律和法规的规定，一些重要事情和主要环节必须以公告的方式向全民公布。《中华人民共和国专利法》第三十九条规定："发明专利申请经实质审查没有发现驳回理由的，专利局应当作出审定，予以公告。"

《中华人民共和国企业破产法（试行）》第九条规定："人民法院受理破产案件后，应当在十日内通知债务人并且发布公告。"

《国务院公务员暂行条例》第十六条规定，录用国家公务员要"发布招考公告"。

《中华人民共和国民事诉讼法》规定发布的公告种类繁多，有通知权利人登记公告，送达公告，开庭公告，宣告失踪、宣告死亡公告，财产认领公告，强制迁出房屋、强制退出土地公告等。

上述公告均属法定事项公告。

四、公告的写法

（一）公告的标题和发文字号

1. 公告的标题

公告的标题有四种不同的构成形式。

一是公文标题的常规形式，由发文机关＋主要内容＋文种组成。如《国务院关于坚决制止冲击铁路确保铁路运输安全畅通的公告》。

二是省略主要内容的写法,由发文机关+文种组成。如《国家税务总局公告》《对外经济贸易部公告》。这是公告比较常用的标题形式。

三是省略发文机关,由主要内容+文种组成。如《中华人民共和国东海防空识别区航空器识别规则公告》。这种标题形式比较少见。

四是只标文种"公告"二字。

2. 公告的发文字号

公告一般不用公文的常规发文字号,而是在标题下文正中标示"第×号"。有些公告可以没有发文字号。

(二) 公告的正文

1. 开头

开头主要用来写发布公告的缘由,包括根据、目的、意义等。

这是公文普遍采用的常规开头方式,多数公告都采用这样的开头。但也有不写公告缘由,一开头就进入公告事项的。

2. 主体

主体用来写公告事项。因每篇公告的内容不同,主体的写法因文而异。有时用贯通式写法,有时需要分条列出。总之,这部分要求条理清楚、用语准确、简明庄重。

3. 结语

一般用"特此公告"的格式化用语作结。不过,这不是唯一的选择,有的公告的结尾专用一个自然段来写执行要求,有的公告既不写执行要求,又不用"特此公告"的结语,事完文止,也不失为一种干净利落的收束方式。

【例文二】

中国人民银行公告

〔2011〕第 12 号

中国人民银行定于 2011 年 6 月 16 日发行中国共产党成立 90 周年普通纪念币和 2011 年贺岁普通纪念币各一枚。

一、普通纪念币图案

(一) 中国共产党成立 90 周年普通纪念币。

该普通纪念币正面图案为国徽,内缘上方刊"中华人民共和国"国名,内缘下方刊"2011"年号。

该普通纪念币背面主景图案为中国共产党党徽、党旗及牡丹、和平鸽、五角星,党徽上方刊"中国共产党成立 90 周年"字样,下方刊"1921—2011"字样。内缘左侧刊"5 元"面额数字。

(二) 2011年贺岁普通纪念币。

该普通纪念币正面刊"中国人民银行"、"1元"和汉语拼音字母"YIYUAN"及"2011"年号。

该普通纪念币背面主景图案为手举风车的小女孩和兔灯,内缘下方刊"辛卯"字样。

二、普通纪念币面额、规格、材质和发行数量

中国共产党成立90周年普通纪念币面额为5元,直径为30毫米,材质为黄铜合金,发行数量6 000万枚。

2011年贺岁普通纪念币面额为1元,直径为25毫米,材质为黄铜合金,发行数量3 000万枚。

中国共产党成立90周年普通纪念币和2011年贺岁普通纪念币与现行流通人民币职能相同,与同面额人民币等值流通。

中国人民银行
2011年6月8日

【例文三】

自然资源部关于委托开展地图审核工作的公告

2022年第18号

为贯彻落实国务院深化"放管服"改革优化营商环境有关要求,根据《中华人民共和国测绘法》《中华人民共和国行政许可法》《地图管理条例》《地图审核管理规定》,自然资源部决定委托开展地图审核工作。现将有关事项公告如下:

一、委托事项

将北京、吉林、黑龙江、浙江、山东、广东、海南、四川、陕西等省级行政区域内申请人送审的以下地图委托北京、吉林、浙江、山东、广东等省级自然资源主管部门以及陕西、黑龙江、四川、海南等测绘地理信息局按属地化原则实施地图审核:

(一) 全国地图以及主要表现地为两个以上省、自治区、直辖市行政区域的地图;

(二) 香港特别行政区地图、澳门特别行政区地图以及台湾地区地图;

(三) 世界地图以及主要表现地为国外的地图。

其中,导航电子地图等除外。

二、委托期限

2022年4月1日至2023年12月31日。

2022年3月16日

【本章小结】

本章介绍的两个文种决定、公告都是重大事项或重要机关团体所使用的公文,虽然日常工作中用得较少,但是作为党政机关公文,也应该了解其基本常识、使用原则和写作规范,一旦工作需要,不至于出现差错。

【思考与练习】

1. 简述决定的特点。
2. 简述公告的特点。

第三篇

会议文书

第八章

会议文书概述

【知识目标】
认识会议筹备方案和会议通知。
理解会议筹备方案和会议通知的作用。
掌握会议筹备方案和会议通知的内容与写作方法。

【能力目标】
能够承担工作中大型会议的筹备,撰写筹备方案。

【情景导入】

职场小白江意7月才入职公司行政部,10月就赶上公司五周年庆典。江意作为行政部总监的助理,要负责具体的庆典实施方案。江意上学时也曾参加过会务工作,但像这样的独掌大局还从未尝试过。面对大型会议复杂的工作,她该如何掌控筹备工作的各项进程,协调各方面的工作呢?

第一节 会议方案

会议方案是在召开大中型会议前,对圆满举办会议所作的预想性方案,也是通常所说的筹备方案。筹备方案就相当于会议的召开计划,一份内容完善的会议筹备方案可以保障会议正常、有序地进行。

一、会议方案的具体内容

(一)确定会议的名称

首先要根据会议的目的确定体现会议内容、性质和类型的会议名称。会议名称一般由会议主办单位的全称、会议的主题、会议的类型三部分组成。

(二) 确定会议的规模和规格

会议规模包括人数、与会者的职务、级别及会议天数；会议规格指的是会议的档次，一般分高、中、低档三种规格。

(三) 确定会议时间与会期

会议时间是会议正式开始的时间；会期指召开会议时间的长短。

(四) 确定与会人员

会议出席、列席人员人数，事先应有精确计算。会议的级别、与会者的范围、人数和名单分配，都应明确。

(五) 选择会场并布置会场

选择会场应根据会议的规模、规格和内容等要求来确定。选择会场时应考虑以下几个因素：一是大小适中；二是交通便利；三是环境适合；四是设备齐全；五是应有停车场所；六是租借成本合理。

会场布置包括座位布局形式、会场环境布置和座次排列三项主要内容。

1. 座位布局形式

一般来说，会场的座位布局是根据环境条件、会议内容及形式来布置的。

2. 会议环境布置

会场布置要讲究气氛，会场气氛要与会议中心内容相一致。如庆祝会要有热烈欢腾的气氛，履行法定程序的会议要有庄严的气氛。会场的气氛是用会标、会徽、台幕、旗帜、花卉、灯饰、工艺品陈设等来体现的。

3. 座次排列

座次排列包括主席台座次排列和会场人员座次排列。

(六) 拟定会议议题、议程及日程

1. 拟定会议议题

秘书部门对收集到的议题进行综合处理，按轻重缓急拟定议题。根据确定的议题，安排会议的议程及日程。

2. 制定会议议程

会议议程是根据会议内容制定的会议进行的程序。会议议程应当简明概略，并冠以序号使其清晰地表达，如图 8-1 所示。

```
            2020 中国×××金秋经贸洽谈会
  议程
        一、专题报告
        二、销售与服务训练演示
        三、分组讨论
        四、大会交流
                              ×××市政务服务管理办公室
                                    ××××年×月×日
```

图 8-1　经贸洽谈会议程

3．制定会议日程

会议日程是指会议议程在时间上的具体安排。它通常包括时间、内容、地点三个方面，一般以日程表的方式列出，如表 8-1 所示。

表 8-1　会议日程表

时　间　安　排	内　容　安　排	地　　点

（七）确定会议筹备机构

大中型会议的筹备和服务工作根据实际组建会议筹备机构，或称会议筹备组。会议筹备组通常有会务组、秘书组、接待组、宣传组、财务组、保卫组。

（八）拟制会议文件

会议文件是会议指导思想、主题内容、会议进程等全部活动的反映与记录，是指导会务活动、掌握会议进程、完成会议任务、达到会议目的的主要工具。会议文件的范围主要包括：提交会议审议批准的文件，如请示；会议期间使用的文件，如开幕词、讲话稿、主持词等；会议管理性文件，如会议规则、会议值班制度等；会议宣传性文件，如会议简报、新闻简讯等。

（九）制发会议证件

会议证件是表明与会有关人员身份、权利和义务的证据。会议证件一般包括代表证、出席证、列席证、来宾证、工作证、记者证等。各类证件的内容栏目,大致包括会议名称,与会人员的单位、姓名、职务、证件号码等。

(十) 会议经费预算

会议的经费预算一般包括以下费用项:会议费、培训费、资料费、住宿费、餐饮娱乐费、交通费和其他费用。

二、会议方案的作用

会议方案具有以下作用。
(1) 确保会议的周密组织。
(2) 确保会议服务质量和沟通协调到位。
(3) 确保领导意图得以贯彻执行。

【例文一】

北京绅士服装服饰有限公司
2020年年中工作总结表彰大会筹备方案

一、会议名称:北京绅士服装服饰有限公司2020年年中工作总结表彰大会

二、会议主题:不忘初心　再铸辉煌

三、会议时间:2020年7月26日上午9:00—12:00

四、会议地点:北京国际饭店

五、与会人员

(一) 公司领导班子成员;

(二) 各子(分)公司、各职能部门主要负责人;

(三) 工作先进单位代表、优秀工作者、工作积极分子共计80人。

六、会议主持:公司监事长

七、会议议程

(一) 公司总经理宣读表彰决定;

(二) 为先进单位、个人颁奖;

(三) 公司董事长作重要讲话;

(四) 公司党委书记作重要讲话。

八、会务工作安排

(一) 会场布置

1. 横幅标题:北京绅士服装服饰有限公司2020年年中工作总结表彰大会

2. 主席台座次:(略)

3. 代表席座次:(略)

4. 具体准备事项:席卡、音响、音乐、麦克风、投影仪、茶水、鲜花等。

(二)颁奖安排

1. 工作先进单位:广州前沿服饰有限公司南昌分公司,由董事长颁奖;

2. 优秀工作者:(名单略),由公司领导班子成员等颁奖;

3. 工作积极分子:(名单略),由领导班子成员依次上台颁奖。

(三)就餐安排:略。

(四)交通安排:由公司统一安排乘车前往。

九、会议资料准备:由公司办公室负责

十、会议经费预算:(略)

北京绅士服装服饰有限公司
2020 年 6 月 23 日

【例文二】

德宏傣族景颇族自治州第十六届人民代表大会第一次会议议程
(2022 年 2 月 16 日德宏州第十六届人民代表大会第一次会议预备会议通过)

一、听取和审议州人民政府工作报告。

二、审查和批准州人民政府关于德宏州 2021 年国民经济和社会发展计划执行情况与 2022 年国民经济和社会发展计划草案的报告,批准德宏州 2022 年国民经济和社会发展计划。

三、审查和批准州人民政府关于德宏州 2021 年地方财政预算执行情况和 2022 年地方财政预算草案的报告,批准德宏州 2022 年州本级预算。

四、听取和审议德宏州人民代表大会常务委员会工作报告。

五、听取和审议德宏州中级人民法院工作报告。

六、听取和审议德宏州人民检察院工作报告。

七、选举事项。

第二节　会　议　通　知

一、会议通知的概念

会议通知是知照性的文书,是会议的主办单位发给参加会议的单位和个人的书面通知。

二、会议通知的内容

会议通知上应写明会议召开的时间、需用时间或会期,地点(会址),会议名称和主要议题,参加对象,需做什么准备,或加注报到日期、地点、接站办法等,最后应有召集单位署名、通知发出日期,加盖公章。

三、会议通知的写作

会议通知的主体部分一般包括标题、通知对象、正文和落款等部分。

1. 标题

会议通知的标题有两种写法:重要会议的通知标题中要写明主办机关名称、会议的名称,然后标明文种"通知"二字。一般在会议名称前加动词"召开",如"北京市林业局关于召开会计决算编审工作会议的通知"。事务性或例行性会议一般写"会议通知"即可。

2. 通知对象

通知对象是单位的,写单位名称。单位名称可以写特称,如"×××公司";也可以写统称,如"各直属院校"。通知对象如果是个人,一般直接写明姓名。应当注意的是,通知对象有时未必是参加会议的对象。

3. 正文

会议通知的正文部分一般应当写明:

(1) 会议的目的、名称、缘由和主题,有时可以列出会议的具体议题或讨论的提纲。

(2) 参会人员。

(3) 会议的时间,包括开始时间、报到时间、结束时间。

(4) 会议的地点。应具体写明会场所在的地名、路名、门牌号码、楼号、房间号码、会场名称,必要时画出交通简图,标明地理方位及抵达的公交线路。

(5) 其他事项。如参加会议的费用、报名的方式和截止日期、入场凭证(如"凭入场券入场""凭本通知入场")、联络信息(如主办单位的地址、邮编、银行账号、电话和传真号码、网址、联系人姓名)等。

4. 落款

落款要写主办单位的全称和发出通知的日期。发出通知的日期应当写具体的年、月、日,不能用"即日"代替。重要会议的通知应当加盖公章。

有的会议通知还需附上回执或报名表,一般制成表格,请出席对象填写姓名、性别、年龄、职务、职称、预订回程票的具体要求等项目,然后寄回(邮寄、传真或电子邮件),以便统计参加会议的人数和安排会议的接待工作。

【例文三】

国家新闻出版署关于举办 2021 中国印刷业创新大会的通知

国新出发电〔2021〕20 号

各省、自治区、直辖市和新疆生产建设兵团新闻出版局，各有关单位：

　　定于 2021 年 9 月在广西南宁举办 2021 中国印刷业创新大会。大会以"启航'十四五'，奋斗新征程"为主题，宣传解读印刷业"十四五"时期发展重点任务，引领全行业立足新发展阶段、贯彻新发展理念、构建新发展格局，加快形成优质产能供给、技术先进安全、绿色融合开放的产业体系，推动印刷业高质量发展。现将有关事项通知如下。

一、会议时间

2021 年 9 月 27 日报到，28 日至 29 日召开会议，30 日离会。

二、会议地点

广西南宁西园饭店（荔园山庄）

地址：南宁市青秀区青山路 22 号

电话：0771-5333×××

三、参加人员

（一）各省、自治区、直辖市和新疆生产建设兵团新闻出版局负责同志、印刷管理部门负责同志，部分重点地市党委宣传部有关负责同志或重点优势骨干企业负责人（由各省、自治区、直辖市组织参会），每省（区、市）4 人。

（二）出版产品质量监督检测中心、中国新闻出版传媒集团有限公司、中国印刷技术协会、中国印刷科学技术研究院、北京科印传媒文化股份有限公司、深圳证券交易所、深交所创新创业投融资服务平台等会议协办单位负责人及相关负责同志，每单位 2 人。

（三）大会面向行业及上下游开放，须通过大会网站（cpiic.keyin.cn）报名参会。

四、会议内容

（一）中央宣传部领导发表主旨讲话。

（二）有关领导致辞、讲话。

（三）院士专家演讲。

（四）解读印刷业"十四五"时期发展重点任务。

（五）分享印刷业典型发展案例。

（六）观摩印刷创新项目产融对接路演。

（七）党史学习教育专题参观。

会议同期举办百年红色印刷主题展和印刷智能制造测试线专题展。

五、有关安排

（一）各省、自治区、直辖市和新疆生产建设兵团新闻出版局及其组织的参会人员和会议协办单位参会人员的食宿费用由国家新闻出版署承担,往返交通费用自理,会议安排接送站(机)。其他参会人员有关费用自理。

(二)各省、自治区、直辖市新闻出版局负责对当地网络注册报名的参会人员进行审核。

(三)请于2021年9月15日前将会议回执纸质版和电子版发送至我部印刷发行局(联系人:吕×,传真:010-8313××××,邮箱:×××××@sina.com)和广西壮族自治区新闻出版局(联系人:伍××,传真:0771-2092×××,邮箱:××××××××@gxi.gov.cn)。

附件:会议回执

国家新闻出版署
2021年9月8日

【本章小结】

大型会议的各项工作非常繁复,在会前都要做好相应的筹备工作,以确保会议能够有条不紊地进行。在会前一个至关重要的工作就是拟制会议筹备方案,另一个重要的工作就是拟制会议通知。曾经有过很多实例,因为会议通知的拟制失误,使原本准备充分的会议功亏一篑。所以,学习正确地拟写会议筹备方案和会议通知是成功召开会议的关键所在。

【写作练习】

请根据材料拟制美丽乡村博鳌国际峰会2018年年会方案(注:只写提纲即可)

在党的十九大精神和习近平总书记关于乡村振兴战略实施系列重要讲话精神的指导下,为展示改革开放40周年以来乡村建设成果,美丽乡村博鳌国际峰会组委会决定再次启动2018年峰会,继续把创新精准扶贫手段、助力乡村振兴战略作为本次峰会主题,搭建一个区域互助、跨界合作、政企发声和文化交流的"博鳌发布"会展平台。

一、峰会主题

乡村振兴　美丽共享

二、组织机构

主办单位:中国宋庆龄基金会、海南省人民政府、中国农业电影电视中心

联合主办:中国电视艺术家协会、央视网、中国农产品市场协会、中国农村合作经济管理学会、海南省农业厅、琼海市人民政府

支持单位:中国农村专业技术协会、中国城郊经济研究会、中共海南省委宣传部、海

南省住建厅、海南省商务厅、海南省旅游委

　　承办单位：美丽乡村博鳌国际峰会组委会

　　协办单位：地方政府、学会/协会、大型品牌企业、央企或金融投资机构等

三、时间、地点

　　时间：2018年12月11—14日

　　地点：海南省琼海市博鳌亚洲论坛国际会议中心

第九章

会中文书与会后文书

【知识目标】
  了解开幕词、闭幕词、主持词、讲话稿和会议记录在会议中的作用。
  掌握开幕词、闭幕词、主持词、讲话稿和会议记录的写作技巧。

【能力目标】
  能够独立地完成开幕词、闭幕词、主持词、讲话稿和会议记录的写作。

【情景导入】

于洋是名牌大学中文系毕业的高才生,大学的时候,写文章洋洋洒洒,下笔如有神,可是入职当地劳动局后,分配到文秘岗位,给领导写会议讲话却老是不得要领,甚至被领导批评说写的材料不分场合,冗长乏味。于洋很是苦恼,感觉自己不会写文章了。

第一节 开幕词和闭幕词

一、开幕词和闭幕词的定义及内容

1. 开幕词的定义

开幕词是展开会议主题的序曲,是会议讲话的一种,是党政机关、社会团体、企事业单位的领导人在会议开幕时所作的讲话,旨在阐明会议的指导思想、宗旨、重要意义,向与会者提出开好会议的中心任务和要求。

2. 开幕词的内容

(1)郑重宣布会议开始,这样可以造成一种特定的会议整体气氛。

(2)阐明会议目的、任务和重要意义。

(3)概括说明会议的议程安排和对与会者的要求。

3．闭幕词的定义

闭幕词是会议的结束语，是对开幕词的呼应。闭幕词一般是由主要领导人向全体会议代表所作的总结性讲话，致闭幕词的领导人跟致开幕词的领导人一般不是同一人。

4．闭幕词的内容

（1）总结会议成果，包括经过会议讨论统一认识，作出决定，归纳正确意见和建议，加深与会者把握会议精神。

（2）提出希望或口号，从贯彻会议精神和将要实施的长远眼光激发与会代表和有关群众的积极性。

（3）对支持会议的各个方面表示感谢，给人以心理上的满足并留下美好印象。

（4）宣布会议闭幕，标志着会议的胜利结束。

二、写作格式

开幕词一般由标题、称谓、正文、结束语四部分构成。

1．标题

标题一般由事由和文种构成，写作"××会议开幕词"，如"中国共产党第十二次全国人民代表大会开幕词"。

2．称谓

称谓在标题下一行顶格写。一般根据会议的性质及与会者的身份确定称谓，如"各位代表""各位来宾"等。

3．正文

正文包括宣布开幕，说明会议名称、性质、参与者情况，对会议的指导思想、主要任务和议程安排、意义和作用、希望和要求的阐述。

闭幕词和开幕词的结构基本一致，在标题和称谓之后，另起一段首先说明会议已经完成预定任务，现在就要闭幕了；然后概述会议的进行情况，恰当地评价会议的收获、意义及影响。核心部分要写明：会议通过的主要事项和基本精神；会议的重要性和深远意义；向与会人员提出贯彻会议精神的基本要求；等等。

一般来说，这几方面内容都不能少，而且顺序是基本不变的。写作时要掌握会议情况，有针对性地对会议内容予以阐述和肯定；同时可以对会议未能展开的重要问题作出适当强调或补充；行文要热情洋溢，文章要简洁有力，起到激发斗志、增强信心的作用。

4．结束语

结尾部分一般先以坚定语气发出号召，提出希望，表示祝愿等；闭幕词可表示对有关各方的感谢，最后郑重宣布"××会议胜利闭幕"。闭幕词出现在会议终了，因此，要写得与开幕词前后呼应、首尾衔接，显示大会开得很圆满、很成功。

三、写作要求

（1）撰写开幕词要注意针对性强、文字简练，其格调要同会议主题相称，要使与会者了解整个会议的概貌，鼓起开好会议的信心。

（2）撰写闭幕词应从会议的实际出发，认真总结会议所做的工作，不能离开会议的原定目的和任务。对经过会议讨论所提高的认识，应予深化和加强。对会议未尽事宜和存在问题也可适当指出，但不要节外生枝，偏离会议的本意。闭幕词的语言要富于号召力，以激发与会代表的斗志，调动各方面的积极性。

（3）开幕词、闭幕词要注意呼应和连贯、前后一致，不能开幕词是一个意思，闭幕词是另一个意思。

（4）这两种文书都应具有鼓动性，使与会者受到感染。

【例文一】

在北京2022年冬奥会欢迎宴会上的致辞

（2022年2月5日）

中华人民共和国主席　习近平

尊敬的巴赫主席，

尊敬的各位同事，

女士们，先生们，朋友们：

在中国人民欢度新春佳节的喜庆日子里，同各位新老朋友在北京相聚，我感到十分高兴。首先，我代表中国政府和中国人民，代表我的夫人，并以我个人的名义，对来华出席北京冬奥会的各位嘉宾，表示热烈的欢迎！向所有关心和支持北京冬奥会的各国政府、各国人民及国际组织表示衷心的感谢！我还要特别感谢在座的各位朋友克服新冠疫情带来的困难和不便，不远万里来到北京，为冬奥喝彩、为中国加油。

昨晚，北京冬奥会在国家体育场正式开幕。时隔14年，奥林匹克圣火再次在北京燃起，北京成为全球首个"双奥之城"。中国秉持绿色、共享、开放、廉洁的办奥理念，全力克服新冠疫情影响，认真兑现对国际社会的庄严承诺，确保了北京冬奥会如期顺利举行。

让更多人参与到冰雪运动中来，是奥林匹克运动的题中之意。中国通过筹办冬奥会和推广冬奥运动，让冰雪运动进入寻常百姓家，实现了带动3亿人参与冰雪运动的目标，为全球奥林匹克事业作出了新的贡献。

女士们、先生们、朋友们！

自古以来，奥林匹克运动承载着人类对和平、团结、进步的美好追求。

——我们应该牢记奥林匹克运动初心，共同维护世界和平。奥林匹克运动为和平而生，因和平而兴。去年12月，联合国大会协商一致通过奥林匹克休战决议，呼吁通过体育促进和平,代表了国际社会的共同心声。要坚持相互尊重、平等相待、对话协商,努力化解分歧,消弭冲突,共同建设一个持久和平的世界。

——我们应该弘扬奥林匹克运动精神,团结应对国际社会共同挑战。新冠疫情仍在肆虐,气候变化、恐怖主义等全球性问题层出不穷。国际社会应当"更团结"。各国唯有团结合作,一起向未来,才能有效加以应对。要践行真正的多边主义,维护以联合国为核心的国际体系,维护以国际法为基础的国际秩序,共同建设和谐合作的国际大家庭。

——我们应该践行奥林匹克运动宗旨,持续推动人类进步事业。奥林匹克运动的目标是实现人的全面发展。要顺应时代潮流,坚守和平、发展、公平、正义、民主、自由的全人类共同价值,促进不同文明交流互鉴,共同构建人类命运共同体。

女士们、先生们、朋友们!

"爆竹声中一岁除,春风送暖入屠苏。"中国刚刚迎来农历虎年。虎象征着力量、勇敢、无畏,祝愿奥运健儿像虎一样充满力量、创造佳绩。我相信,在大家共同努力下,北京冬奥会一定会成为简约、安全、精彩的奥运盛会而载入史册。

最后,我提议,大家共同举杯,

为国际奥林匹克运动蓬勃发展,

为人类和平与发展的崇高事业,

为各位嘉宾和家人的健康,

干杯!

第二节 主 持 词

一、主持词的概念

会议主持词是会议主持人主持各类会议时在会议开头、中间串连、结束总结时的讲话,会议主持词准备充分是顺利召开会议的前提。会议主持词是会议主持者主持会议时使用的带有指挥性、引导性的讲话。一般大型或正规的会议都要有会议主持词,所以其使用频率较高。

二、主持词的特点

1. 地位附属

主持词是为领导讲话和其他重要文件服务的,其附属性表现在两个方面:从形式上看,主持词的结构是由会议议程所决定的,必须严格按照会议议程谋篇布局;从内容上看,主持词的内容是由会议的内容所决定的,不能脱离会议内容。主持词的附属性地位,决定了它只能起陪衬作用,不能喧宾夺主。

2. 篇幅短小

主持词的篇幅一般不宜过长,要短小精悍,抓住重点,提纲挈领。篇幅过长、重复会议内容就会造成主次不分、水大漫桥。

3. 语言平实

与严肃的会议气氛相适应,会议主持词在语言运用上应该平实、庄重、简明、确切。要开门见山、直入主题,尽量不用修饰和曲笔。说明什么,强调什么,提倡什么,反对什么,有什么要求、建议和意见,都要一清二楚、一目了然,切忌含糊其辞、模棱两可。

4. 重在头尾

会议主持词的主要部分在开头的会议背景介绍和结尾的会议总结、任务布置两部分,中间部分分量较轻,只要简单介绍一下会议议程就可以了。因此,会议主持词的撰写,重点在开头和结尾。

5. 结构独立

会议主持词分为开头、中间和结尾三个部分,而且每部分都相对独立。

三、主持词的写作

会议主持词一般包括标题、称谓、正文三个部分。

(一)标题

主持词的标题要力求简洁、明了,不需用修饰性词语,是什么会议就用什么名称,如,"庆祝第×个劳动节主持词""××公司第×次展销会主持词"等。在标题左下方顶格处,可分行写明会议的时间、地点、主持者,或者只在标题正下方中间处注明主持者的姓名(可加小括号)。

(二)称谓

称谓是主持者对广大听众的称呼。称谓可根据与会人员、场合的不同,而选用不同的称呼,一般用泛称,如"各位领导""各位来宾""同学们"等。在特殊情况下,如地位、职务比较高的领导、专家莅临下级单位指导工作时,可以针对某位领导用特称,如"尊敬的××省长""尊敬的××局长"等。会议开始前要有称谓,主持中间还应适当用称谓,以起到引起注意、承上启下的作用。

(三)正文

正文由开场白、主体和结束语三部分组成。

1. 开场白

开场白的形式多种多样,可开门见山、直奔主题,也可简单介绍一下会议的召开背景、目的。无论用什么方法开头,都应该紧扣主题,用精练的语言吸引听众,自然地引出下文,不要兜圈子。

另外,在开场白部分还可介绍主席台就座的领导和与会人员(可包括姓名、身份、职务等),如"光临今天会议的领导和来宾有××市委××书记、××市××市长……""……也出席了今天的交流活动"。介绍出席人员时,必须注意前后顺序,先上级后下级,先来宾后主人。同时对各位来宾的到来,主持者要表示热烈的欢迎和衷心的感谢。

2. 主体

主体部分是会议的主要议程,也是主持词的核心部分。这部分是向与会者全面介绍会议的总体安排,可先总说、后分说,如"今天的交流活动主要有×项议程:一是……,二是……,三是……",然后分条说,"下面进行第一项议程……";也可直接分条说,如"今天的大会主要有×项议程,下面进行第一项议程……"。

值得强调的是,在两项议程之间主持者可以做一个简短的、恰如其分的评价,使这两项议程自然地"串"起来,给人以连续感。在顺次介绍会议的每项议程时,切忌千篇一律,要讲究灵活性和多变性,如套用"下面""接下来""下一个议程是"之类的话。

3. 结束语

结束语是主持词的收束。结束语可以总结会议收到的效果,也可以发出号召、邀请,还可以抒情、祝愿,寄托主持者美好的愿望。如"通过今天的交流活动的开展,进一步增进了我们之间的友谊……""最后,祝各位……"。

四、主持词写作的注意事项

在主持词的写作过程中,应注意以下几点。

1. 清楚议程,认真策划

在写作一篇主持词之前,一定要清楚地知道会议的背景和每一项议程,并认真分析每项议程之间的关系,然后确定议程的一二三四项。排列顺序的过程就是"串联"主持词的过程。确定每项的顺序,没有固定的方法和法则,但要坚持便于会议的顺利进行、提高会议的整体效果和符合逻辑的原则。在确定好会议议程顺序以后,就要认真考虑如何写开场白、如何形成高潮、如何结尾,这都是主持词不可或缺的一部分。

2. 注意条理,衔接得当

不管是写什么样的主持词,都要有条理性。没有条理,主持词将失去它存在的价值,也无法将整个会议"串"起来。但仅仅"串"起来还不够,还必须"串"得自然、流畅,衔接得当,这就需要在选词造句时特别要注意考究。如同一词汇不要多次出现,同一意思要选择不同的词汇来表达,力求达到殊途同归的效果。

3. 巧于结尾,赢得听众

一件事情的开始和结束阶段留给人的印象最深刻。会议主持词结尾写得怎样,直接关系到会议召开的效果。在起草主持词的结尾部分时,语言要有鼓动性,内容要有号召性,力求营造良好的会场气氛。

主持者要充分展现自信和魄力,正视前进中的困难,坚信事业能够成功,勇往直前,引起听众强烈的共鸣,最大限度地赢得听众,从而使会议的效果化作听众自主意愿和自觉行动,成为促进工作目标实现的强大动力。

【例文二】

2022年中央广播电视总台春节联欢晚会主持词

任鲁豫:亲爱的观众朋友们,

5人合:过年好!

任鲁豫:这里是中央广播电视总台2022年春节联欢晚会的直播现场,我们和全国各族人民、全世界的中华儿女相约守岁,喜迎壬寅虎年的到来。

李思思:这里是欢乐吉祥、喜气洋洋的团圆夜,天涯共此时,无论天南海北,无论荧屏内外,春晚让我们成了一家人。

尼格买提:这里是播种梦想、收获希望的丰收年,过去的一年,我们全面推进乡村振兴,意气风发地向着全面建成社会主义现代化强国奋进。

马凡舒:这里是张灯结彩、迎春纳福的北京城,还有4天北京2022年冬奥会就要开幕了,双奥之城北京已经做好了准备,向全世界敞开怀抱。

撒贝宁:这里是坚韧不拔、欣欣向荣的大中国,这里有可亲可敬的人民,这里有日新月异的发展,这里有赓续传承的伟业。

任鲁豫:今夜,让我们奏响新征程上的迎春曲;今夜,让我们唱起中国年里的欢乐颂。我们掌声欢迎易烊千玺、李宇春、邓超带我们共同感受这风华正茂的时代感!

歌曲《时代感》
……

零点钟声

任鲁豫:来吧,新的一天;来吧,新的一年。此刻,我们已经站在了春天的大门前。

李思思:新的一年祝福大家身体健康、平平安安、生龙活虎,希望我们可以早日彻底战胜疫情。

尼格买提:新的一年祝福大家日子越过越红火,事业顺利、如虎添翼,用我们的双手创造更美好的生活。

马凡舒:新的一年祝愿马上就要开幕的北京2022年冬奥会圆满成功,祝所有的奥运健儿都能在赛场上虎虎生风。

撒贝宁：新的一年祝愿我们伟大的祖国蒸蒸日上，藏龙卧虎、龙腾虎跃、虎啸风生。

任鲁豫：此时此刻，我们要向坚守在疫情防控一线的工作人员道一声感谢，你们的默默奉献守护的是我们的平安幸福，辛苦了！

李思思：此刻，我们要对正在收看直播的观众朋友说声感谢，谢谢你们40年的相知相守，陪伴春晚一同成长。

尼格买提：别忘了，我们还要对自己说一声谢谢，谢谢我们自己在过去的每一天认真生活、努力前行，我们每一个人都是自己的英雄。

马凡舒：告别过去的一年，我们隆重庆祝中国共产党成立100周年，正式宣布全面建成小康社会，实现第一个百年奋斗目标。

撒贝宁：迎来新的一年，我们奋进在全面建设社会主义现代化国家、向第二个百年奋斗目标进军的新征程上。

任鲁豫：于高山之巅，方见大河奔涌；于群峰之上，更觉长风浩荡。梦在远方，路在脚下，光在心中，点点星光汇聚成万千气息。

任鲁豫：亲爱的朋友们，让我们共同祝福家蒙福祉、国富民强。

任鲁豫：朋友们，零点的钟声马上就要敲响了，各位大声地告诉我，你们准备好了吗？

任鲁豫：来吧，壬寅虎年，马上就要来到，准备倒计时。

合：10、9、8、7、6、5、4、3、2、1，过年好！

……

任鲁豫：难忘今宵，我们将欢乐的记忆收藏。

李思思：难忘今宵，我们将真挚的希望点亮。

尼格买提：告别今宵，一个朝气蓬勃、斗志昂扬的时代不断蒸蒸日上。

马凡舒：告别今宵，一个勤劳勇敢、自强不息的民族即将再创辉煌。

撒贝宁：告别今宵，一个坚韧不拔、欣欣向荣的中国就要全新起航。

任鲁豫：朋友们，新的一年，让我们更加紧密地团结在以习近平同志为核心的党中央周围，以虎虎生威的雄风、生龙活虎的干劲、气吞万里如虎的精神，埋头苦干，勇毅前行，为实现第二个百年奋斗目标，为实现中华民族伟大复兴的中国梦作出新的更大的贡献，以优异的成绩迎接党的二十大的胜利召开。

任鲁豫：今宵神州同怀抱，

5人合：明年春来再相邀！

歌曲《难忘今宵》

任鲁豫：亲爱的朋友们，中央广播电视总台2022年的春节联欢晚会到这里就全部结

来了,再次祝福大家新春快乐,明年的春晚

5人合:再见!

(来源:中央广播电视总台,文字根据中央广播电视总台视频整理)

第三节 讲 话 稿

一、讲话稿的概念与作用

(一)讲话稿的概念

讲话稿,亦称发言稿。讲话稿有广义和狭义之分。广义的讲话稿是人们在特定场合发表讲话的文稿;狭义的讲话稿即一般所说的领导讲话稿,是各级领导在各种会议上发表带有宣传、指示、总结性质讲话的文稿,是应用写作研究的重要文体之一。

(二)讲话稿的作用

1. 交流预备

任何工作都离不开交流,讲话稿正是保证各种交流顺利进行的一种得力工具。有了讲话稿,不至于走题或把话讲错,既可以节省时间,又能比较集中地、有条理地把话讲好,收到好的交流效果。

2. 联系监督

讲话或讲演是面对面进行的,它能使讲话人与听众在时间、空间上紧密地结合在一起,成为一个交流整体。当然,听众不仅"听其言",更要"观其行",如果讲话只打雷不下雨,下次听众就不要听了。因此,讲话稿还暗含着监督作用。写作时要注意具体实在,成绩不夸大,缺点不缩小,实事求是。

3. 宣传教育

讲话稿正是组织人民、动员人民向着一个共同的目标奋斗的一种有利宣传教育形式。它不仅能快捷地上情下达,而且能把听众的愿望、需求、知识、经验、信息等及时交流出去,成为鼓舞人民、教育人民、提高人民素质的有力杠杆。因此,它既是有组织、有计划进行的有力宣传教育工具,也是群众进行自我教育的一种好形式。

二、讲话稿的特点

1. 实用性

讲话稿是一种借助口头表达的书面材料,它广泛应用于大小会议和不同场合,如果需要,还可以登报、广播、上电视。随着经济交流和现代化科学技术的发展,它的用途越来越广泛,具有反应快、应用广泛、实用性强等特点。

2. 时间性

由于各种需要举行的会议、集会等都是在一定时间、地点等条件下进行的,因此,讲话稿一般都具有较强的时间性。否则,该在事发之前讲清的问题却在事后讲,就变成"马后炮";应立即作的总结报告或表彰会等,却要拖上一段时间,就会时过境迁失去应有的效力,不再产生什么积极效果。

3. 条理性

讲话主要是用声音作为传播的媒介,声音在空中停留短暂,因而,要使讲话的内容被听众听清、听懂,就要条理清晰、层次分明。否则,所讲内容虽然丰富、深刻,但缺乏清晰严密的逻辑性,不能一环扣一环地叙事、说理,听众接受起来困难,势必会影响讲话的效果。

4. 通俗性

讲话稿与一般文章不同,要合乎口语,具有说话的特点。这就要求撰写讲话稿要深入浅出、通俗易懂,使用语言时不宜咬文嚼字,句子不要太长,修饰部分要少,以免使听众不得要领。同时,也应当讲究文采,以便讲起来生动,达到雅俗共赏的效果。

三、讲话稿的写作

讲话稿一般由标题、称谓、正文等部分构成。

(一)标题

(1)标题标明讲话人的姓名、职务、事由和文种,如《×××董事长在2018年产品洽谈会上的讲话》。

(2)标题是由一个主标题和副标题组成,主标题一般用来概括讲话的主旨或主要内容,副标题则与第一种的构成形式相同。如《进一步学习和发扬鲁迅精神——在鲁迅诞生110周年纪念大会上的讲话》。

(二)称谓

称谓即根据不同的听众对象首先发出的称呼,如"同志们、朋友们""女士们、先生们""教师们、同学们"等。称谓要贴切、富有礼仪,这样有利于更好地沟通彼此的感情。

(三)正文

正文包括引言、主体、结尾三部分。

1. 引言

引言亦称开场白,是讲话稿开头部分。开场白不宜过长,但需精心设计。有一个好的开场白,讲话者从一开始就能主动而有效地控制听众情绪,为引入正题打下基础

2. 主体

主体亦称本论,是讲话稿的中心部分。这一部分要紧紧围绕中心议题展开论述,在材料编排上,要注意以下几点:一是要中心鲜明、论点突出,做到一以贯之,即全篇幅一个中心论点;二是要讲究条理,前后材料编排要符合表达中心论点的需要;三是要严谨,做到点线相连、不枝不蔓;四是观点与材料、论点与论据要统一;五是奇正相生,把趣味性材料与论证材料巧妙安排,做到庄谐合一。

3. 结尾

结尾亦称收尾,即收结全文,归纳主题。除此之外,还可最后一次打动听众,把听众的情绪推向高潮。结尾一是要"结住",不要狗尾续貂,"再"说上几句;二是要结得"漂亮"。结尾时的风格一般有两种:一种是以坚定有力的语言向听众发出号召、提出希望或要求、给听众以巨大的鼓舞;一种是以谦敬的语言向听众致谢或致谦,也可以意尽言止,自然结尾。

扩展阅读9.1 习近平在中国文联十一大、中国作协十大开幕式上的讲话

第四节 会议记录

一、会议记录的概念

在会议进行过程中,由记录人员把会议的组织情况和具体内容记录下来,就形成了会议记录。

"记"有略记与详记之别。略记是记会议大要、会议上的重要或主要言论。详记则要求记录的项目必须完备,记录的言论必须详细完整。若需要留下包括上述内容的会议记录则要靠"录"。"录"有笔录、音录和影像录三种。对会议记录而言,音录、影像录通常只是手段,最终还要将录下的内容还原成文字。笔录也常常要借助音录、影像录,以之作为记录内容最大限度地再现会议情境的保证。

二、会议记录的特点

1. 综合性

会议记录是在对会议中各种材料、与会人员的发言以及会议简报等进行综合分析和概括提炼基础上形成的,它具有整理和提要的基本特点。

2. 指导性

这一特性包含两层含义:一是会议本身的权威性;二是会议记录集中反映了会议的

主要精神和决定事项。因而记录一经下发,将对有关单位和人员产生约束力,起着类似于指示、决定或决议等指挥性公文的作用。会议记录还可以作为与会同志向单位领导汇报、向群众传达的文字依据。

3. 备考性

一些会议记录主要不是为了贯彻执行,而是向上汇报或向下通报情况,必要时可作查阅之用。

三、会议记录的写作

1. 会议记录的格式

一般会议记录的格式包括两部分:一部分是会议的组织情况,要求写明会议名称、时间、地点、出席人数、缺席人数、列席人数、主持人、记录人等。另一部分是会议的内容,要求写明发言、决议、问题。这是会议记录的核心部分。

对于发言的内容,一是详细具体地记录,尽量记录原话,主要用于比较重要的会议和重要的发言;二是摘要性记录,只记录会议要点和中心内容,多用于一般性会议。

会议结束,记录完毕,要另起一行写"散会"二字;如中途休会,要写明"休会"字样。

2. 会议记录的重点

会议记录应突出以下重点内容:

(1) 会议中心议题以及围绕中心议题展开的有关发言;

(2) 会议讨论、争论的焦点及其各方的主要见解;

(3) 权威人士或代表人物的言论;

(4) 会议开始时的定调性言论和结束前的总结性言论;

(5) 会议已议决的或议而未决的事项;

(6) 对会议产生较大影响的其他言论或活动。

四、会议记录撰写注意事项

1. 真实准确

要如实地记录别人的发言,不论是详细记录,还是概要记录,都必须忠实原意,不得添加记录者的观点、主张,不得断章取义,尤其是会议决定之类的东西,更不能有丝毫出入。真实、准确的要求具体包括:不添加,不遗漏,依实而记;清楚,首先是书写要清楚,其次,记录要有条理。

2. 要点不漏

记录的详细与简略,要根据情况决定。一般来说,决议、建议、问题和发言人的观点、论据材料等要记得具体、详细。一般情况的说明,可抓住要点,略记大概意思。

3. 始终如一

始终如一是记录者应有的态度。这是指记录人从会议开始到会议结束都要认真负责地记录。

4. 注意格式

格式并不复杂,一般有会议名称;会议基本情况,基本情况包括时间、地点、出席人数、主持人、缺席人、记录人;会议内容,这是会议记录的主要部分,包括发言、报告、传达人、建议、决议等。凡是发言都要把发言人的名字写在前面。

【例文三】

××市管委会例会会议记录

时间:3月9日下午

地点:管委会会议室

主持人:李××(管委会主任)

出席者:杨××(管委会副主任)、周××(管委会副主任,管城建)、李××(市建委副主任)、肖××(市工商局副局长)、陈××(市建委城建科科长)及建委、工商局有关科室宣传人员,街道居委会负责人

列席者:管委会全体干部

记录人:邹××(管委会办公室秘书)

讨论议题:

1. 如何整顿城市市场秩序?

2. 如何制止违章建筑、维护市容市貌?

会议过程及内容:

1. 李主任报告城市现状

我区过去在开发区党委领导下,各职能单位同心协力、齐抓共管,在创建文明卫生城市方面取得了一定成绩,相应的城市市场秩序有一定进步,市容街道也较可观。可近几个月来,市场秩序倒退了,街道上小商贩逐渐多起来,水果摊、菜担、小百货满街乱摆,一些建筑施工单位沿街违章搭棚、乱堆放材料、搬运泥土撒落大街。这些情况严重地破坏了市容市貌,使大街变得又乱又脏;社会各界反应很强烈。因此今天请大家来研究:如何整顿城市市场秩序? 如何制止违章建筑、维护市容市貌?

2. 讨论发言(按发言顺序记录)

李××(建委副主任):去年上半年创建文明卫生城市时,市上出了个7号文件,其中规定施工单位不能乱摆战场;工棚、工场不得临街设置,更不准侵占人行道;沿街面施工要有安全防护措施……今年有的施工单位不顾市上文件,在人行道上搭工棚、堆器材。这些违章作业严重地影响了街道整齐、美观,也影响了行人安全。基建取出的泥土,拖斗车

装得过多,外运时沿街散落,到处有泥沙,破坏了街道整洁。希望管委会召集施工单位开一次会,重申市府7号文件,要求他们限期改正。否则按文件规定惩处。态度要明确、坚决。

罗××(工商局市管科科长):市场是到了非整不可的地步了。我们的方针、办法都有了,过去实行过,都是行之有效的,现在的问题是要有人抓,敢于抓,落到实处。只要大家齐心协力,问题是能够解决的。

肖××(市工商局副局长):个体商贩不按规定到指定市场经营,管理不得力、处理不坚决,我们有责任。这件事我们坚决抓落实:重新宣传市场有关规定,坐商归店、小贩归市、农民卖蔬菜副食到专门的农贸市场……工商局全面出动抓,也希望街道居委会配合,具体行动方案我们再考虑。

陈××(市建委城建科科长):对犯规者一是教育,二是逗硬。"不教而杀谓之虐",我们先宣传教育,如果施工单位仍我行我素不执行,那时按文件逗硬处理,他们也就无话可说了。

秦××(居委会主任):整顿市场纪律我们居委会也有责任。我们一定发动群众配合好,制止乱摆摊、乱叫卖的现象。

周××(管委会副主任):城市管理我们都有文件、有办法,现在是贵在执行。职能部门是主力军,着重抓,其他部门配合抓。居委会把居民特别是"执勤老人"(退休职工)都发动起来,按7号文件办事,我们市区就会文明、清洁、面貌改观。

与会人员经过充分讨论、协商,一致决定:

1. 由工商局牵头,居委会和其他部门配合,第一周宣传、第二周行动,监督实施,做到坐商归店、摊贩归点、农贸归市,彻底改变市场紊乱状况。

2. 由管委会牵头,城建委等单位配合对全区建筑工地进行一次检查。然后召开一次施工单位会议,对违章建筑、违章工场限期改正。一个月内改变面貌。过时不改者,坚决照章处理。

散会。

主持人:(签名)(略)
记录人:(签名)(略)

【例文评析】

这是一份格式规范的会议记录,标题由"机关 + 会议名称 + 文种"构成。记录依据会议的程序,紧扣会议主题,分为主持人讲话、集体发言讨论、会议决议三部分,条理清楚,重点突出。

会议中如有争议问题,还应该把争议问题的焦点及有关人员的发言争论观点记录下来。会议记录是不容更改的原始凭证,因此会议记录结尾要注意签名,表示对该会议记录负责。

第五节 会议纪要

一、会议纪要的概念

会议纪要是在会议记录的基础上,对会议的主要内容及议定的事项,经过摘要整理的、需要贯彻执行或公布于报刊的具有纪实性和指导性的文件。

二、会议纪要的特点

1. 内容的纪实性

会议纪要要如实地反映会议内容,它不能离开会议实际搞再创作,不能搞人为的拔高、深化、填平和补齐。否则,就会失去其内容的客观真实性,违反纪实的要求。

2. 表达的要点性

会议纪要是依据会议情况综合而成的,撰写会议纪要应围绕会议主旨及主要成果来整理、提炼和概括。重点应放在介绍会议成果上,而不是叙述会议的过程,切忌记流水账。

3. 叙述的条理性

会议纪要一般要对会议精神和议定事项分类别、分层次予以归纳、概括,使之眉目清晰、条理清楚。

4. 称谓的特殊性

会议纪要一般采用第三人称写法。由于会议纪要反映的是与会人员的集体意志和意向,常以"会议"作为表述主体,"会议认为""会议指出""会议决定""会议要求""会议号召"等就是称谓特殊性的表现。

三、会议纪要的写作

会议纪要一般包括标题、正文与落款三个部分。

(一)标题

会议纪要标题有两种,一是会议名称加纪要,如《全国农村工作会议纪要》;二是召开会议的机关加内容加纪要,如《省经贸委关于企业扭亏会议纪要》。

(二)正文

会议纪要正文一般由两部分组成。

1. 会议概况

会议概况主要包括会议时间、地点、名称、主持人、与会人员、基本议程。

2. 会议的精神和议定事项

常务会、办公会、日常工作例会的纪要,一般包括会议内容、议定事项,有的还可概述议定事项的意义。工作会议、专业会议和座谈会的纪要,往往还要写出经验、做法、今后工作的意见、措施和要求。

(三) 落款

会议纪要落款一般包括会议单位和成文时间。如果会议纪要在正文中已交代会议时间、会议单位等内容,此部分一般可以省略。

四、会议纪要的写法

根据会议性质、规模、议题等不同,会议纪要大致有以下几种写法。

1. 集中概述法

这种写法是把会议的基本情况、讨论研究的主要问题、与会人员的认识、议定的有关事项(包括解决问题的措施、办法和要求等),用概括叙述的方法,进行整体的阐述和说明。这种写法多用于召开小型会议,而且讨论的问题比较集中单一,意见比较统一,容易贯彻操作,写的篇幅相对短小。如果会议的议题较多,可分条列述。

2. 分项叙述法

大中型会议或议题较多的会议,一般采取分项叙述的办法,即把会议的主要内容分成几个大的问题,然后标上序号或小标题,分项来写。这种写法侧重于横向分析阐述,内容相对全面,问题也说得比较细,常常包括对目的、意义、现状的分析,以及对目标、任务、政策、措施等的阐述。这种纪要一般用于需要基层全面领会、深入贯彻的会议。

3. 发言提要法

这种写法是把会上具有典型性、代表性的发言加以整理,提炼出内容要点和精神实质,然后按照发言顺序或不同内容,分别加以阐述说明。这种写法能比较如实地反映与会人员的意见。某些根据上级机关布置,需要了解与会人员不同意见的会议纪要,可采用这种写法。

五、会议纪要与会议记录的区别

会议纪要有别于会议记录。二者的主要区别是:第一,性质不同。会议记录是讨论发言的实录,属事务文书;会议纪要只记要点,是法定行政公文。第二,功能不同。会议记录一般不公开,无须传达或传阅,只作资料存档;会议纪要通常要在一定范围内传达或传阅,要求贯彻执行。

扩展阅读 9.2　乾县县政府 2022 年第 2 次常务会会议纪要

【本章小结】

召开会议的目的就是要讨论、决定或者传达某些事项,所以在会议召开的过程中,会有大量的文件来帮助与会者进行语言或文字的沟通、交流。在会中,开幕词可以明确会议宗旨和主要任务,主持词可以引导会议按照既定程序进行,讲话稿可以起到交流与宣传的作用,会议记录可以再现会议召开的情况与效果。所以,学习这一系列会中文件的写作可以起到事半功倍的效果,促进会议的圆满召开。

【写作练习】

你所在公司要召开元旦联欢会,请写一份晚会主持词。

第四篇

财经文书

第十章

财经文书概说

【知识目标】
　　了解财经文书的概念以及在现实工作中的作用。
　　掌握财经文书的写作思路与写作原则。
　　掌握财经文书的结构、格式及在语言表达方面的技巧和要求。

【能力目标】
　　能够开展市场调研,收集财经信息。
　　能够根据要求完成市场调查报告、经济活动分析报告和可行性研究报告的写作。

【情景导入】

　　王瑶是一所大型连锁超市市场部部长,今年他带了一位新入职的员工小李。为了帮助小李尽快熟悉卖场情况,王瑶让其针对超市内各品牌牛奶的销售情况写一份市场调查报告。小李一脸懵懂,不知道这份市场调查报告怎么写。

　　随着社会生活的不断发展,财经文书在日常工作、生活中的使用频率越来越高。因为具有明确的经济性,所以要写好它们,不仅需要较好的写作能力,更需要对社会经济活动的多向了解与把握。

一、财经文书的概念

　　财经文书,是指在经济活动中直接为生产经营、商品买卖、货币交易服务的公文、书信、契约、合同、协议等文书。它以经济活动为反映对象,以推动经济发展为目标,应用较为广泛。

二、财经文书的特点

1. 市场的实用性

这是财经文书的本质特点。经济活动都是以经济效益为出发点和归宿的,这就要求财经文书在涉及资金、成本、效益的计算或表达时,要有准确的定量分析、反复核实的数据、科学的结论,做到文、事、数三者相符。

2. 知识的专业性

作为服从于经济活动的需要、解决经济活动中实际问题的应用文,财经文书的社会功用是非常直接而明确的,具有明显的专业性。

(1) 经济领域的专业范围十分明确而具体。

(2) 所需要的大量数据、图表、专业术语均是经济领域里所特有、常用的。

(3) 大部分财经文书都有明确的使用对象,如市场调查报告、可行性研究报告是写给经济活动决策者或专家的;经济合同、审计文书等要写给特定的经济活动对象。

(4) 写作者既要熟悉市场经济,懂得经济活动规律,又要具有专业知识。

3. 格式的规范性

财经文书形式多样,却也有一定的规范性。首先,文章体裁规范。如:上市公司经营状况年终报表是叙述体,商品说明书是说明体等,都已形成规范。其次,文章格式规范。如:商务函的写作要严格遵守公文的格式要求。

4. 材料的真实性

财经文书的社会公用性决定了它的求实、求准的特性,写作时,尤其重视调查研究,并尊重事实和客观规律。

5. 语言的准确性

财经文书的语言文字运用必须明确、简洁、得体。明确,指表达意思要清楚、贴切、不产生歧义,能够付诸实践;简洁,指叙事简明完备,力求精练;得体,指语言运用吻合写作的特定目的、与特定对象和谐一致,特别是文中出现的专业术语(表达)必须合乎规范。

三、财经文书的作用与类型

1. 财经文书的作用

(1) 宣传政策,指导工作

各经济部门、单位在对内、对外的一系列经济活动中,相当大的程度上需要财经文书来宣传政策、部署工作、沟通联系,做到内外协作,让工作更好地进行。

(2) 互通信息,知照联系

在经济活动中,财经文书可促进实现经济目的,完成相关的生产、经营、盈利等工作,单位、个人之间的协调、配合也需要财经文书的桥梁作用。

(3) 凭证参考,提供资料

财经文书在经济活动中所起到的凭证参考作用,来源于它的记录性能。

(4) 决策规划,市场预测

科学的市场调查研究和预测,能帮助决策者做好投资规划,促进经济活动收到最佳的经济与社会效益。

2. 财经文书的类型

(1) 调研性文书:市场调查报告、可行性研究(分析)报告、项目策划书等。

(2) 签约性文书:合同、协议、招投标书等。

(3) 宣传性文书:产品说明书、商业信函、年报、商业公告等。

四、财经文书的写作要求

1. **符合政策,观点鲜明**

财经文书的写作必须以党和国家的方针政策为依据,维护党和人民的利益;且是非分明,不推诿、不含糊。

2. **实事求是,准确无误**

财经文书的写作要从实际出发,真实、准确地反映客观事实。对所选用的材料、所引用的数据,都要反复核对,确保准确无误。

3. **格式规范,表述精当**

在撰写财经文书时,要注意遵循其惯有格式;要根据写作目的和内容,选择适当的文种;表达语言要讲求实效、严谨质朴。

【思考与练习】

1. 财经文书是指在经济活动中直接为(　　　)、(　　　)、(　　　)的公文、书信、契约、合同、协议等文书。

2. 财经文书的特点是(　　　)、(　　　)、(　　　)、材料的真实性、语言的准确性。

3. 财经文书的类型主要有(　　　)、(　　　)、(　　　)。

第十一章

市场调查报告与市场预测报告

第一节　市场调查报告

一、市场调查报告的概念

市场调查报告是运用科学方法,对市场各方面情况进行有目的、有计划的搜集整理、分析研究、归纳结论、提出合理化建议的书面材料。其主要作用在于帮助企业了解、掌握市场的现状和可能的发展趋势,正确估计潜在市场的需要,有预见性地作出计划和经营决策,增强企业在市场经济活动中的应变能力和竞争能力。

市场调查报告是市场调查研究成果的集中体现,其撰写得好坏将直接影响到整个市场调查研究工作的成果质量,更会对后续进行的市场战略的制定和市场经营活动的实施产生决定性影响。一份好的市场调查报告,能给企业的市场经营活动提供有效的导向作用,能为企业的市场决策提供客观依据。

二、市场调查报告的特点

与普通的调查报告相比,市场调查报告无论是材料的形成还是结构布局,都有着明显的共性特征。但相较于普通的调查报告,市场调查报告在内容上更为集中,也更具专业性。具体表现为以下四点。

1. **客观性**

市场调查报告要客观地分析问题,唯此才能具有说服力,才能保证其存在的价值。

2. **指导性**

市场调查报告是对市场经济中存在的问题进行调查分析,通过对真实材料的客观分析,得出正确的结论,并概括出可行的经验和方法,加以推广,从而取得以点带面,推动全局的效果。

3. **典型性**

市场调查报告的典型性主要表现为两点:一是调查对象要有典型意义,确保科学分析后,找出能够反映市场变化的内在规律;二是撰写过程中选用的材料要有代表性和普遍性,确保报告的结论准确可靠。

4. 时效性

因为要及时、准确地反映、回答现实经济生活中出现的新情况、新问题,所以市场调查报告的写作更强调"快速""新颖"的实用意义。

三、市场调查报告的分类

按报告内容可以分为:综合性市场调查报告和专题性市场调查报告。

按报告调查对象可以分为:关于市场供求情况的市场调查报告、关于产品情况的市场调查报告、关于消费者情况的市场调查报告、关于销售情况的市场调查报告以及关于市场竞争情况的市场调查报告。

按报告表述手法可以分为:陈述型市场调查报告和分析型市场调查报告。

四、市场调查的基本内容和方法

(一)调查内容

市场调查报告主要是调查消费者的消费现状与可能的消费趋势、产品与销售情况、市场表现与需求的情况。

(二)调查方式与方法

1. 调查方式

(1)普遍调查

普遍调查,也被称作"普查",是对调查对象无一遗漏地进行调查。其涉及面广,时间长,工作量大,费用高。

(2)抽样调查

抽样调查是按照随机原则从总体中抽取一部分调查对象进行调查。通常情况下,当对调查总体不可能也没必要进行普查时,且人力、物力有限,误差要求可以适度放宽时,可以采用此法。

(3)典型调查

典型调查是选取具有代表性的对象进行调查,成功与否的关键在于选取的对象是否具有代表性。所谓代表性,从动态上看,要能代表事物的发展趋势;从静态上看,要具有同类事物的共同属性。选取时,如调查对象各单位特征上的差异较小,选一至两个典型即可;如果调查对象宽泛,对象特征差异大,就必须采取"划类选典"的方法。

(4) 问卷调查

问卷调查,即通过问卷表格的形式进行调查。成功的关键在于问卷的设计,此设计必须围绕调查目的,从实际出发,体现科学的规范与严谨要求。

(5) 蹲点调查

蹲点调查,是指比较长时间地深入到被调查的有关单位进行调查。其最大优点是把调查研究与工作实践密切结合,有助于克服不利于工作开展的教条主义与经验主义。

2．调查方法

进行市场调查,一般会采用直接调查与间接调查两种调查方法。

(1) 直接调查法

直接调查法是通过对调查对象的询问(询问法)、观察(观察法),采用试验(试验法)进行直接的调查,获取相关原始数据与资料。

(2) 间接调查法

间接调查法是充分利用各种资源以及所掌握的历史数据与二手资料,获取关于调查对象的相关市场数据与资料。

五、市场调查报告的写法

市场调查报告的写作,没有固定不变的格式。不同类型、不同目的的市场调查报告,其写作形式主要是依据调查的目的、调查的过程与内容、调查的结果以及报告的主要用途来决定。

一般情况下,调查者和写作者是按照基本的工作程序逐步完成市场调查报告的文书结构,包括标题、导言、主体和结尾几个部分,并在撰写完稿后再进行多次的修改完善,最终形成一份内容充实、观点正确且明确、思路清晰、表达准确且清楚的市场调查报告。基本工作程序以及关联到的报告结构与内容如下。

(一) 前期工作

1．确定调查主旨,拟定标题

市场调查报告的标题即市场调查的题目。标题必须准确揭示调查报告的主题思想,要简单明了、高度概括、题文相符。拟写的主要方式具体如下。

(1) 标题由负责调查的单位名称、调查的内容和范围、文种名称构成。

如:《××协会对女性消费者在夏季使用防晒用品情况的调查报告》《搜狐网对××市居民住宅消费需求的调查报告》。

(2) 直接提出问题,指出调查的范围与意义。

如:《大数据技术未来发展前景如何》《××产品滞销的原因何在》。

(3) 采用正副标题的形式。

综合前面两种情况，以正标题和副标题相互辅助的标题构成。

如：《适应市场需求 促进小龙虾养殖转型升级——湖北潜江2021年稻虾共作生产情况调查报告》。

2．搜集资料

(1) 内部资料

内部资料主要是指启动市场调查行为的企业自身（历史和现实）的统计资料和经验材料。

(2) 外部资料

外部资料是指政府机关和领导部门、其他企业、舆论报道（网络渠道）的各种信息、情况；研究机关和高校的科研成果；市场经济运作情况的现实表现、未来趋向等资料内容。

(3) 实际调查的资料

实际调查的资料指的是根据本次调研行为的主旨而搜集整理出的市场各方面资料。

3．整理分析资料

整理分析资料的工作，是指在获得上述各类资料后做好去伪存真、去粗取精、区分主次的工作，以备写作时使用。

(二) 写作阶段

1．前言

前言是市场调查报告的开头部分。比较常见的写法有：

(1) 说明市场调查的背景情况以及调查的目的和意义。

(2) 介绍市场调查工作基本概况，包括市场调查的目的、时间、地点、内容和对象以及采用的调查方法、方式、调查主旨等。

也有一些市场调查报告的前言，先写调查的结论是什么，或直接提出问题，或概述全文的主要内容和观点，揭示文章主旨等。这样的写法通常更能增强读者阅读该报告的兴趣。

2．正文

正文是市场调查报告中的主要内容，是表现调查报告主题的重要部分，直接决定市场调查报告质量的高低和作用的大小。

写作正文，要客观、全面地阐述市场调查所获得的材料、数据，用它们来说明有关问题，得出有关结论；还要对一些问题、现象进行深入分析、评论等。总之，写作正文时要善于运用客观材料来表现调查的主旨。

通常情况下，正文部分要安排"情况叙述""原因分析""主要建议"三个子内容，多数情况下会采用"结构序号＋直观小标题"这种分条列项的形式予以表现。

(1) 情况叙述

可以用文字叙述，也可以采用数字、图表的形式进行。主要是要比前言部分更详尽地叙说市场调查的具体情况。包括"基于什么目的进行的调查？在什么时间、地点进行的调查？对谁（哪个对象）进行的调查？运用什么样的调查方式、方法进行的调查？市场调查的过程是怎样的？调查出了哪些突出存在的经验、问题？调查后所形成的基本结论是什么？"等内容。

(2) 原因分析

要求站在一个统筹的高度，选取一个客观的角度，从相对宏观的内因、外因入手，再从"政策、环境、制度、管理模式与管理实施、人员素质、竞争对手表现等"具体分析角度切入，进行相对微观的分析、归纳，最终得出研究调查出的经验、所存在问题的主力因素等结果（结论）。

(3) 主要建议

要在原因分析的基础上，提出面对市场现状的对策（理念、措施）。这部分内容，相对前两部分来说，文字量通常不是很大，但是就市场调查报告的写作目的、写作意义来说，确是相当重要的。

一般也采用"结构序号＋小标题"的分条列项形式予以表现，这些小标题的内容中一般要涵盖报告撰写者的主观结论或者主导性意见（建议）。对小标题内容进行展开说明时，只需要说清楚观点和实施的主要过程、重点工作等内容即可，不用大篇幅展开论证、说明。

3. 结尾

结尾的形式可以多种多样。或者叙说已经形成的源自市场调查的基本结论，也就是对市场调查的结果作一个小结；或者再一次点明主旨；或者在前面分析的基础上再进一步提出新的问题、建议或希望。而有前言部分的调查报告的结尾，则要照应开头，重申观点以加深认识。

除上述所提及的"前言、正文、结尾"三大部分构成内容外，有的市场调查报告还有附录。附录的内容一般是关于市场调查的统计图表、有关材料出处、参考文献等。

六、市场调查报告的写作要求

1. 用事实说话，不能主观臆造

市场调查报告必须符合客观实际，引用的材料、数据必须是真实可靠的。要用事实来分析、论证，不能凭任何人的主观倾向而臆造内容和结论。

2. 要做到调查资料和观点相统一

市场调查报告是以调查资料为依据的，即调查报告中所有观点、结论都有大量的调查资料为根据。在撰写过程中，要善于用资料说明观点，用观点概括资料，二者相互统一。

切忌调查资料与观点相背离。

　　3. 要突出市场调查的目的

　　撰写市场调查报告，必须目的明确、有的放矢。任何市场调查都是为了解决某一问题，或者为了说明某一问题，市场调查报告必须围绕市场调查的目的来认真分析研究，找出规律性认识或结论。

　　4. 语言要简明、准确、易懂

　　市场调查报告的主要作用在于帮助企业了解掌握市场的现状和趋势，准确估计潜在市场的需要，有预见性地作出计划和经营决策，增强企业在市场经济大潮中的应变能力和竞争能力，所以，为了更好地达成这一作用，撰写调查报告的语言要力求简单、准确、通俗易懂。

第二节　市场预测报告

一、市场预测报告的概念与特点

（一）市场预测报告的概念

　　市场预测报告是调查报告的一种特殊形式，指依据已掌握的有关市场的信息和资料，通过科学的方法进行分析研究，预测未来发展趋势的一种预见性报告。具体而言，是在市场调查的基础上，综合调查的材料，用科学的方法估计和预测未来市场的趋势，从而为有关部门和企业提供信息，以改善经营管理，促使产销对路，提高经济效益。

（二）市场预测报告的特点

　　市场预测报告具有如下特点。

　　1. 预见性

　　市场预测报告的性质就是对市场未来的发展趋势作出预见性的判断。它是在深入分析市场既往历史和现状的基础上的合理判断，目的是将市场需求的不确定性极小化，使预测结果和未来的实际情况的偏差概率达到最小化。

　　2. 科学性

　　市场预测报告必须占据充分翔实的资料，并运用科学的预测理论和预测方法，以周密的调查研究为基础，充分搜集各种真实可靠的数据资料，才能找出预测对象的客观运行规律，得出合乎实际的结论，从而有效地指导实践。

　　3. 针对性

　　每一次市场调查和预测，只能针对某一具体的经济活动或某一产品的发展前景，因此，市场预测报告的针对性很强。而选定的预测对象越明确，现实指导意义就越大。

二、市场预测报告的分类

1. 按预测的时间分类

按预测的时间分,可分为:

(1) 长期预测报告。指对超过五年期限的经济前景的预测报告。

(2) 中期预测报告。指对二至五年内经济发展前景的预测报告。

(3) 短期预测报告。指对一年内经济发展情况的预测报告。

2. 按预测的方法分类

按预测的方法分,可分为:

(1) 定量预测报告

定量预测报告包括数字预测法预测报告和经济计量法预测报告。数字预测法预测报告,是采用对某一产品(商品)已有的大量数据进行分析研究,用统计数字表达,从中找出产品(商品)的发展趋势而写成的报告。经济计量法预测报告,是根据各种因素的制约关系用数学方法加以预测而写成的报告。

(2) 定性预测报告

定性预测报告是对影响需求量的各种因素,如质量、价格、消费者、销售点等进行调查、分析研究,在此基础上预测市场的需求量而写成的报告。

三、市场预测报告的写作

1. 标题

标题由预测和预测展望构成。要求简明、醒目。

2. 前言

前言要求以简短扼要的文字,说明预测的主旨,或概括介绍全文的主要内容;也可以写预测的结果,以引起读者的注意。

3. 正文

正文是市场预测报告的主体部分,一般包括现状、预测、建议三个部分。现状部分要从收集到的材料中选择有代表性的资料、数据来说明经济活动的历史和现状,为进行预测分析提供依据;预测部分是市场预测报告的重点所在,要求利用资料数据进行科学的定性分析和定量分析,从而预测经济活动的趋势和规律;建议部分须根据预测分析的结果,提出切合实际的具体建议。

4. 结尾

结尾是归纳预测结论,提出展望,鼓舞人心;也可以照应前言或重申观点,以加深认识。

5. 附件

附件主要是图、表等数据材料,以及其他具体的辅助材料。

6. 署名

正文右下方写明撰写此报告的单位或个人。

7. 日期

写全具体的年月日。如果文前已写明了日期,可省略。

【例文】

北美视频和电视市场预测

视频和电视市场正在发生巨变,却没有很多人说得那样快。Strategy Analytics 发布的最新研究报告《订阅视频和电视市场预测——北美》预测了以下几点:

(1) 美国消费者在订阅视频和电视服务年度总支出将在 2019 年达到 1303 亿美元的峰值。

(2) 2022 年的市场规模将会下降到 1257 亿美元。

(3) Comcast 和 A&T 等知名电视付费公司,包括他们传统的付费电视服务和 DirecTV Now 这样新的基于互联网的服务,仍将在 2022 年占总的市场收益份额的 80%;2022 年以前,Netflix 和亚马逊等新兴竞争对手的市场份额仍将低于 20%;新兴市场玩家的年度收益增长到 2022 年时会下降到仅 4.4%。

Strategy Analytics 电视和媒体战略总监 Michael Good-man 表示:"收益是关键,而不是订阅用户数。仅关注 Netflix 叹为观止的订阅用户数量,容易忽略一个事实,即付费电视 ARPU(每用户平均收入)比 Netflix 高出 10 倍以上。"

该报告分析了 Comcast 和 AT&T 等传统付费电视服务与来自 Netflix 和亚马逊 Prime 的新订阅视频服务,以及诸如 DireCTV Now、Sling TV、YouTube TV、Hulu Live 和 Play Station Vue 这些基于互联网的收费电视服务的融合。市场的演进也带来了消费者的决策和行为的不断变化。因此,传统付费电视运营商和新兴的网络视频玩家应该考虑的问题是:

(1) 不同的消费者细分人群在多大程度上认为这些服务互相竞争?

(2) 哪些"最佳点"将驱动收益或盈利的最大化?

(3) 哪些因素驱动了不同消费者细分人群选择不同的可用服务?

(4) 不同的消费者细分人群针对不同视频内容打包服务的支付意愿有多高?

(5) 某一部电视或电影对消费者选择视频服务的影响有多大?

(6) 将视频与家庭购物、移动或宽带服务进行捆绑,会如何影响整体的视频订阅及使用程度?

该报告建议,视频运营商需重视甄别消费者需求和想要的体验,评估他们现有的产品和服务,同时监测他们的市场表现,才能在如此复杂的新环境中提升成功概率。

  Strategy Analytics 副总裁 & 首席分析师 David Mercer 表示:"现在宣布市场赢家还为时过早。向基于 IP 的视频服务的长期转型,许多市场玩家都将受益,但是了解并满足消费者需求将是任何战略成功的关键。"

【思考与练习】

1. 简答市场调查报告的特点及写作要求。
2. 简答市场预测报告的特点。

【写作练习】

  近年来,随着信息时代的到来,网购因其方便快捷的特点而成了很多人生活中的必备,网购正影响甚至改变着每一位大学生的日常生活方式。请设计一份针对大学生需求的调查问卷,并根据调查问卷的结论形成客观的判断,最终形成调查报告。

第十二章

可行性分析报告、审计报告

第一节 可行性分析报告

一、可行性分析报告的概念

可行性报告是一种格式比较固定的、用于向国家项目审核部门进行项目立项申报的文书。是在制订生产、基建、科研计划的前期,通过全面的调查研究,分析论证某个建设或工程、某种科学研究、某项商务活动切实可行而提出的一种书面材料。

主要用来阐述项目在各个层面上的可行性与必要性,对于项目审核通过、获取资金支持、厘清项目方向、规划抗风险策略都有着相当重要的作用。具有预见性、公正性、可靠性、科学性的特点。

二、可行性分析报告分析的主要方面

项目不同,其可行性报告分析的侧重点差异较大,但一般针对以下几个方面进行。

1. 必要性

根据市场调查及预测的结果,以及相关的产业政策等因素,论证项目投资建设的必要性。

2. 可行性

(1) 技术可行性

从项目实施的技术角度,合理设计技术方案,并进行比选和评价。

(2) 财务可行性

主要从项目及投资者的角度,设计合理的财务方案,从企业理财的角度进行资本预算,评价项目的财务盈利能力,进行投资决策,并从融资主体(企业)的角度评价股东投资收益、现金流量计划及债务清偿能力。

(3) 组织可行性

制订合理的项目实施进度计划、设计合理的组织机构、选择经验丰富的管理人员、建

立良好的协作关系、制订合适的培训计划等,保证项目顺利进行。

  (4) 经济可行性

  主要从资源配置的角度衡量项目的价值,评价项目在经济、环境、生活等方面的效益。

  (5) 社会可行性

  主要分析项目对社会的影响。

  3. 风险对策

  主要是对项目的市场风险、技术风险、财务风险、组织风险、法律风险、经济及社会风险等因素进行评价,制定规避风险的对策,为项目全过程的风险管理提供依据。

三、可行性分析报告的主要构成与内容

  (1) 基本情况。主要包括:经营企业名称、法定地址、经营范围和规模;合营各方名称、注册国家、法定地址和法定代表人姓名、职务、国籍;企业总投资、注册资本股本额(自有资金额、合营各方出资比例、出资方式、股本交纳期限);合营期限、合营方利润分配及亏损分担比例;项目建议书的审批文件;可行性研究报告的负责人名单;可行性研究报告的概况、结论、问题和建议。

  (2) 产品生产安排及其依据。要说明国内外市场需求和市场预测的情况,以及目前已有的和在建的生产与销售能力。

  (3) 物料供应安排(包括能源和交通运输)及其依据。

  (4) 项目地址选择及其依据。

  (5) 技术装备和工艺过程的选择及其依据(包括国内外设备分批交货的安排)。

  (6) 生产组织安排(包括人员数量、构成、来源和管理)及其依据。

  (7) 环境污染治理和劳动安全保护、卫生设施及其依据。

  (8) 建设方式、建设进度安排及其依据。

  (9) 资金筹措及其依据(包括厂房、设备入股计算的依据)。

  (10) 外汇收支安排及其依据。

  (11) 综合分析(包括经济、技术、财务和法律方面的分析)。要采用动态法和风险法(或敏感度分析法)等方法分析项目效益和外汇收支等情况。

  (12) 必要的附件。如合营各方的营业执照副本;法定代表人证明书;合营各方的资产、经营情况资料;上级主管部门的意见。

四、可行性分析报告的写作要求

  (1) 必须站在客观公正的立场进行调查研究,做好基础资料的收集工作。对于收集的基础资料,要按照客观实际情况进行论证评价,如实地反映客观经济规律,从客观数据出发,通过科学分析,得出项目是否可行的结论。

（2）基本内容要完整，应尽可能多地占有数据资料，避免粗制滥造。具体而言要掌握好以下四个要点：

① 先论证，后决策；

② 处理好项目建议书、可行性研究、评估这三个阶段的关系，哪个阶段无法进行时都必须停止研究；

③ 始终贯彻调查研究——一定要掌握切实可靠的资料，以保证资料选取的全面性、重要性、客观性和连续性；

④ 多方案比较，择优选取。

第二节　审　计　报　告

一、审计报告的概念

审计报告是指具有审计资格的注册会计师根据中国注册会计师审计准则的规定，出具的关于企业会计的基础工作即计量、记账、核算、会计档案等会计工作是否符合会计制度，企业的内控制度是否健全等事项的报告，即在实施审计工作的基础上对被审计单位财务报表发表审计意见的书面文件，是对财务收支、经营成果和经济活动全面审查后作出的客观评价。

基本内容包括资产、负债、投资者权益、费用成本和收入成果等。

二、审计报告的构成

审计报告应当包括下列要素：标题、收件人、引言段、管理层对财务报表的责任段、注册会计师的责任段、审计意见段、注册会计师的签名和盖章、会计师事务所的名称与地址及盖章、报告日期。

1. 标题

审计报告的标题应当统一规范为"审计报告"。

2. 收件人

审计报告的收件人是指注册会计师按照业务约定书的要求致送审计报告的对象，一般是指审计业务的委托人。审计报告应当载明收件人的全称。

针对整套通用目的财务报表出具的审计报告，审计报告的致送对象通常为被审计单位的全体股东或董事会。

3. 引言段

审计报告的引言段应当说明被审计单位的名称和财务报表已经过审计，并包括下列内容：

(1) 指出构成整套财务报表的每张财务报表的名称；

(2) 提及财务报表附注；

(3) 指明财务报表的日期和涵盖的期间。

如："我们审计了后附的××股份有限公司财务报表，包括20××年12月31日的资产负债表，20××年度的利润表、股东权益变动表和现金流量表以及财务报表附注。"

4. 管理层对财务报表的责任段

管理层对财务报表的责任段应当说明按照适用的会计准则和相关会计制度的规定编制财务报表是管理层的责任，这种责任包括：

(1) 设计、实施和维护与财务报表编制相关的内部控制，以使财务报表不存在由于舞弊或错误而导致的重大错报；

(2) 选择和运用恰当的会计政策；

(3) 作出合理的会计估计。

例如："按照企业会计准则和《××会计制度》的规定编制财务报表是××公司管理层的责任。这种责任包括：①设计、实施和维护与财务报表编制相关的内部控制，以使财务报表不存在由于舞弊或错误而导致的重大错报；②选择和运用恰当的会计政策；③作出合理的会计估计。"

在审计报告中指明管理层的责任，有利于区分管理层和注册会计师的责任，降低财务报表使用者误解注册会计师责任的可能性。

5. 注册会计师的责任段

注册会计师的责任段应说明下列内容。

(1) 注册会计师的责任

注册会计师的责任是在实施审计工作的基础上对财务报表发表审计意见。注册会计师按照中国注册会计师审计准则的规定执行了审计工作。中国注册会计师审计准则要求注册会计师遵守职业道德规范，计划和实施审计工作以对财务报表是否不存在重大错报获取合理保证。

(2) 审计工作实施程序

审计工作涉及实施审计程序，以获取有关财务报表金额和披露的审计证据。选择的审计程序取决于注册会计师的判断，包括对由于舞弊或错误导致的财务报表重大错报风险的评估。

在进行风险评估时，注册会计师考虑与财务报表编制相关的内部控制，以设计恰当的审计程序，但目的并非对内部控制的有效性发表意见。审计工作还包括评价管理层选用会计政策的恰当性和作出会计估计的合理性，以及评价财务报表的总体列报。

(3) 审计证据

注册会计师相信已获取的审计证据是充分、适当的，为其发表审计意见提供了基础。

例如："我们的责任是在执行审计工作的基础上对财务报表发表审计意见。我们按照中国注册会计师审计准则的规定执行了审计工作。中国注册会计师审计准则要求我们遵守中国注册会计师职业道德守则,计划和执行审计工作以对财务报表是否不存在重大错报获取合理保证。

审计工作涉及实施审计程序,以获取有关财务报表金额和披露的审计证据。选择的审计程序取决于注册会计师的判断,包括对由于舞弊或错误导致的财务报表重大错报风险的评估。在进行风险评估时,注册会计师考虑与财务报表编制和公允列报相关的内部控制,以设计恰当的审计程序,但目的并非对内部控制的有效性发表意见。审计工作还包括评价管理层选用会计政策的恰当性和作出会计估计的合理性,以及评价财务报表的总体列报。

我们相信,我们获取的审计证据是充分、适当的,为发表审计意见提供了基础。"

6. 审计意见段

审计意见段应当说明,财务报表是否按照适用的会计准则和相关会计制度的规定编制,是否在所有重大方面公允反映了被审计单位的财务状况、经营成果和现金流量。

主要是对下列方面发表审计意见:

(1) 财务报表是否按照适用的会计准则和相关会计制度的规定编制;

(2) 财务报表是否在所有重大方面公允反映了被审计单位的财务状况、经营成果和现金流量。

例如："我们认为,××公司财务报表已经按照企业会计准则和《××会计制度》的规定编制,在所有重大方面公允反映了××公司20××年12月31日的财务状况以及20××年度的经营成果和现金流量。"

7. 注册会计师的签名和盖章

为明确法律责任,完成了的审计报告应当由注册会计师签名并盖章。

8. 会计师事务所的名称与地址及盖章

审计报告应当载明注册会计师所属的会计师事务所的名称和地址,并加盖会计师事务所公章。通常,注册会计师在审计报告中载明会计师事务所地址时,标明会计师事务所所在的城市即可。(审计报告通常载于会计师事务所统一印刷的、标有该所详细通信地址的信笺上,因此,无须再在审计报告中注明详细地址)

9. 报告日期

审计报告应当注明报告日期。该日期不应早于注册会计师获取充分、适当的审计证据(包括管理层认可对财务报表的责任且已批准财务报表的证据),并在此基础上对财务报表形成审计意见的日期。

注册会计师在确定审计报告日期时,应当确认:

(1) 应当实施的审计程序已经完成;

（2）应当提请被审计单位调整的事项已经提出，被审计单位已经作出调整或拒绝作出调整；

（3）管理层已经正式签署财务报表。

因为注册会计师对不同时段的资产负债表日后事项有着不同的责任，所以审计报告的日期是划分时段的关键时点。

【例文】

审 计 报 告

京审字〔2022〕第××××号

××××公司全体股东：

我们审计了后附的×××××有限公司（以下简称贵公司）财务报表，包括2021年12月31日的资产负债表、2021年度的利润表和现金流量表以及财务报表附注。

一、管理层对财务报表的责任

编制和公允列报财务报表是贵公司管理层的责任，这种责任包括：（1）按照企业会计准则的规定编制财务报表，并使其实现公允反映；（2）设计、执行和维护必要的内部控制，以使财务报表不存在由于舞弊或错误导致的重大错报。

二、注册会计师的责任

我们的责任是在实施审计工作的基础上对财务报表发表审计意见。我们按照中国注册会计师审计准则的规定执行了审计工作。中国注册会计师审计准则要求我们遵守中国注册会计师职业道德守则，计划和执行审计工作以对财务报表是否不存在重大错报获取合理保证。

审计工作涉及实施审计程序，以获取有关财务报表金额和披露的审计证据。选择的审计程序取决于注册会计师的判断，包括对由于舞弊或错误导致的财务报表重大错报风险的评估。在进行风险评估时，注册会计师考虑与财务报表编制和公允列报相关的内部控制，以设计恰当的审计程序，但目的并非对内部控制的有效性发表意见。审计工作还包括评价管理层选用会计政策的恰当性和作出会计估计的合理性，以及评价财务报表的总体列报。

我们相信，我们获取的审计证据是充分、适当的，为发表审计意见提供了基础。

三、审计意见

我们认为，贵公司财务报表在所有重大方面按照企业会计准则的规定编制，公允反映了贵公司2021年12月31日的财务状况以及2021年度的经营成果和现金流量。

附件：

1. 资产负债表

2. 利润表

3. 现金流量表
4. 所有者权益变动表
5. 财务报表附注

北京京审会计师事务所有限公司

中国·北京

中国注册会计师：

中国注册会计师：

二〇二二年五月十五日

【思考与练习】

简答：

1. 简答审计报告的概念。
2. 可行性分析报告由哪几部分内容组成？
3. 审计报告的主要构成要素有哪些？

第十三章

合　同

【情景导入】

在我们生活中,涉及合同的事情随处可见,覆盖范围极广,小至日常生活相关的买卖合同、劳动合同,大至加工承揽合同、建设施工合同等,合同与我们的工作和生活息息相关。合同签订得完善与否,直接关系着当事双方的根本利益。合同中的一字之差也能引发纠纷。

一、合同的概念与特点

1. 合同的概念

合同,是当事人或当事双方(平等主体的自然人、法人、组织)之间设立、变更、终止民事权利义务关系的协议。

依法成立的合同从成立之日起生效,具有法律约束力。广义合同,指所有法律部门中确定权利、义务关系的协议。狭义合同,指一切民事合同。还有最狭义合同仅指民事合同中的债权合同。

合同签订后,双方法人各执一份作为证据相互监督、牵制。合同有书面形式、口头形式和其他形式三种。

2. 其他相关概念

(1) 法人

法人:依据法律参加民事活动的组织,享有与其业务有关的民事权利,并承担相应的民事责任和义务。

(2) 标的

标的:合同签订双方的权利与义务所共同指向的对象。必须出现在合同条款的第一项。

(3) ×方

在合同中,"×方"代表的是签订合同的某一方,一般设定为"甲方、乙方"。也可以根据事项的属性或双方的意愿而设定为"买方、卖方""租方、赁方""雇佣方、受雇方"等,但是绝对不可以出现"你方、我方、他方"的错误设置(称呼)。

通常情况下,要求订立合同的一方为甲方,签约对象为乙方。在买卖合同中,通常付钱方为甲方。需要注意的是:法律没有明确规定甲乙双方的身份,即甲方可以是买方也可以是卖方,乙方同理。

3. **合同的特点**

(1) 合法性

合同是具有法律效力的文书,其作用的发挥要以合法为前提。

合法性主要体现在主体、内容、订立程序、表达形式等方面。首先,合同主体应当是具有平等民事权利的自然人、法人、其他组织,具有承担民事责任的权利和义务的能力。其次,合同内容不仅符合当事人双方的意愿,且应当符合有关法律法规,以不损害国家和社会公共利益为原则。

另外,合同的订立必须依循应有的程序,且要采用统一的文本格式。

(2) 合意性

合同不仅要反映当事人各方的利益,也要反映当事人各方的责任和义务。其内容是当事人意愿的真实表述,任何有悖当事人意愿的内容都不在其中。

(3) 平等性

合同的当事人之间是一种平等互利的合作关系,没有上下从属之分。任何一方不得把自己的意志强加给对方。合同是一种法律地位平等的双方的民事法律行为,双方有权利和义务保证合同的履行。

(4) 规范性

合同的规范性主要体现在两个方面:一是形式的规范。国务院 1990 年 3 月 20 日批准在全国推行合同统一文本格式,国家行政管理局编制的《中国合同范本》为各类合同的制作提供了依据。二是语言的规范。合同必须采用规范的语言表述方式。如用语、数字、简称、修改符号、计量单位等,都要按照有关标准和规定使用。

二、合同的分类

理论上,合同有广义、狭义、最狭义之分。

1. **广义合同**

广义合同,指所有法律部门中确定权利、义务关系的协议。如民法上的民事合同、行政法上的行政合同、劳动法上的劳动合同、国际法上的国际合同等。

2. 狭义合同

狭义合同,指一切民事合同。包括财产合同和身份合同。

(1) 财产合同,包括债权合同(即下述的"最狭义合同")、物权合同、准物权合同。

(2) 身份合同,包括"婚姻、收养、监护等有关身份关系的协议"。

3. 最狭义合同

最狭义合同,仅指民事合同中的债权合同。

按照《中华人民共和国民法典》合同编的规定,共有18种有名称的债权合同。如下:

(1) 买卖合同;

(2) 供用电、水、气、热力合同;

(3) 赠与合同;

(4) 借款合同;

(5) 保证合同;

(6) 租赁合同;

(7) 融资租赁合同;

(8) 保理合同;

(9) 承揽合同;

(10) 建设工程合同;

(11) 运输合同;

(12) 技术合同;

(13) 保管合同;

(14) 仓储合同;

(15) 委托合同;

(16) 物业服务合同;

(17) 行纪合同;

(18) 中介合同;

(19) 合伙合同。

三、合同与协议的区别

合同、协议主要是名称、叫法的不同。在不违反法律规范和社会道德约束的前提下,当事人可以任意约定合同或协议的名称、内容、形式,二者在法律上都是有效的。

从更细化的角度进行分析,合同是一种比较正式化、比较严谨的契约,以保护当事人的合法权益为根本,同时促进专业化的合作,有利于提高经济效益,维护社会经济秩序。协议更趋向于口头化,是双方的意愿一致而达成的一种契约。

一般来说,生效了的合同和协议,其法律效力是相同的。除非没有生效或因为一些条件而失效。而需要公证的合同或协议,则是把合同或协议的效力固定并强化。

四、合同的写作

合同由标题、约首(签约情况)、前言、正文、落款五部分构成。

(一)标题

标题位于首页居中的位置。有以下四种写法:
(1)合同种类+"合同"。如:《租赁合同》《供用电合同》。
(2)标的+种类+"合同"。如:《奉节脐橙买卖合同》。
(3)有效期+种类+"合同"。如:《2014年第四季度货物运输合同》。
(4)单位名称+种类+"合同"。如:《泰丰翔实有限公司物流业务外包合同》。

(二)约首

约首位于合同标题的下方居左,要分行对应着写明签约人情况、签约时间、签约地点等。为表达方便起见,可以在签约人名称后面,括号注明"甲方、乙方""买方、卖方""租方、赁方"等别称。

(三)前言

合同的前言要写明签订合同的依据或目的、签订合同的过程以及双方的态度。

写作时可以参考下面的文本表达:

"为了进一步加强双方的贸易往来,按照《中华人民共和国合同法》的有关规定,经双方协商签订本合同,共同信守。"

(四)正文

合同正文必备的主要条款如下。

1. **标的**

标的是订立合同的双方的权利与义务所共同指向的对象。多为货物、劳务、项目,也可以是货币、行为或智力成果等。没有"标的"或"标的"不明确,合同就无法履行。

2. **数量和质量**

数量通常以重量、体积、长度、面积、个数等作为计量单位;质量标准必须具体,由双方协商确定。另外,技术要求、验收标准,以及需要封样、备验的情况,也要规定清楚。

3. **价款或者酬金**

价款或者酬金一般包括价格构成、作价办法、作价标准、调价处理办法等。

4. 履行的期限、地点、方式

履行的期限、地点、方式分别指的是履行合同的"时间要求""交付、提取标的的地点""标的交付或提取的方式、价款或报酬的结算方式"。是合同中最容易引起纠纷的地方，因此在签订合同时，当事人对此应当有非常具体、明确的规定。

5. 违约责任

违约责任，又称"罚则"，是对不按合同规定履行义务一方的制裁措施。其核心是责任问题。承担违约责任的主要方式是支付违约金和偿付赔偿金。签订合同时，应当将违约金、赔偿金的数额写清楚。

6. 解决争议的方法

为解决可能在履行合同的过程中出现的问题，要将合同的变更、解除、争议仲裁事项，在签订合同时商议清楚，并明确、具体地写入合同条款。

此外，在合同的结尾处需要写明合同的份数、保管、有效期；如有需要，还要注明合同的附件。

（五）落款

落款包括签名、盖章和日期。具体格式如下：

甲方：×××（公章）　　　　　　乙方：×××（公章）
代表：×××（印章）　　　　　　代表：×××（印章）
开户银行：　　　　　　　　　　开户银行：
账号：　　　　　　　　　　　　账号：
联系电话：　　　　　　　　　　联系电话：
　　　　　　　　　　　　　　　鉴证机关：××××××（公章）
　　　　　　　　　　　　　　　　　　　　×年×月×日

五、合同写作的注意事项

1. 内容要合理合法

合同条例在内容的拟定上要合乎道理，符合法律法规的规定。

2. 内容要明确具体

合同一经签订，即具有法律效力。因此，内容要明确具体、概念要准确、条款要清楚；切忌措辞不当、词不达意、模棱两可、含混不清；数目字一般要大写。

3. 合同格式要完整

合同附件是合同的一部分，必要时，要在合同的结尾处写明附件的名称、件数，并附上附件。

4. 合同修改要符合要求

合同订立完毕后需要修改时,要在修改处盖上双方的印章以示生效。

【例文】

员工入职合同书范本

甲方(使用部门)名称:＿＿＿＿＿＿＿＿＿

乙方(受聘人员)姓名:＿＿＿＿＿＿＿ 性别:＿＿＿＿ 民族:＿＿＿＿

　　　　出生年月:＿＿＿＿＿＿＿ 身份证号:＿＿＿＿＿＿＿＿＿

　　　　住址:＿＿＿＿＿＿＿＿＿＿＿＿＿＿

根据《中华人民共和国劳动法》以及有关法律、法规和政策的规定,经双方平等协商,订立本劳动合同。

一、使用岗位及期限。

甲方聘用乙方在＿＿＿＿＿岗位工作。期限为＿＿＿＿＿。

即自＿＿＿＿年＿＿＿＿月＿＿＿＿日起至＿＿＿＿年＿＿＿＿月＿＿＿＿日止。

二、工作内容。

乙方同意按甲方工作需要,在＿＿＿＿＿岗位工作,履行职责,完成任务。乙方应遵守甲方依法制定的管理制度。

三、劳动保护和工作条件。

甲乙双方都必须严格执行甲方有关工作时间。甲方应为乙方提供符合规定的工作条件。乙方应严格遵守各项安全操作规程。

四、工作报酬。

乙方每月工资为＿＿＿＿＿元。其奖金及工作期间病事假工资的扣发,按照本公司员工手册以及相关文件的规定执行。

五、工作纪律。

甲乙双方应严格遵守法律、法规、规章和政策。甲方制定各项具体的内部管理制度。乙方应服从甲方的管理。

六、劳动合同变更、终止、解除的条件。

(一)劳动合同确需变更的,双方应协商一致,并按原签订程序变更合同。

(二)劳动合同期满或者甲乙双方约定的合同终止条件出现,劳动合同即行终止。经双方同意,可续签劳动合同。

(三)乙方有下列情况之一的,甲方可以解除劳动合同:

1. 在使用期内被证明不符合使用条件的;

2. 旷工或者无正当理由逾期不归,经批评教育无效,旷工时间连续超过三天的;

3. 严重失职、渎职或违法乱纪,对甲方利益造成重大损害的;

4. 违反员工手册第七章第三条相关规定的。

（四）有下列情况之一的，甲方可以解除劳动合同，但是应当提前三十日以书面形式通知乙方：

1. 乙方患病或非因公（工）负伤，医疗期满后不能从事原工作的；
2. 乙方不能胜任岗位工作，经培训后也不能胜任的；
3. 劳动合同订立时所依据的客观情况发生变化，致使原合同无法履行，经甲乙双方协商不能就变更劳动合同达成协议的。

（五）有下列情况之一的，甲方不得依据本条第（四）款的规定解除或终止劳动合同：

1. 乙方患病或者负伤在医疗期内的；
2. 乙方因公负伤并被确认丧失或部分丧失工作能力的。

（六）乙方在聘期内劳动教养以及被判刑的，劳动合同自行解除。

（七）乙方提出解除劳动合同的，应当提前三十日以书面形式通知甲方。

（八）有下列情况之一的，乙方可以随时提出解除劳动合同：

1. 在使用期内，甲方未支付工资的；
2. 甲方未按照劳动合同约定支付工作报酬的。

（九）经甲乙双方协商一致，劳动合同可以解除。

七、违反劳动合同的责任。

甲乙双方违反合同规定，均应承担相应的违约责任。违约内容在第八条中约定。造成对方经济损失的，还应按实际损失承担经济赔偿责任。

八、双方需要约定的其他事项：

九、本合同条款与法律、法规、规章、政策和甲方依法制定的规章制度相抵触的，以及本合同未尽事宜，均按法律、法规、规章、政策和甲方依法制定的规章制度执行。

十、本合同依法订立后，双方必须严格履行。

十一、本合同一式三份，甲乙双方及人力资源部各执一份。

甲方（盖章）：   乙方（签章）：

签名：   签名：

年　月　日   年　月　日

六、合同无效与合同解除

（一）合同无效

无效合同是相对于有效合同而言的，是指合同虽然已经成立，但由于存在无效事由，故自始不具有法律约束力的合同。无效合同往往具有以下特征：合同已经成立；合同具有违法性;合同没有约束力;合同自始无效。

导致合同无效的主要情形有以下七种:一方以欺诈、胁迫的手段订立合同,损害国家利益;恶意串通,损害国家、集体或第三人利益;以合法形式掩盖非法目的;损害社会公众利益;违反法律、行政法规的强制性规定;格式条款及免责条款无效;虚伪表示与隐匿行为。

(二)合同解除

1. 合同解除的类型

(1)约定解除。即当事人以合同的形式,约定一方或双方在某种条件下享有解除合同的权利。

(2)法定解除。即当事人依法律的规定通过行使解除权解除合同的行为。

(3)协议解除。即当事人通过协商一致而解除合同的行为,实际上是以一个新合同解除旧合同。

2. 致使合同解除的情形

《中华人民共和国民法典》合同编规定,有下列情形之一的,当事人可以解除合同:

(1)因不可抗力致使不能实现合同目的。

(2)在履行期限届满之前,当事人一方明确表示或者以自己的行为表明不履行主要债务。

(3)当事人一方迟延履行主要债务,经催告后在合理期限内仍未履行。

(4)当事人一方迟延履行债务或者有其他违约行为致使不能实现合同目的。

(5)法律规定的其他情形。

(三)合同解除后的要求

合同解除后,尚未履行的,终止履行;已经履行的,根据履行情况和合同性质,当事人可以要求恢复原状、采取其他补救措施,并有权要求赔偿损失。

合同的权利义务终止,不影响合同中结算和清理条款的效力。

【相关链接】

相关法律规定:

《中华人民共和国民法典》

第一百一十九条:依法成立的合同,对当事人具有法律约束力。

《中华人民共和国民事诉讼法》

第九条:人民法院审理民事案件,应当根据自愿和合法的原则进行调解;调解不成的,应当及时判决。

第二十四条:因合同纠纷提起的诉讼,由被告住所地或者合同履行地人民法院管辖。

第三十五条:合同或者其他财产权益纠纷的当事人可以书面协议选择被告住所地、合同履行地、合同签订地、原告住所地、标的物所在地等与争议有实际联系的地点的人民法院管辖,但不得违反本法对级别管辖和专属管辖的规定。

第一百七十一条:当事人不服地方人民法院第一审判决的,有权在判决书送达之日起十五日内向上一级人民法院提起上诉。

当事人不服地方人民法院第一审裁定的,有权在裁定书送达之日起十日内向上一级人民法院提起上诉。

【思考与练习】

请根据下面的材料,撰写一份规范、适用的合同文书。

北京光华铝品制造有限公司(甲方)代表王某与香港非龙贸易公司(乙方)代表张某于2015年1月23日在香港签订合同。甲方负责为乙方加工生产铝合金窗框5000副,每副50港币;不锈钢锅1000只,每只20港币。

乙方负责提供原料及加工物料,并运至甲方所在地,承担运费;甲方负责将加工后的产品运至乙方所在地,承担运费。甲方每月交付铝合金窗框不少于1000副、不锈钢锅不少于200只,最后交货期限为2015年7月23日。双方按月结算货款,以双方盖章的出货单为据,结款方式为支票。

若甲方未能按时按量交货,则按照每月货值的0.3%赔偿乙方,汇入乙方开户银行——香港汇丰银行,账号123486765;若乙方未能按时按质提供原料,则按照每月货值的0.3%赔偿甲方,汇入甲方开户银行——中国银行,账号678965332。要求合同一式五份。签订合同的鉴证机关是北京市××管理局。

第十四章 项目策划书

一、项目策划书的概念

项目策划书即对某个未来的项目进行策划,并展现给项目负责人审阅的文本。它是目标项目规划的文书,指引着目标项目的实施与实现。

二、项目策划书的写作原则

1. 客观原则

项目策划运作过程中,策划人员要在做好市场调研工作的基础上,通过各种努力,进行项目的分析、预测,提高策划目标的可到达性、可实现性,使创新和创意自觉、能动地符合策划对象的客观实际。

作为项目策划的文本材料,项目策划书必须如实反映项目策划过程中的所有情况(数据、结论、建议、措施等),清楚说明达成项目目标的有效内容。

2. 整合原则

项目策划书的内容必须准确反映策划过程中的资源整合情况。首先,要明确各类资源的性质以及它们对于项目实现的重要程度。其次,还必须体现出各种资源的组合使用表现,特别是"1+1>2"的协同效应。

3. 定位原则

项目策划的决定性内容之一是项目定位,它的作用在于给项目确定明确的方向和具体的目标。包括战略定位、目标定位、市场定位、价格定位等。撰写项目策划书时,务必保证策划书的所有操作层面的内容符合项目定位的原则与要求。

4. 信息原则

项目策划的关键流程就是从信息收集、加工与整理开始的,信息是指导策划行为的基础性情报。主要包括:

(1)原始信息要全面。项目越大需要收集的信息就越多,信息的收集涉及区域内政治、经济、文化、政府、银行、竞争对手、市场的消费表现以及消费者的消费能力等各方面。

(2)项目策划书的信息加工工作要准确及时。用陈旧的历史数据预测现在和将来,可能会存在各种问题；用最新的数据指导最近的行动，才能使策划思路更加完整、完善。

（3）信息采集要系统连续。因为项目策划是针对项目发展各个阶段设计的前瞻性判断，在实施过程中，可能会出现一定的偏差，因此，对项目实施过程中各阶段的信息进行连续收集，才能保证项目策划更具有弹性和动态管理的能力。

5. 可行性原则

为确保项目策划方案经实施后，能够达到并符合项目的预期目标和效果，项目策划书必须体现可行性的原则要求。即体现出项目的科学性、可行性，重点突出项目的经济投入与产出的比值分析、项目实施过程中所涉及的关键技术的科学分析和论证。

三、项目策划书的基本框架

项目策划书的写作形式会因具体项目的不同而不同。但因为有一定的相似性，所以也有一个撰写的大致框架。

1. 策划目的分析

策划目的分析是此项目策划的概述部分，属于整个策划的纲领性内容。一般包括以下三个部分：

（1）项目策划背景的介绍。包括项目运作者的一般情况、发展战略以及本项目对企业的作用介绍等；项目所在地的政治经济发展趋势，以及本项目的社会价值与现实意义介绍等。

（2）项目策划范围的介绍。包括项目自身的范围、项目策划的具体范围以及适用时间的介绍。

（3）项目策划目的的介绍。主要包括：一是制定项目发展的战略；二是制定项目的营销策略；三是制定项目管理的依据；四是通过上述几种策略的综合，体现项目发起人通过项目创造最大价值的要求。

2. 政策依据阐述

有些项目策划，如旅游项目、工业项目、农业项目以及能源项目等，需要交代项目策划的政策依据。这些依据主要涉及国家相关的法律、法规，地方政府的政策规定、特殊行规以及国家标准等。

项目政策依据的主要内容也可放在项目策划书的概述中加以介绍。

3. 内外环境分析（市场调研情况综述）

一般来说，环境分析主要用SWOT分析框架来阐述。

外部环境分析一般涉及宏观环境和产业环境的介绍；内部环境分析则针对企业和项目本身。

（1）宏观环境分析，主要涉及政治、经济、文化、社会、自然、技术等。

（2）产业环境分析，主要涉及竞争对手情况、消费者情况、产品情况（价格、渠道、促销方式)等。

(3) 企业分析,需要考虑企业的实力、能力和资源的现状等。

(4) 项目分析,需要考虑项目的自身特点等。

通过内外环境分析,在此基础上进行综合的 SWOT 分析,从而找出在各种环境组合下的项目方案制定的依据。

与内外部环境分析相关联的还有项目市场细分、目标市场选择和定位分析,内外环境分析是项目定位和营销策略制定的基础。

4. 项目方案分析

项目方案分析主要包括项目的目标、具体策划以及实施控制的介绍。

目标包括总目标、阶段性目标。前者与项目策划的目的相一致;后者则是项目执行过程中的每个阶段的目标,它们支撑总目标的实行和实现。

具体策划以及实施控制是主要内容,前者涉及项目定位、目标受众选择、媒介选择等;后者涉及实施方案(也可独立为一部分存在于策划案中)、监控方案、财务管理等。

5. 实施方案分析

根据项目战略方案分析,进行具体实施方案的策划,表现为具体的理念以及针对市场竞争状况而进行的产品、价格、渠道和促销策略设计。主要内容集中为"主题设计与传播、广告创意与制作、媒体安排与选择、形式选择和策略设计"等。

6. 组织结构分析

对涉及实施环节的项目策划书来说,应有必要的组织结构设计。

组织结构设计一般与人力资源管理结合在一起,具体内容包括项目组织结构分析、组织结构设计、团队建设、岗位职责分工、预测需求人数、组织招聘等。

7. 项目财务分析

项目财务分析涉及项目财务管理的各个层面。其中,既有项目预算、成本控制、融资分析的内容,也有项目财务预测和风险管理的内容。对于所有项目来说,都要对项目的盈利能力和投资回报进行估算。此外,对涉及融资的项目策划,要注重项目风险的分析。项目财务分析可以通过现金预算表、利润表、资产负债表等进行介绍。

8. 进度控制分析

对涉及项目管理的项目策划书,有必要编制项目计划,并制定进度控制的基本策略。项目计划和进度控制一般都采用特定的时间分期,分阶段设定各种目标,来保证项目按时、按质地完成。进度控制分析主要内容包括进度控制、质量控制和费用控制三个部分。

9. 策划效果预估

按照项目目标(特别是子目标)、项目定位、实施方案等一系列策划要素的统筹结果,预估项目在执行阶段的可能结果,要存在于科学划定的基本误差范围内。

四、写作的注意事项

（1）注意正确性。不论格式,还是语言表达,都要求正确、准确。

（2）注意完整性。项目策划书的写作,从目的、目标、市场情况分析,到定位、实施方案制定,再到财务管理、监控方案,是一个完整的策划过程的展示,不能出现任何部分的缺失,也不能存在某一部分的内容与前后内容不相连贯的情况。

（3）注意全局观念。写作策划书时,要始终秉承策划时的全局意识。特别是在人员调配与管理、资金收支等涉及面比较广的内容处理上,更需要站在一个高度上通盘考虑写作角度、措辞效果,以保证该策划书的存在价值。

（4）注意细节处理。要求以严谨的写作态度面对每一个数据、每一个词语、每一个结论或建议,特别是要运用好标点符号。

【思考与练习】

简答

1. 简述项目策划书的概念与作用。
2. 项目策划书由哪几部分内容组成?

第十五章

招标书、投标书

第一节 招 标 书

一、招标书的含义

招标书又称招标说明书、招标通告、招标启事等,是招标人为了征召承包者或合作者而对招标的有关事项和要求做出的解释和说明,是利用投标者之间的竞争而达到优选投标人的一种告知性文书。

二、招标书的特点

(1) 具体性。征招项目、要求和技术质量指标等内容要具体。
(2) 规范性。招标书中的内容必须符合国家的明确规定。
(3) 竞争性。从投标者中选优的做法决定了招标书具有竞争性。

三、招标书的种类

按招标书性质和内容分类,有工程建设招标书、大宗商品交易招标书、选聘企业经营者招标书、企业承包招标书、企业租赁招标书、劳务招标书、科研课题招标书、技术引进或转让招标书等。

四、招标书的结构和写法

招标书的目的是邀请投标人参加投标。招标书的写作比较概括,不必写得很详尽,具体条件另用招标文件说明,发送或出售给投标人。招标书的内容主要包括:招标单位和招标项目名称,招标项目的具体要求,投标资格与方法以及技术、质量、时间等要求,投标开标的日期、地点和应缴费用等。

招标书一般由标题、正文和结尾三部分组成。

（一）标题

标题通常由招标书单位名称、招标项目名称和文种三部分构成，如"北京石油化工总厂招标通告""××大学修建教学楼的招标通告"；也有的省略招标项目或只写文种。

（二）正文

1. 前言

前言要写明招标单位基本情况、行文目的或事由。

2. 主体

形式：多用条文式，也可用表格式。

写作内容：招标项目情况、实施招标项目地点、招标条件、要求、开标日期等。

商品招标书：标明商品的名称、数量、规格、价格等。

（三）结尾

结尾要写明招标单位名称、地址、法人代表、成文日期并加盖印章、联系人姓名、电话号码等，必要时还可写上开户银行及账号。

五、撰写招标书应注意的事项

1. 内容合法合理，切实可行

招标书的要求和应知事项，要符合国家有关法律、法规、政策规定；技术质量标准要注明国际标准、国家标准、部颁标准或是企业标准；招标方案既要科学、先进，又要适度、可行。

2. 重点明确，内容周密

招标项目（即标的）是招标书的核心内容，对其有关情况、招标范围、具体要求，都要写清楚。如建设项目，应写明工程名称、数量、技术质量要求、进度要求，甚至建筑材料的要求等。该写的一定要写全，尽可能周到，没有空子可钻。

3. 语言表述应简明、准确

无论是定性还是定量说明，都应准确无误，没有歧义，尽可能使用精确语言而少用模糊语言。

【例文一】

××研究院修建图书馆楼的招标书

××研究院经上级主管部门批准，拟修建一座图书馆楼，从2018年1月20日起开始建筑招标。现将具体事宜告知如下：

1. 工程名称：××研究院图书馆楼。
2. 建筑面积：××××平方米。
3. 施工地址：××市××路××号。
4. 设计及要求：见附件。（略）
5. 材料中钢材、木材、水泥由招标单位供应，其余由投标人自行解决。所需材料见附表。（略）
6. 交工日期：2018年12月31日。
7. 凡愿投标建筑企业，有主管部门和开户行认可，具有相应建筑施工能力者均可投标。
8. 投标人可来函或来人索取招标文件。
9. 投标人请将报价单、施工能力说明书、原材料来源说明书以及上级主管部门的有关签证等密封投寄或派人直送研究院基建处招标办公室。
10. 招标截至2018年2月8日（寄信以邮戳为准）。2月15日，在研究院办公楼会议室，在××市公证处公证下启封开标。

××研究院基建处（印章）
2018年1月2日

【例文评析】

本文标题由单位名称、招标项目名称和文种三部分组成。正文将建设单位名称、工程项目、建筑地点、建筑面积、建设工期、设计、质量要求等事项和要求逐条列出，简明扼要，符合一般工程项目招标书的要求。

第二节 投 标 书

一、投标书的含义

投标书又称投标说明书，简称标书。它是指投标人应招标者之邀，为了中标而按照招标人的要求，具体地向招标人提出订立合同的建议，是提供给招标人的备选方案。投标和招标是相对应的，先有招标，后有投标。

投标是一个比实力、比技术、比信誉、比价格、比能力、比策略的竞争过程，也是一个限制与反限制的过程。投标是否成功，因素很多，但与投标书撰写得好坏有着直接的关系。

二、投标书的特点

(1) 针对性。内容要针对招标书提出的项目、条件和要求而写。
(2) 求实性。实事求是地对投标项目进行分析、介绍己方、提出措施和承诺等。

(3) 合约性。投标书以追求合作、签署合同为目的。

三、投标书的种类

投标书有各种不同的分类：按投标方人员组成情况，可分为个人投标书、合伙投标书、集体投标书、全员投标书和企业（或企业联合体）投标书等；按性质和内容，可分为工程建设项目投标书、大宗商品交易投标书、选聘企业经营者投标书、企业承包投标书、企业租赁投标书、劳务投标书、科研课题投标书、技术引进或转让投标书等。

四、投标书的结构和写法

投标书的内容与招标书相对应，要对招标的条件和要求做出明确的回答和说明。

投标书一般由标题与时间、正文、结尾三部分组成。

1. 标题与时间

标题一般由投标单位名称、投标项目名称和文种构成，或由投标单位名称和文种构成。也可包括投标形式、投标内容和文种，如"租赁××市印刷厂的投标书"。投标的时间可写在标题的右下角，也可写在投标人的单位名称下面。

2. 正文

一般可分条列项（也可用表格式）写明投标的愿望、项目名称、数量、技术要求、商品价格和规格、交货日期等。承包经营项目的招标书，其正文一般要阐述对招标项目基本状况的分析，找出优势和存在问题；提出经营方针；说明承包目标、考核指标以及达到目标的可行性分析和拟采取的措施；对投标者提出的要求、条件的认可程度；等等。正文部分引用的数据要准确、完整；论述要条理清楚，说理透彻；目标要明确可信；措施要切实可行。

3. 结尾

结尾要写清投标人的单位名称、法人代表以及邮政编码、地址、电话号码、传真号码、电报挂号、电子邮箱等，以便联系。

如果是国际投资，则应将招标书译成外文，写明国别、付款方式以及用什么货币付款等。有的投标书还要由上级业务主管部门和公证监督机关签名盖章。如有必要，还应附上担保单位的担保书，有关图纸、表格等。

五、撰写投标书注意事项

(1) 内容紧扣招标书提出的要求。
(2) 实事求是说明己方优势、特点。
(3) 内容合理合法。
(4) 承诺的内容，须明确、具体、全面、周密，以免中标后发生纠纷。

【例文二】

培训楼工程施工投标书

根据××煤矿兴建培训楼工程施工招标书和设计图的要求,作为建筑行业的×级企业,我公司完全具备承包施工的能力与条件,决定对此项工程投标。具体说明如下:

一、综合说明

工程简况(工程名称、面积、结构类型、跨度、高度、层数、设备):培训楼一幢,建筑面积10700㎡,主体6层,局部2层。框架结构:楼全长80m,宽40m,主楼高28m,二层部分高9m。基础系打桩水泥浇注,现浇梁柱板。外粉全部玻璃马赛克贴面,内粉混合砂浆采面涂料,个别房间贴壁纸。全部水磨石地面,教室呈阶梯形,个别房间设空调。

二、标价(略)

三、主要材料耗用指标(略)

四、总标价

总标价14659000元,每平方米造价1370元。

五、工期

开工日期:2012年2月5日。

竣工日期:2013年8月20日。

施工日历天数:547天。

六、工程计划进度(略)

七、质量保证

全面加强质量管理,严格操作规程;加强各分项工程的检查验收,上道工序不验收,下道工序决不上马;加强现场领导,认真保管各种设计、施工、试验资料,确保工程质量达到全优。

八、主要施工方法和安全措施

安装塔吊一台、机吊一台,解决垂直和水平运输问题;采取平面流水和立体交叉施工;关键工序采取连班作业,坚持文明施工,保障施工安全。

九、对招标单位的要求

招标单位提供临时设施占地及临时设施40间,我们将合理使用。

十、坚持勤俭节约原则,尽可能杜绝浪费现象。

附件:本公司基本情况介绍

投标单位:××建筑工程总公司(公章)
负责人:李××(盖章)
电话:×××× 传真:××××

【例文评析】

　　这是一篇工程建设项目投标书。正文先介绍了工程简况,然后说明了标价、耗材指标、工期、计划进度等,对招标书作出了明确的回答。这可以说是投标单位的正式报价单,是评标决标的依据。本投标书还包括了保证工程质量的措施和达到的等级、主要施工方法、安全措施和对招标单位的要求等。文末附上公司基本情况,让他人对己方建立信心。是一份写得较完整、较规范的投标书。

【例文三】

投　标　书

　　日期＿＿＿＿年＿＿＿＿月＿＿＿＿日

　　一、项目名称＿＿＿＿数量＿＿＿＿　　　图纸编号＿＿＿＿

　　二、本工程要求于＿＿＿＿年＿＿＿＿月＿＿＿＿日开工,于＿＿＿＿年＿＿＿＿月＿＿＿＿日竣工。

　　三、乙方人工费单价＿＿＿＿元。单件、套小计人工费＿＿＿＿,工程人工费合计＿＿＿＿元。

　　四、单件、套、材料核算(单价、合价由甲方核算)。

编号	材料名称	单价	数量	件数	合计	材料单价	合计	备注
							材料总价	

　　五、此标定于＿＿＿＿年＿＿＿＿月＿＿＿＿日送达甲方,于＿＿＿＿年＿＿＿＿月＿＿＿＿日开标,规定日期不送达、开标日期不出席均作弃标处理。

　　投标单位全称＿＿＿＿＿＿＿＿＿＿＿＿＿＿＿＿＿＿＿＿＿＿(印章)

　　地址:　　　　　　　　　邮编:　　　　　联系人:

　　电话:　　　　　　　　　传真:

【例文评析】

　　这是一篇工程项目空白投标书。正文要求投标人需就项目名称、进度、计划、工程人工费和材料的种类、数量和价格等,对招标书做出明确的回答。这可以说是投标单位的正式报价单,是评标决标的主要依据。工程项目投标书的内容一般还包括:工程质量达到的等级、主要工程施工方法以及要求建设单位提供的配合条件等。

扩展阅读15.1 《中华人民共和国招标投标法》中的有关内容

【思考与练习】

一、判断题

1. 招标书的目的是邀请投标人参加投标,所以招标书又称招标文件。（   ）
2. 招标书又称招标说明书、招标通告、招标启事等,属于告知性文书。（   ）
3. 投标书要对招标的条件和要求做出明确的回答和说明。（   ）
4. 投标和招标是相对应的,可以同时进行。（   ）
5. 投标是否成功,因素很多,主要拼实力、拼技术,与投标书撰写得好坏没有直接的关系。（   ）

二、简答题

1. 撰写招标书需要注意哪些事项?
2. 投标书的特点有哪些?

第五篇

社交文书

第十六章

求职信、简历

【知识目标】
　　了解社交文书的分类及作用。
　　掌握社交文书的写作思路与写作要求。
　　掌握社交文书的结构组成和语言表达方面的技巧、要求。
【能力目标】
　　能写出格式规范、语言表达恰当的社交文书。

　　现代社会是一个信息高度发达的社会,人与人之间的社会联系也日趋紧密。在社会交往中,恰当得体的社交文书可以帮助人们在人际交往中更好地传递信息、交流感情、提升个人形象。所谓社交文书,就是指在社交场合使用的文书,多用于个人、企事业单位与社会间的交往活动。社交文书的种类繁多,常见的有书信(求职信、感谢信、慰问信、介绍信等)、祝词、请柬、申请书等。

第一节　求　职　信

一、求职信的概念

　　求职信,是求职者根据自身的能力水平自主判断是否能够胜任某一岗位工作,认为合适,就撰写并向意向单位提交一封介绍自己的专业、学识、能力、既往工作等情况的书信。以此来向对方表明自己非常适合所意向的工作,而且有能力胜任此工作。求职信的核心目的是最终争取到用人单位给予面试的机会。

二、求职信的种类及特点

(一)求职信的种类

1. 应聘信

　　求职者通过招聘广告等社会公共信息渠道清楚了解用人单位招聘的岗位及相关要求,

针对某一个明确的目标岗位而写的求职信就是应聘信。

写作应聘信，应该首先写一下获知招聘信息的渠道，再逐一陈述应聘者的基本情况、成绩与能力、求职意向，最后向应聘信的审读者致谢并留下联系方式等必要信息。

2. 自荐信

求职者没有确定的求职单位，所写的求职信是写给所有同类性质的单位，属于投石问路、大海捞针的性质。在这种情况下写作的求职信，写作者要根据自己所具有的专长与技能水平、依托用人单位通常的用人标准来进行写作。

（二）求职信的特点

1. 自荐性

求职信的自荐性质，要求求职者运用语言文字对自己的优势情况进行适当描述，通过此等毛遂自荐的努力给自己创造机会，以期被用人单位看中并聘用。

2. 针对性

求职信要针对用人单位的不同岗位、不同职务的不同要求来写作。还要针对求职者自己的知识、技能、业绩、阅历等情况向用人单位展示自己的能力与优势。

3. 竞争性

求职面临很激烈的竞争，要在竞争中胜出，就要突出自己的优势。能力与优势就成为求职信写作的重点。这些优势不是编造出来的，而是经过实践检验的，求职信要附上能证明自己能力与优势的各种证明材料。

三、求职信的结构与写法

求职信主要由标题、称谓、正文、结语和落款五部分构成。

1. 标题

标题一般直接写"求职信"或"应聘信"即可。需要注意的是，因为标题只是由两三个汉字构成，所以字与字之间要留出一个汉字的位置，以示美观。

2. 称谓

求职信的读信人一般为用人单位的负责人，因为求职者难以知道其姓名，所以一般可以用"尊敬的××协会会长""尊敬的××公司经理""尊敬的××学院院长"等方式完成称谓的内容。

3. 正文

（1）引语

引语，主要用来说明求职的缘由。如果是应聘信，应该说明消息来源，比如："近日在《××报》上看到贵公司的招聘广告，获悉贵公司正在拓展业务，需要招聘新人，我有意竞聘经理助理一职……"。如果不知道对方是否招聘新人,便需要"投石问路",如:"久闻贵公司实力雄厚、声誉卓著,故冒昧写信自荐,希望加盟贵公司从事……"。

(2) 个人情况介绍

个人情况介绍,主要包括与应聘职位有关的学历、经历、成绩等情况。介绍的关键作用在于用某些关键信息和条理清楚的表达来打动该求职信的审阅者,引起其对求职者的兴趣,继而乐于进一步阅读求职者的简历(较详细的个人简历可以作为附件附在求职信之后)。

(3) 展示自己能够胜任所竞聘职位的各种能力

这是求职信的核心内容,文字量比较大。要恰如其分地表明自己所具有的专业知识与实际工作经验,以及所具有的与竞聘的工作岗位相关的专业技能与已有的成绩。

这部分的主要功用在于让求职信的审阅者强烈意识到你能够胜任这个工作的现实情况,所以要针对招聘条件而进行文字表达,突出自己的优势,而不要涉及与招聘条件无关的其他情况。

4. 结语

结语主要是以诚恳的态度提出自己的愿望与要求,如:"希望给予面试的机会""盼望答复,静候回音"等。此后,要再写上表示敬意、祝福之类的祝语,如:"顺祝愉快安康""恭祝尚祈"等。

5. 落款

结语完成后,在它下面空出最少一行,右侧(具体位置、写作要求与第三章党政公文的落款格式要求一致)分两行署上求职者的姓名和成文日期。

通常情况下,求职信在完成上述内容后还要提供附件。

附件包括简历和其他能够证明自己的身份、能力、成绩(成就)情况的证明材料,如:学历证书、职业资格证书、专业能力证书、各种获奖证书等。写作时,作为名称的"附件"二字以及各文件的名称,需要在求职信上显示出来(具体位置、写作要求与第三章党政公文的落款格式、要求一致);至于附件的具体材料,则需要在求职信后以资料的形式单独附上。

四、写作注意事项

一封合格的求职信应该目的明确、信心充分、态度诚恳、内容完整、措辞准确、格式规范、能力显见。唯此,用人单位才会有进一步接触的愿望。为了达成这样的写作效果,务必注意以下几点。

1. 知己知彼,有的放矢

要注意在求职信中对意向的求职单位、领导(团队)、员工分别予以真诚的、恰如其分的赞扬。如：赞扬其企业文化、企业核心精神；赞扬领导(团队)的工作魄力、管理能力和远见卓识；赞扬企业员工队伍的工作态度和凝聚力等；肯定企业的既往经历、取得的成就。

2. 精彩开头，引人注目

求职信的开头要简洁，不要用过多的问候语，否则会因为啰唆、急于"套近乎"而让求职信的阅读者感到虚假，从而厌烦。

可以写一些得知招聘消息后的激动心情；或对求职单位的向往之情；也可以简要介绍自己的情况(开头处的自我介绍，要言简意赅并显示自我情况中的精华，不要类似于填写表格似的事无巨细、一板一眼)。

3. 突出重点，展己之长

求职信中要展现出你的符合社会发展需要的积极的事业观、价值观，以及你为此做出的努力，已拥有的能力水平、经验与成绩。绝不能表现出此番求职是出于获取"工薪待遇""社会地位"等目的。

4. 具体实在，长短适中

求职信一般以一到两页纸为好。如果太短，难以说清缘由和情况，难有特色，难以显示出求职的诚意，自然就会缺乏影响力；如果过长，将导致求职信的阅读者难有时间和心情看下去，即使勉强看下去，也容易产生烦躁情绪，不利于求职工作的继续。

5. 讲究文采，注意白话和文言的恰当运用

求职信的基本语体应是白话文，但根据写作需要也要适当地运用一些文言词。如"从报上获悉贵单位招聘业务人员"，其中"悉"即为一文言词，"获悉"的意思就是白话文的"知道""得知"。如果求职信能够恰当地运用一些文言词语，将增加求职信的语言表达效果，更显示出求职人较高的文化水准，利于求职工作的继续进行。

【例文一】

求 职 信

尊敬的人力资源部经理：

您好！

感谢您在百忙之中抽出时间阅读我的求职信。我是×××大学土木建筑学院建筑设计专业应届毕业生。从贵公司网站看到招聘信息，特致信应聘，期待贵公司为我打开通往机遇与成功的大门。

作为一名建筑设计专业的应届毕业生，我热爱本专业并为其投入了巨大的热情和精力。在四年的学习中，系统学习了 AutoCAD、Photoshop CS、3dsMax、结构力学、建筑制图、房屋建筑学、钢筋混凝土结构、园林工程、住宅建筑设计、效果图表现技法等专业知识，具备了一定的专业能力。并且，凭借优秀的专业成绩，我曾被学院推荐到上海实习并与同

济大学建筑学学生进行交流。

除了加强专业知识的学习,我还注重实践能力的培养。大一、大二假期期间,我分别到厦门华赛建筑设计事务所、泉州丰泽建筑有限公司实习,将所学理论应用到实践中。在校期间,我参与了老师的课题组,先后参与完成了景泰别墅、兴民中学、迎宾商务酒店等方案图、施工图和效果图的设计。

在校期间,我始终保持积极向上、奋发进取的状态,除了认真学习专业知识,还积极参与学校各项活动,曾担任学院记者团团长、学院读书协会会长等职。不论是学习还是社团活动,我都勤勤恳恳,力求做到最好。大学四年,我连续四年荣获校"三等奖学金"并多次被评为校级"优秀学生干部""文体单项积极分子"等。

丰富的社会实践锻炼了我的组织能力和沟通、协调能力,也铸就了我自信自强、吃苦耐劳、自立、奋发向上的精神品质。我具备良好的身体素质和心理素质,愿意接受工作中的挑战,并期待通过自己所学的知识和技能,实现人生的价值。

请贵公司给我一个机会,我一定会脚踏实地、努力工作,用行动来证明自己,竭尽全力为公司的发展贡献我的才智!期盼您的回音!

诚祝贵公司万事亨通,事业蒸蒸日上!

此致

求职人:×××
××××年×月×日

附:个人简历及各类证书复印件

【例文评析】

本文格式正确、内容完整,较好地突出了个人能力情况,能够让阅读者感受到应聘者稳重、谦和、能力突出的优势,是一封值得借鉴的求职信。

第二节 简 历

简历是有针对性地进行自我介绍的一种规范化、逻辑化的书面表达。对应聘者来说,简历是求职的"敲门砖"。事实证明,经验不足的求职者精心准备的简历,往往胜过经验丰富的求职者随意写出的简历。

一、简历的概念、功能及特点

(一)简历的概念

简历是对个人的学历、经历、特长、爱好及其他有关情况所作的简明扼要的书面介绍,主要用于应聘时向未来的雇主表明自己拥有能够满足特定工作要求的技能、态度、资质和自信。

(二) 简历的功能

1. 保障求职的成功概率

成功的简历就是一件营销武器，它向未来的雇主证明写作者能够解决他的问题或者满足他的特定需要，因此确保应聘者得到面试机会。

2. 提供所需要的信息

一份合格的简历，可以给招聘公司的人力资源部门(人事专员)提供足够的、有用的、关键的信息。

考虑到专业的人事部门的招聘人员(HR)对一份简历的阅读时间在 3 秒(初次筛选)到 10 分钟(甄选)之间，写作简历时要侧重"我怎样写简历"和"HR 怎样选简历"两个方面，尤以后者为重点。

(三) 简历的特点

1. 完备性

简历要求有完整的个人履历以及履历表所要求的全部内容，以供招聘单位全面地了解自己、认识自己。

2. 条理性

简历通常用表格形式表达，因此要求把个人的履历、爱好、特长、兴趣等分门别类地进行清晰而准确的表述，使招聘单位人员一目了然地了解你的经历、实力、优点、特长，特别是具有招聘单位急需的专门技术和特长，从而被顺利地录用。

二、简历的结构组成

一份个人简历，一般要分为四个部分。

1. 个人基本信息

写作这部分时，应逐一列出求职者的姓名、性别、年龄、籍贯、政治面貌、学校、系别及专业、婚姻状况、健康状况、身高、爱好与兴趣、家庭住址、电话号码等情况。

2. 学历与成绩情况

应写明曾在某学校、某专业(学科)学习的起止期间，并扼要列出所学主要课程及所担任的主要职务，还可以列出在校期间所获得的主要奖励和荣誉。

3．工作资历情况

若有工作（实习）经验，最好详细列明，要按照"由近到远"的"由现在往回推及"的写作序列，首先列出最近的资料，然后详述之前曾工作的单位、时间、职位、工作性质等。

4．求职意向

求职意向即求职目标或个人期望的工作职位，表明你通过求职希望得到什么样的工种、职位，以及你的奋斗目标，可以和个人特长等合写在一起。

为体现不同人群的特点，四部分的排序及组合会根据实际情况略有出入。

个人简历应该浓缩个人学习、生活、工作的精华内容，要写得简洁精练，切忌拖泥带水。个人简历后面可以附上个人获奖证明，如：三好学生、优秀学生干部证书的复印件、英语四、六级证书的复印件、职业资格证书复印件、驾驶执照的复印件等，这些复印件能够给用人单位提供有力的证明，从而对你留下深刻的印象。

三、简历的表现形式

1．时序型

时序型格式是多数简历所选择的格式，以渐进的顺序罗列求职者曾就职的职位（从最近的职位开始，然后回溯）。在罗列出的每一职位下，说明工作责任、所需技能以及比较关键的、突出的成就。

该写作格式强调工作经历，关注的焦点在于时间、工作持续期、成长与进步以及成就，能够演示出持续和向上的职业成长全过程。

2．综合型

综合型格式提供了最佳选择——首先扼要地介绍求职者的市场价值，随即列出工作经历（时序型格式）。这种逻辑形式因为迎合了招聘的准则和要求——展示出求职者的综合能力（能量），并凸显能够满足行业和雇主需要的工作经历，所以很受招聘机构的欢迎。

3．履历型

履历型的简历只需要罗列出求职者的资信情况，如：就读院校、实习情况、实习期、专业组织成员资格、就职的单位、发表的著作或获得的奖项。这种形式的使用者，多数是专业技术人员。

四、写作简历的注意事项

1．针对性强

企业对不同岗位的职业技能与素质需求各不一样，因此，在写作简历时最好能先确定求职方向，然后根据招聘企业的特点及职位要求进行量身定制，从而制作出针对性较强的简历。忌一份简历多向使用。

  2．言简意赅

一个岗位可能会收到数十封甚至上百封简历,导致招聘人员查看简历的时间相当有限。因此,建议求职者的简历要简单而有力度,大多数岗位简历的篇幅最好不超过两页,尽量写成一页(技术相关工作岗位可写成两至三页)。

  3．突出重点,强化优势

一是目标要突出,注明应聘何岗位。如果简历中没有明确的目标岗位,则有可能直接被淘汰。二是突出与目标岗位相关的个人优势,包括职业技能、素质及经历,尽量量化工作成果,用数字和案例说话。

  4．格式方便阅读

目前网络上有很多简历模板,只能起到参考作用,毕竟每个人的情况各不一样。因此,求职者应该慎用网络上面提供的简历模板及简历封面,而应该根据自身的情况进行合理设计。

  5．逻辑清晰,力求精确

(1)描述要严谨、准确,特别是在阐述技巧、能力、经验时,要尽可能准确,不夸大也不误导,不要模糊处理。

(2)内容的衔接要合理,可采用倒叙方式,把重点内容放在最前面。

  6．客观、真实

简历内容要客观、真实。写作时,可根据自身的情况结合求职意向进行纵深挖掘、合理优化,但绝不能夸大其词、弄虚作假。

  7．强调成功经验

简历中要有能够证明求职者既往成就及其原因、经验等的内容,并要客观、准确地说明在取得成就的过程中所表现出的创新行为与能力。

  8．使用具有说服力的词汇

使用诸如"证明""分析""数据统计""有创造力的和有组织的"等具有吸引力、影响力的词语,以便提高简历的说服力。

五、简历的写作指导

(一)应届毕业生的简历

1．个人基本信息部分

(1)姓名、性别、出生年月、民族、籍贯,身高、体重一般不必写(特殊职业如模特、公关人员或招聘方的主动要求除外)。

(2) 健康状况。

(3) 学历、学位、专业。一定要详细标明情况(这是招聘方挑选应届毕业生关注的重点词)。

(4) 政治面貌。需要区别招聘单位的经营性质和招聘需求而如实填写。

(5) 个人联系方式。手机号码;常用的电子邮箱地址。

(6) 照片。选择一张个人比较中意的证件照,而非生活照。

(7) 家庭住址。考虑到招聘单位的普遍性期望,家庭住址最好填写为距离工作地点比较近、交通方便的地址。

(8) 求职意向。求职意向主要分两种类型:描述型和标题型。描述型求职意向要简洁地描述感兴趣的工作类型;标题型职位描述需写出工作职务。当感兴趣或应聘的公司没有具体职位时,描述型求职意向是最有效的。求职目标描述要简练,不超过两行。标题型求职意向要列举确切的待应聘的职务。

求职意向适合跨度不大的一至三个职位,如果有多求求职意向,应根据不同的求职意向分别撰写简历。

有明确的求职意向可以让招聘人员感觉到求职者的诚意,在同等条件下,更能增加求职成功的概率(建议不写薪水要求)。因此,表达要清晰明确。

例如:"能吃苦耐劳,适应各个环境;要求能提供基本福利保障、签订正式合同协议、有发展空间。"这些求职意向都是一些空话,让人看了不知所云,完全不知道求职者是在寻找什么样的工作,适合做些什么。

2. 教育背景或培训经历

(1) 背景情况的排列建议采用倒序方式,从最近的往前回顾,最早写到高中阶段即可。

(2) 可以列出所学习的主要课程(最好与所学专业、所谋求的职位相关)。若成绩较好,可以附上成绩;若成绩一般,建议只写平均分值或用笼统的语言描述;若成绩不理想,建议不写(附件可以有成绩单,但一定要是无补考的)。

(3) 培训经历,未完成的教育或技能培训也可以写上。要注意在语言表达上,突出培训的价值和功用性。

3. 实习经历或社会实践

实习、实践工作要写出所在岗位的类属以及取得的具体效绩,而不是简单地罗列工作岗位名称。如:"在早教机构照看小孩"的表达,应该改写成"为学龄前适龄儿童制定了三项目常活动,并让他们与家长一起参加了十分钟的某某亲子活动"。

可能的实习、实践内容有:

(1) 义工、家教(要客观,要尽可能发掘出在工作中所具备的软技能)。

(2) 社团(创立或管理),独立或团队合作安排跨校联谊、合作等情况。可以表现出相当的团队意识、组织能力、领导能力、协调能力、谈判能力、开发市场的能力等职场能力。同样要求客观表达,不要试图自己去写评论,更不要自赞自吹。

(3) 学生干部(附件中加正式印章的任职证明材料会比文字描述更具有说服力)。要写出负责的具体事务、取得的成绩,如:"担任某某干部,以某种方式组织过多少次活动,获得什么奖"。

(4) 校外实践工作。要突出在工作中获得的成绩、增长的技能与见识。

4. 获奖情况或者技能和证书

(1) 获奖情况的内容必须与求职有密切关联,不写或一笔带过那些与求职无关的、校内级别的奖项。如:"优秀宿舍长、学校歌唱比赛二等奖"就没必要写入简历中。

(2) 技能情况,主要涉及"计算机操作能力"(非专业的)。一般是写出关于办公软件的使用程度,或者打字速度、处理过的具体文件、能否熟练制作多媒体课件。英语能力和其他技能,写作时最好能阐释该能力的现行水平。

(3) 证书情况。罗列出与所谋求的岗位密切相关的资格证书获得情况。如:应聘教师岗位,就需要列出普通话水平等级证书、教师资格证、教师职称证书等。

5. 兴趣爱好和自我评价

(1) 关于兴趣爱好。如果招聘单位没有特别的要求,不要把个人爱好写在简历上。若需要,则只写一两个即可,写擅长的而不是喜欢的,"听音乐、看电影"这一类没特点的内容可以不写。

(2) 关于自我评价。要杜绝千篇一律,杜绝大话套话空话。很多主观性的语言、自我吹捧式的描述,无法真正体现个人特点。如"不怕吃苦"或"绝对服从领导(上级)安排",不如写成"可周末加班""可外地出差";如"本人积极向上、勤奋好学、认真仔细",不如写成"本人细心严谨,在某某公司实习期间,从未出现数据分析错误"。

另外,写作此部分内容时,尽量不以"我""本人"开头,不写自我总结式套话,少用形容词。

6. 附件

面试时,应该携带上相关证书材料复印件或直接带上原件,使其成为具有说服力的必要附件。

【例文二】

同一简历修改前后对比

原简历

本 人 简 历	
基本信息	
姓名：×多多 出生日期：1997.06.03 工作年限：应届毕业生 电子邮件：abcde@163.com 移动电话：1300123××××	性别：女 居住地：山东聊城**路顺天家园8号801室 户口：聊城 本人身高：170cm
个人履历	
2019.09—2022.07	北京工商大学（人力资源管理专业）
2015.09—2019.07	聊城大学（工商管理）
自我评价	
有良好的英语听、说、读、写能力，能熟练运用各种办公软件，有良好的团队合作意识。 在校期间学习努力，成绩优良，专业基础扎实，并担任学校宣传部干事和班团支部副书记一职，培养了自我独立工作的能力。在寒暑假中在很多实习企业磨炼，并在老师的推荐下参加了学校的党员积极分子的培训，顺利毕业。 思想上进，能吃苦，工作认真负责，积极主动，有责任心。	
英语水平	
英语六级	听说读写能力良好
导师推荐意见	
政治上积极要求进步，第八期党校培训班结业。学习努力，成绩优良，专业基本功扎实。担任班级团支部副书记职务。工作认真负责，有较强的组织和管理能力，积极组织和参加社会实践。严于律己，为人正直、诚恳、团结同学。	
特长	
熟练使用办公自动化软件，熟悉PS、AI、3DMAX等软件。	
求职意向：行政类岗位	
工作经验	
2017.06—2017.09	同异图文广告公司——文员
2019.07—2018.09	雅泰广告公司——行政助理
2019.07—2019.09	鲁西集团有限公司——人事助理

修改后的简历

个 人 简 历

一、个人基本信息

姓名：	×多多	性别：	女	照片
出生年月：	1997.06	学历：	研究生	
专业：	人力资源管理	毕业院校：	北京工商大学	
联系电话：	1300123××××	电子邮箱：	abcde@163.com	
求职意向：欲谋求人事助理、行政类的岗位工作				
个人评价：具备较强的语言和文字表达能力、组织能力、人际沟通能力，做事细致认真，具有良好的团队合作意识				

二、教育背景

2019.09—2022.07	北京工商大学（人力资源管理专业硕士）
2015.09—2019.07	聊城大学（工商管理本科）

三、社会实践

2019.07—2019.09	鲁西集团有限公司（人事助理） 一家上市公司，目前员工13000余人 协助人事经理进行新员工招聘工作 办理员工面试、录用及福利，以及离职手续 员工档案整理和归档 了解基本的人事政策和法律法规
2018.07—2018.09	雅泰广告公司（行政助理） 协助经理完成日常行政工作 传达通知、分发文件，协调各部门之间的关系 安排行程、机票、酒店预订 增强人际交往能力和沟通能力
2017.06—2017.09	同异图文广告公司（文员） 采购、管理办公用品 接听电话，接待来访人员，整理会议记录 经过这段工作，口头表达和文字表达能力有了大幅度提高

四、个人技能

> 英语听说读写能力良好,通过英语国家六级考试,能用英语流利地与海外客户交谈。
> 计算机二级水平。熟悉 PS、AI、3DMAX 等软件。熟练掌握 Office 办公软件,能满足办公的需求。擅长 Excel,能够用其进行复杂的操作,如:长报表的打印;对大量数据进行分析整理。

(二) 有工作经验者的简历

1. 个人基本信息(略)
2. 求职意向(略)

上述两部分内容的写作,可参考前述应届毕业生简历写作指导中的对应内容。

3. 工作经历

这是此类简历中的最重要部分。主要写参加工作之后各阶段的情况,以方便招聘人员清楚地看到求职者对本公司的任用价值。所以,要突出求职者的主要才能、曾经的贡献与成果以及工作中有典型意义的内容。

在介绍工作内容时,要避免罗列工作职位,而是要将具体的工作内容表达清楚,特别建议通过数字来表现个人业绩的写作形式。如"熟练的年度预算经历,年预算在 5000 万美元以上""为 50 个以上的保健机构作顾问""组织销售活动,在既定时间内成功地留住了网站上 75% 的广告客户"等。

在内容安排上有一定的灵活性,如何展示工作经历取决于个人的具体情况。如果就业时期情况可以按照年代列出,则以工作的时间为轴介绍工作的情况。这是简历中常用的格式。如果工作经验和成绩主要来自自由职业,毕业后有一年以上不在职的记录,那么,建议写作时掠过工作的时间部分,用工作成绩或外界评价等内容为轴来介绍自己的工作经历。

4. 教育背景或培训经历

教育背景要采用倒序的写作手法,且最早时间点到大学本科(或专科)即可。如果学历未能达到上述要求,建议省略此项内容。

培训经历,要写与求职意向相关的培训内容,可包括正在进行的教育或技能培训。

5. 获奖情况或者技能和证书

此部分内容的写作,可参考前述应届毕业生简历写作指导中的对应部分内容。

6. 个人简介

这部分可以充分展示个人才能,以使自己从众多应聘者中脱颖而出。通过简历想展现给招聘方的所有特定情况(如资深的经验、获得的专利技术技能、已得到充分证实的管理能力)都可在此处明确地阐述。语言表达上务必注意避免客套、空泛。

【例文三】

某人力资源主管的个人简历

一、基本信息

姓名	李×	性别	男	籍贯	成都	照
出生年月	1989.06	学历	研究生	学位	硕士	
专业	企业管理	毕业院校	对外经贸大学			
联系电话	158286404×	电子邮箱	714××311@qq.com			片
求职意向	人力资源总监或人力资源经理					

二、教育与培训情况

毕业院校　对外经贸大学(2013.9—2016.7)　国际商学院　企业管理　硕士

　　　　　北京工商大学(2009.9—2013.7)　工商管理学院　人力资源管理　本科

培训情况　2016.9—2017.1 北京市劳动局　人力资源干部认证培训

　　　　　2017.1—2017.3 保利文化集团股份有限公司　人力资源管理培训

三、工作主要经历

2018年12月至今　北京埃希奥科技有限公司　人力资源部　经理助理

负责公司内部员工的调动、提升、离职等审批工作；协助经理进行员工业绩考核工作；制订公司年度培训计划，监督执行。

2018年8月至2018年12月　北京东方思诚软件公司　人力资源部　招募专员

负责为公司招聘各种所需人才以及新员工的入职培训和上岗培训。

2017年10月至2018年7月　北京绅士服装有限公司　人事专员

负责人员配置、员工招聘等计划的制定与实施以及员工薪酬计划的执行，劳动合同的管理与劳动关系的维护。

四、个人技能

1. 英语

通过国家CET六级考试，英汉互译表达流畅。

2. 计算机

具有熟练的计算机软件使用和硬件安装能力，使用Microsoft Windows 2000、Microsoft Office 2000、Adobe PS 5.5、Adobe Page Maker 6.0、Macromedia Dream Weaver 3.0得心应手，并正在学习HTML等。

五、自我评价

性格沉稳，做事专注、有耐心，善于学习和充分利用外部优势力量。熟悉人力资源管理工作,具有多年的企业人力资源实战经验。对人力资源规划、招聘与配置、培训开发、员工劳动关系有制度建设及主持实操经验,能对人力资源体系进行优化建设,始终致力于提高公司的人力资源综合管理水平。

【写作练习】

一、请根据下面的招聘启事,拟写一份应届毕业生的求职信,并制作一份个人简历。

中国新闻社社会招聘公告

根据业务发展需要,现面向社会公开招聘3名工作人员,具体事项如下。

一、招聘单位简介

中国新闻社简称"中新社",是中国以对外报道为主要新闻业务的国家通讯社,是以海外华侨华人、港澳同胞、台湾同胞和与中国有关系的外国人为主要服务对象的国际性通讯社,现为中央主要新闻单位之一。

中新社特稿中心是中新社对外提供深度新闻报道的重要平台,通过紧贴时事新闻的快速反应、解读分析、深度评论,人文社会题材的深度挖掘,高端人物访谈等各种题材的优质新闻产品,为海外读者了解全面、真实、可信的中国提供可靠的窗口。

二、基本条件

(1) 具有中华人民共和国国籍;

(2) 政治立场坚定,拥护中国共产党的领导和社会主义制度,树牢"四个意识",坚定"四个自信",坚决做到"两个维护",在思想上政治上行动上同以习近平同志为核心的党中央保持高度一致,热爱新闻事业,身心健康;

(3) 拥护和遵守中华人民共和国宪法和法律法规;

(4) 践行社会主义核心价值观,诚实守信,品行端正,遵规守纪;

(5) 具备岗位所需的专业或技能条件;

(6) 具备适应岗位要求的身体条件;

(7) 因犯罪受过刑事处罚的人员、被开除中国共产党党籍的人员、被开除公职的人员,曾在各级公职人员招考中被认定有舞弊等严重违反考试录用纪律行为的人员,被依法列为失信联合惩戒对象的人员不得报名。

三、工作地点

北京市西城区

四、招聘岗位及条件

记者、编辑

1. 岗位职责

(1) 负责相关领域新闻稿件的采写编评。

(2) 负责重大热点新闻的传播策划。

2. 任职要求

(1) 大学本科及以上学历,具有新闻、中文、历史、国际关系、法律、民族、宗教等专业教育背景。

(2) 有国际、法律、民族、宗教领域新闻报道经验,对时事热点具有独特见解。有深度报道能力、新媒体报道经验者优先。

(3) 有较强沟通能力、协调能力、团队合作精神。

五、招聘程序

(1) 报名。有意应聘者请将《中国新闻社应聘人员情况登记表》、个人作品、学历学位证书等材料,发送至邮箱 Zhuan×××@chinanews.com.cn(简历投递格式:姓名+应聘岗位)。每人限报名1个岗位,多报者资格审查不予通过。

(2) 后续笔试、面试等工作安排将通过电话、短信方式或邮件形式进行通知,请保持通讯畅通。未通过报名资格审核者,不再另行通知。

六、其他说明事项

(1) 本次招聘不解决事业编制,拟聘用人员将与我社签订劳动合同。

(2) 应聘人员应对本人填报、提供的信息材料的真实性、准确性、完整性负责,对提供虚假信息或在招聘过程中作弊者,一经发现,一律取消应聘资格。

附件:《中国新闻社应聘人员情况登记表》

中国新闻社人力资源管理中心
2021年9月7日

二、下面是一份个人简历中介绍社会实践部分的内容,请指出其存在的问题。

社会实践:

1. 2019年—2020年寒暑假在万平口海水浴场打工。

2. 2020年7月—2020年9月在日照山水大酒店兼职。

3. 2020年国庆节,做过社会调查。

第十七章

请柬、邀请信、聘书

第一节 请柬和邀请信

一、请柬和邀请信的内涵

请柬和邀请信是党政机关、企事业单位、社会团体和个人用于邀请他人参加会议或活动的社交文书。请柬与邀请信的功能相同,请柬的内容简单,格式固定,礼仪性更强,表述更庄重、典雅;邀请信的信息量比请柬大,使用范围更宽泛。

1. 请柬

请柬是邀请他人参加会议或活动(联谊会、新闻发布会、座谈会、聚会、庆典、仪式、展览、宴会或节日婚庆寿诞纪念活动等)的简式信柬,注重封文装饰,又称请帖。

2. 邀请信

邀请信是邀请他人参加会议或活动的礼仪信函,又称邀请函、邀请书。主要用于会议、洽谈业务、合作研究、访问、纪念活动等场合。

二、请柬和邀请信的特点

1. 礼仪性

请柬和邀请信都属于礼仪性文书,用于加强与受文者的友谊。请柬的礼仪性更为突出,它对装帧设计的讲究体现了尊重客人的礼仪性。

2. 确指性

请柬和邀请信的送达对象一般是特定的单位或个人,但发布网站的普发式邀请信不具确指性。

3. 时限性

因为必须保证客人在会议或活动前收讫,所以请柬和邀请信对发送和使用时间有明确要求。

4. 凭证性

收件人如果在收讫的请柬和邀请信中未见另附的"入场券",则说明请柬和邀请信本身就是客人参加会议或活动的入门凭证。

三、请柬和邀请信的类型

（1）按性质划分，有公务请柬、公务邀请信、私务请柬、私务邀请信。

（2）按用途划分，有会议请柬、会议邀请信，活动请柬、活动邀请信。

（3）按书写方式划分，有横排式、竖排式。通常情况下，请柬使用竖排式。

四、请柬和邀请信的结构与写法

请柬和邀请信都是由标题、受文对象、正文、落款（标注）组成。

（一）标题

一般是简单地以文种名称直接构成标题。如《请柬》《邀请函》。

（二）受文对象

受文对象可以是单位，也可以是个人。单位名称要求写全称；个人姓名前要冠以"尊敬的""敬爱的"等尊称，姓名后要添上职务名称、职称或者通用的"先生、女士"等称谓。

（三）正文

正文由前言、邀请事项、结尾三部分组成。

1. 前言

请柬往往无前言。

邀请信的前言通常说明邀请的背景、意义、根据等。

2. 邀请事项

邀请事项通常具有一定的格式。如："谨定于××年×月×日×时，在××地举办××××活动"。如邀请对方观看演出，一般附以入场券。如果有其他要求也需注明，如"请准备发言""请准备节目"等。

3. 结尾

结尾处通常是提出希望，或注明联系方式——邀请者的电话、传真、电子邮箱等。也可以书写祝颂语或表示欢迎、邀请或盼望对方光临的内容。如："诚挚邀请""敬请光临""恭候指导"，有时还会直接使用"此致敬礼"作为结尾内容。

（四）落款

结尾写好后，需另起一行落款，即标注邀请人的姓名和要求的日期。

【例文一】

请　柬

敬呈××先生/女士台鉴：

　　谨定于××年××月××日××时，于××市××路××号××酒店2楼宴会厅，举办本公司十周年庆典活动。

　　恭请光临！

××公司敬邀
2018年7月20日

【例文二】

2020年第二期沙龙暨科技服务机构与商业保理公司合作对接交流会邀请函

各会员单位、相关单位：

　　一直以来，协会秉承为会员单位提供优质服务的原则，持续搭建保理公司和各合作机构间的交流平台，促进双方业务合作与项目落地。同时，各机构为保理行业的发展提供源源不断的产品并持续创新迭代，共同推动供应链金融生态的可持续高质量发展。

　　协会第二期沙龙邀请到中金云创、中金认证和金融壹账通三家机构，分享其为保理公司搭建的专业级供应链金融平台，提供电子认证和大数据服务、中登直连查询与智能解析等产品。本期活动定于6月23日（周二）下午在深圳保理之家举办，与各位嘉宾和保理同仁线下互动交流，机会难得，不容错过。

　　本期交流会广东省商业保理协会、广州市商业保理行业协会、深圳市商业保理协会会员单位免费参与。请有意参加的单位于6月22日前将报名回执发送至sz××@szsyblxh.org.cn。

　　更多主题交流活动将通过协会公众号持续更新并发布，请大家密切关注。

深圳市商业保理协会
2020年6月16日

第二节　聘　书

一、聘书的概念

　　聘书是聘请书的简称。它是用于聘请某些有专业特长或名望权威的人完成某项任务或担任某种职务时的书信体文书。

二、聘书的作用

1. 加强协作的纽带

聘书把人才和用人单位很好地联系了起来。一个单位在承担了某项任务后，或在开展某项工作的时候，为了请到一些本单位缺乏的人才，就需要用聘书。聘书不仅使个人同用人单位联系了起来，同时还加强了不同单位之间的合作，使之可以互通有无、互相支援。

2. 加强应聘者的责任感、荣誉感

应聘者接到聘书也就等于必须为自己所聘的职务、工作负有责任，会尽力做好自己的工作。因为聘书是出于对受聘人极大的信任和尊重才发出的，这无形中就加强了受聘人的责任感。同时受聘人往往是在某方面确有专长或能作出特殊贡献的人，所以聘书的授予也就促进了人才的交流，可以较充分发挥受聘人的聪明才智。

3. 表示郑重其事、信任和守约

聘书颁发给受聘人，表示一个单位对受聘人的认可、信任和重视，希望受聘人能够为单位多出谋划策、多贡献力量，同时也表现出单位和受聘人之间的一种形式上的守约。

三、聘书的写作

完整的聘书由以下几部分构成。

1. 标题

聘书往往在正中写上"聘书"或"聘请书"字样，有的聘书也可以不写标题。已印制好的聘书标题常用烫金或大写的"聘书"或"聘请书"字样组成。

2. 称谓

聘请书上被聘者的姓名称呼可以在开头顶格写，然后再加冒号；也可以在正文中写明受聘人的姓名称呼。常见的印制好的聘书大都在第一行空两格写"兹聘请××……"。

3. 正文

聘书的正文一般要求包括以下内容：

首先，交代聘请的原因和请去所干的工作，或所要去担任的职务。

其次，写明聘任期限。如"聘期两年""聘期自201×年2月20日至201×年2月20日"。

再次，聘任待遇。聘任待遇可直接写在聘书之上，也可另附详尽的聘约或公函写明具体的待遇，这要视情况而定。

最后，正文还要写上对被聘者的希望。这一点一般可以写在聘书上，但也可以不写，而通过其他的途径使受聘人切实明白自己的职责。

4. 结尾

聘书的结尾一般写上表示敬意和祝颂的结束用语。如"此致——敬礼""此聘"等。

5．落款

落款要署上发文单位名称或单位领导的姓名、职务，并署上发文日期，同时要加盖公章。

四、写作的注意事项

（1）聘书要郑重严肃，对有关招聘的内容要交代清楚。同时聘书的书写要整洁、大方、美观。

（2）聘书一般要短小精悍，不可篇幅太长，语言要简洁明了、准确流畅，态度要谦虚诚恳。

（3）聘书是以单位名义发出的，所以一定得加盖公章，方视为有效。

【例文三】

聘　　书

兹聘请××同志为××集团维修部总工程师、主任，聘期自×年×月×日至×年×月×日，聘任期间享受集团高级工程师全额工资待遇。

××集团（公章）
××××年×月×日

【例文评析】

这则聘书是在印制好的聘书格式上填写内容而形成的。作为聘书的核心内容，正文交代了受聘者担任的职务，写明了聘任期限；最后写上聘任待遇。落款署上发文单位名称及加盖公章，落款日期。其短小精悍，语言简洁明了、准确流畅，同时体现出发文者郑重严肃、谦虚诚恳的态度。

第十八章

祝词、欢迎词、答谢词

第一节 祝 词

一、祝词的概念和特点

（一）祝词的概念

祝词也称作祝辞，泛指在各种喜庆场合中表示祝贺的言辞或文章。

（二）祝词的特点

1. 欢愉性

祝词应当有一种愉快的心情，言辞用语务必富有激情并表现出致辞人的真诚，才可给人一种"宾至如归"的感觉，为后续举行的各种活动打下好基础。

2. 口语性

祝词多运用生活化的语言，促使其简洁又富有生活的情趣，从而更好地拉近宾主间的亲切关系。

二、祝词的分类

（一）按内容划分

根据祝词的内容，祝词可以划分为祝事业、祝酒、祝寿、祝婚等类型。

（1）祝事业祝词。多用于重大会议开幕、工厂开工、商店开业、展览剪彩以及其他纪念活动等，祝愿事业顺利进行、早日成功。

（2）祝酒祝词。用于宴会、酒会上，传达祝酒者美好的愿望。

（3）祝寿祝词。一般是对祝寿对象表示良好的愿望，希望其健康长寿。

（4）祝婚祝词。一般是祝愿新婚夫妇幸福美满。

(二) 按表达形式划分

根据祝词的表达形式,祝词可划分为有韵文(诗、词)体和散文体两种类型。

三、祝词的写作

常用祝词为散文体祝词。一般由标题、称呼、正文、结束语、落款五部分组成。

1. 标题

标题写在第一行居中的位置。通常有两种写法:一是直接写"祝词";二是写出具体祝贺的内容,如《××市长在×市×晚宴上的祝辞》。

2. 称呼

称呼在标题之下第二行顶格书写,以示尊重。写作时可比照书信写作的要求进行,不止一个称呼时,要注意称呼的先后顺序和亲切感。

3. 正文

正文是祝词的核心。这部分写法比较灵活,针对不同的祝贺对象、不同的祝贺动机,写出相应的祝贺内容。就总体而言,都应包含下面两层意思:

(1) 向受祝贺的单位或人员表示祝贺、感谢或问候,或者说明写祝词的理由或原因。

(2) 对已做出的成就进行适当评价或指出其意义,再次表示祝愿、希望、祝贺或鼓励。

4. 结束语

正文结束后常用一句礼节性的祝颂语结束全文。如"祝您健康长寿!"

5. 落款

在正文的右下方署祝者的名称(单位或个人)以及发祝词的年、月、日。如果标题部分已注明,此处可省略。

扩展阅读 18.1　曹忠明大使在庆祝中国共产党成立 100 周年招待会上的致辞

四、祝词与贺词的异同

祝词与贺词有时被合称为祝贺词,二者都是泛指对人、对事表示祝贺的言辞和文章,它们都富有强烈的感情色彩,针对性、场合性也很强。因此祝词和贺词在某些场合可以互用,如祝寿也可以说贺寿,祝事业的祝词常常也兼有贺词的意思。

虽然二者有时可以互用,但其含义并不相同。祝词一般对象是事情尚未成功,表示祝愿、希望的意思;而贺词一般对象是事情已成,表示庆贺、道喜的意思。如祝贺生日诞辰、结婚纪念、竣工庆典、荣升任职等,一般用贺词的形式表示庆贺、道喜。另外贺词使用范围比较广,如贺信、贺电等,也属于贺词类。

第二节 欢 迎 词

一、欢迎词的概念

欢迎词是指客人光临时,主人为表示热烈的欢迎,在座谈会、宴会、酒会等场合发表的热情友好的讲话。

二、欢迎词的分类

1. 按表达方式划分

从表达方式上分,欢迎词有现场讲演欢迎词(由欢迎人在被欢迎人到达时在欢迎现场口头发表的欢迎稿)和报刊发表欢迎词(在客人到达前后发表在报刊或公开发行刊物之上的欢迎稿)。

2. 按社交的公关性质划分

从社交的公关性质上分,欢迎词有私人交往欢迎词(正式活动开始前,在个人举行较大型的宴会、聚会、茶会、舞会、讨论会等非官方的场合下使用的欢迎稿)和公事往来欢迎词(在较庄重的公共事务中使用的事先准备好的正式且严格的书面稿)。

三、欢迎词的写作

欢迎词一般由标题、称呼、正文和落款四部分组成。

1. 标题

标题有两种写法:一是单独以文种名称命名,如《欢迎词》;二是由活动内容和文种名称共同构成,如《在××学术讨论会上的欢迎词》。

2. 称呼

称呼写在标题下第二行的顶格处,要求写明来宾的姓名称呼。如"尊敬的各位先生们女士们""亲爱的××大学各位同仁"。

3. 正文

欢迎词的正文一般可由开头、中段和结尾三部分构成。

(1) 开头。通常应说明现场举行的是何种仪式,发言者代表什么人向哪些来宾表示欢迎。

(2) 中段。这一部分一般要阐述和回顾宾主双方在共同的领域所持的共同的立场、观点、目标、原则等内容,较具体地介绍来宾在各方面的成就及在某些方面作出的突出贡献,同时要指出来宾本次到访或光临对增加宾主友谊及合作交流所具有的现实意义和历史意义。

(3) 结尾。通常再次向来宾表示欢迎,并表达自己对今后合作的良好祝愿。

4. 落款

欢迎词的落款要署上致辞单位名称,致辞者的身份、姓名,并署上成文日期。

四、写作的注意事项

欢迎词是出于礼仪的需要而使用的,因此要十分注意礼貌。具体而言,要注意以下几点。

1. 要礼貌

称呼要用尊称,感情要真挚,要能较得体地表达自己的原则立场。

2. 要谨慎

措辞要慎重,勿信口开河,同时要注意尊重对方的风俗习惯,应避开对方的忌讳,以免发生误会。

3. 要热情

语言要精确、热情、友好、温和、礼貌。

4. 要精练

欢迎词都是一种礼节性的外交或公关辞令,宜短小精悍、言简意赅。

【例文一】

欢 迎 词

——致2020级高一新生

大别山麓,扬子江边,千古黄州,万世名传。历史千百年,地灵人杰;风光一万里,钟灵毓秀。唯楚有才,鄂东为最,黄冈中学,引领百年,雄踞吴头楚尾,声震华夏神州。

悠悠百年,光辉灿烂。一九零四,诞育黄高;学制五年,府中学堂。民国建立,号为启黄,校址武昌,胭脂朱巷。省立六中,迁改黄州;开来继往,六任校长。一九三九,省立二高,战火纷飞,艰难办庠。新中国成立以来,整顿巩固,探索前进,欣欣向荣。改革开放,沐浴春风,明珠璀璨,屡享荣光。国手摇篮,英才基地;中华名校,教育标兵。牌匾盈壁,名不虚传。妙誉飞驰,树标杆于省厅;口碑远播,传美名于黉宫。

"十三五"时,领导示范,师生奋斗,同心协力,大展宏图,再写辉煌。改革创新,克难奋进,应天以顺时;二次创业,重新崛起,光芒照楚天。课程改革,硕果累累;办学业绩,亮点纷呈。

德智体美劳,全面发展;文理奥诸科,并驾齐驱。课程社团两不误,人才辈出;高考奥赛双丰收,捷报频传。清华北大,年年竞相录取;海外名校,时时青睐有加。教学楼内弦歌激越,教学相长;图书馆里书香氤氲,畅游古今;凝晖楼中笙箫鼓乐,天籁频起。双语竞赛,成绩斐然;机器人队,牛刀小试;数学建模,崭露头角。模拟联合国之风采,于中原奏凯;学校合唱团之亮嗓,赴关中称雄。人文丰蕴,生机无限,骏马在厩,雏鹰展翅,花香果硕,满园欢歌。师生为之振奋,百姓为之点赞,社会为之悦欣!

善哉黄高,教育乐园。名师荟萃,呕心沥血,执着杏坛,精益求精,丹心燃情育梁栋;俊彦咸集,才思敏捷,攻难克坚,笃行不倦,学海泛舟劈浪峰。

壮哉黄高,栋梁汇聚。各行各业,有吾校学子;功臣榜上,列我校英才。群星灿烂,熠熠生辉。商界领袖,运筹帷幄;财团精英,腹有宏猷;事业大佬,创业楷模;政坛翘楚,主政为民;教育行家,宏论高深;体育明星,摘金夺银;卫国功臣,时代尖兵。

面向未来,大业又创;使命加肩,初心不忘。莘莘学子,鸿鹄志向;励德启智,求知增能。刻苦钻研,攀世界之高峰;发奋读书,为中华之复兴。唯愿学子,珍惜时光,奋发直上,逐梦时代,续写辉煌!

湖北省黄冈中学
2020 年 8 月 30 日

第三节 答 谢 词

一、答谢词的概念

答谢词是指在特定的公共礼仪场合,主人致欢迎辞或欢送词后,客人所发表的对主人的热情接待和多关照表示谢意的讲话。

二、答谢词的分类

根据致谢缘由和致谢内容,答谢词可划分为两个基本类型。

1. "谢遇型"答谢词

"谢遇型"答谢词,是用来答谢别人招待的致辞,既可用于欢迎仪式、会见仪式上与"欢迎词"相应,也可用于欢送仪式、告别仪式上与"欢送词"相应。

2. "谢恩型"答谢词

"谢恩型"答谢词,是用来答谢别人帮助的致辞。它常用于捐赠仪式或某种送别仪式。

三、答谢词的写作

1. 标题

在第一行居中的位置写上"答谢词"作为标题。

2. 称谓

标题下空一行顶格写致辞对方的姓名、头衔,后加冒号,以示引领下文。

3. 正文

首先对主人的盛情表示感谢,并对对方的积极性、优秀之处予以肯定,表达出自己的荣幸与感动(这是答谢词的写作重点);其次,对对方的情况做较详细的介绍,以示尊重;最后,提出希望与对方进一步发展友好关系的强烈愿望。

4. 结语

再一次用简短的话语表示感谢之意。

四、写作的注意事项

1. **内容与结构要合乎规范**

答谢词的写作内容及结构形式,有相对稳定的模式。在写作中,不可随心所欲地"独创",要符合写作规范要求。

2. **感情要真挚、坦诚而热烈**

"答谢"本身,是一种"言情",应热情洋溢,给人以温煦感。虚情假意、言不由衷或矫揉造作、干巴巴、硬邦邦的致辞是很难获得认可的,而只能引来对方的反感。

3. **评价要适度,要恰如其分**

一般来说,对"谢遇型"致辞不宜妄加评论。而对于"谢恩型"致辞则可就其"精神"或"风格"作出评价,但要适度,要恰如其分,不可故意拔高,以免造成"虚假"之嫌。

4. **篇幅要简短,语言要精练**

"答谢"性质的礼仪致辞应尽量简短,千字文即可。所以,语言必须精练,努力做到"文约旨丰"、言简意赅。

【例文二】

陈竺院士在唐氏中医药发展奖颁奖典礼上的答谢词

尊敬的王国强副主任、张伯礼院长、

唐氏中医药发展奖评审委员会各位专家、

各位来宾、各位同道:

由于公务原因,我无法亲自到会,故请我的同仁,上海交通大学医学院、上海血液学研究所陈国强教授代为宣读我的答谢词,请各位谅解。

首先,请允许我向评奖委员会的各位专家表示衷心感谢,感谢你们授予我第六届唐氏中医药发展奖这一重要学术荣誉,我感到十分荣幸。同时,我也想向唐仲英基金会表示由衷的敬意,因为基金会一直对祖国中医药事业的发展给予宝贵支持。借此机会,我还特别要对中国中医科学院建院60周年表示热烈祝贺,过去的60年是中医科学院注重传承、勇于创新、不断改革、不断发展的60年。令人无比欣慰且振奋的是,恰在建院一甲子之际,屠呦呦研究员荣获诺贝尔生理学或医学奖,这是对里程碑式的60华诞最好贺礼,也是对中国科学家在艰苦环境下努力奋斗并通过中西医融合取得突破的充分肯定和鼓励,更是未来中国学术界厚积薄发的先声。

和青蒿素的故事一样，我们的工作也是通过东西方医学的融合汇聚，经过4代人30多年的不懈努力，才最终走出一条新路来的。在20世纪80年代，原上海第二医科大学（现上海交通大学医学院）附属瑞金医院的血液学研究团队就从祖国医学中的"改邪归正"的理念出发，发现全反式维A酸能够诱导急性早幼粒白血病患者临床完全缓解，使癌症的诱导分化治疗成为现实。但大多数患者获得完全缓解后复发并产生耐药性，联合应用化疗后长期生存率可达50%。进入90年代，当我们了解到哈尔滨医科大学张亭栋先生等医学同仁利用以砷剂为主要成分的癌灵一号结合中医辨证施治治疗同一类型白血病患者且取得一定效果的信息后非常高兴，就此与张先生等同道开展了精诚合作，研究砷剂治疗此型白血病的作用原理和临床效果。我们在全面研究静脉注射砷剂的药代动力学和毒理学的基础上，利用砷剂治疗对维A酸耐药的患者取得良好疗效。同时，在世界上首次阐明三氧化二砷治疗白血病的细胞和分子机理。然而我们发现单独使用砷剂长期治疗后，部分患者也会出现耐药性。2000年以来，我们通过持续深入的大组研究，发现维A酸和砷剂合用的方案可使90%的急性早幼粒白血病获得治愈，证明了此方案的长期安全性，并明确了两种药物通过不同机制靶向作用于该型白血病的致癌蛋白PML-RARA。我们也有幸应用系统生物学手段对复方黄黛片"君、臣、佐、使"组方治疗急性早幼粒白血病的机理进行了整体解析，促进了以硫化砷为主要成分的该口服复方药物在国内外的推广。这些成果使急性早幼粒白血病成为国际上癌症协同靶向治疗的成功范例，给白血病患者带来了生的希望。

"问渠哪得清如许？为有源头活水来。"几十年的科研历程使我深刻体会到，做好传统医学的传承和创新对于现代医学科学，尤其是转化医学、精准医学和系统医学的发展将发挥巨大作用；而引入现代医学科学的研究方法，也将使传统医学成果焕发新的青春，并有助于其走向世界。由于传统医学资源的丰富，中国科学家具有得天独厚的优势，但唯有通过中西医学的汇聚，才能使这种优势更快更好地转化为科研成果和患者福祉。我和上海血液学研究所的同道们愿继续为此尽一份绵薄之力，同时我也希望更多的传统医学专家和生命科学专家共同携手，为中西医学的汇聚创新作出新的更大贡献。屠呦呦老师在这方面已经为我们做出了榜样，我相信通过更多同道的努力，中国医学科学一定会绽放出更加绚烂的光彩，为推动健康中国建设，也为全人类的健康福祉发挥应有的重要作用。

最后，我还想表达自己的一个愿望，即把此次授予我个人的奖金全部捐献给中国的人道事业。因为我相信仁心仁术、大医精诚的医学理念和人道、博爱、奉献的红十字人道主义精神是相通统一的。

谢谢大家！

陈竺
二〇一五年十二月二十二日

【写作练习】

1. 贵阳市交通技工学校（贵阳市交通学校）成立于1979年，是以交通运输类专业为主的省级示范性中等职业学校，是省、市职业教育"9+3"百校大战、内涵行动计划、中职强基工程项目、兴黔富民实施学校之一。学校自2008年以来，荣获全国交通运输类技能大赛一等奖4个、二等奖15个、三等奖17个，全省一等奖70个、二等奖50个，成了贵阳市乃至全省交通运输类职业教育领头羊之一。新生开学，请为校领导准备一篇新生欢迎词。

2. 江苏中科爱码信自动化技术有限公司坐落于江苏省泰州市高港区，将定于2023年10月22日开业，届时中国中小商业企业协会主席、高港区常委、副区长及各界领导会出席开业庆典。你作为公司董事长的秘书，请为公司董事长孙进先生准备一篇公司开业典礼上的答谢词。

第六篇

传播文书和新闻类文书

第十九章

传播文书

【知识目标】
了解传播文书的含义及其特点。
掌握各类传播文书的写作思路与写作结构。

【能力目标】
能区别不同的传播文书,在传达信息时选择正确的文种。
能根据写作要求进行不同种类传播文书的写作。

【情景导入】

王东所在单位最近来了一位新领导,新领导到任后的第一个批示就是:信息报送工作非常重要,每月的信息是上情下达、下情上报的重要渠道,是领导科学决策、制定措施、推动工作有效落实的重要基础和依据,也是展示工作风貌和成效的重要窗口。抓不好信息工作的部门,其负责人是不称职的,信息上报情况应视为年终考核否决的主要内容,对信息上报不力的部门,要追究负责人的责任。这可难坏了身为部门负责人的王东,平时他们部门都是业务口,很少"动笔",写的信息基本也都成了"流水账",不被采用。如今当务之急,就是要在部门中培养一个会写信息的人……

第一节 传播文书概述

一、传播文书的概念与作用

1. 传播文书的概念

所谓传播是指为扩大政府、单位、人物、商品或某一事件的影响,向公众进行有目的宣传的各种方式和手段的总和。

现代社会是信息社会,信息传播早已不再是新闻机构的专利。任何机关、企事业单位、社会团体甚至个人,都可能根据各自的需要或目的,使用不同的传播手段,利用不同的传播途径传递信息。可见,传播文书是指通过各种宣传方式和信息传递手段,向公众有目的地进行宣传,使公众知晓有关信息所使用的文书。其写作和发布都是赚取信息传播费用的商业行为。

2. 传播文书的作用

(1) 传播文书让公众知晓并获取大量有用的信息,甚至有些信息让公众印象深刻。

(2) 传播文书有助于传播媒介获得理想的商业利益。

二、传播文书的分类

传播文书种类较多,如解说词、导游词、广播稿、新闻评论、新闻、通讯、广告、启事和海报等,也包括简报和快报。

三、传播文书的写作

传播文书的写作必须遵循下列原则。

1. 内容的真实性原则

传播文书以传播信息为目的,其写作不能等同于文学创作,必须客观反映存在的事实。

2. 表现的文学性原则

传播文书虽然不是文学作品,但它同样需要引起读者注意,调动其阅读的积极性,以达到宣传的目的。这就要求传播文书也要采用多种如比喻、叙述等文学的表现手法,使语言更加灵活生动,保证文书的传播效果。

第二节 广 告 文 案

2015年9月1日起施行的《中华人民共和国广告法》(修订)中对于广告是这样定义的:"在中华人民共和国境内,商品经营者或者服务提供者通过一定媒介和形式直接或者间接地介绍自己所推销的商品或者服务的商业广告活动。"

广告有公益广告和商业广告之分,公益广告不以营利为目的,主要是为促进社会的进步文明进行宣传;商业广告以营利为目的,追求经济效益的最大化。尽管商业广告以吸引消费者购买为目的,但也不能任意夸大商品功效,如果侵犯消费者权益,要承担相应的经济或法律上的责任。

一、广告文案的概念

广告的生命在于文案。为了更好地呈现广告效果,一般要先进行广告文案的创作,可以说,广告文案是广告内容的文字化表现。在国外,广告文案通常指一则广告作品的全部,包括广告的文字、图片、编排等内容;在华文广告圈内,广告文案专指广告的语言文字部分。

广告文案的历史差不多与广告历史同步。自从有了文字广告,便有了原始意义上的广告文案。

现存最早的广告文案,是公元前1000年前在埃及古城底比斯所发现的羊皮纸(现存大英博物馆内)。纸是用芦苇的纤维造的,淡茶色,规格为1030cm×1456cm,合32开。其内容是悬赏一个金币寻找一个名叫西姆的奴隶——"男奴隶西姆,从善良的织布匠哈甫家逃走了。首都特贝一切善良的市民们,谁能把他找回来的话,有赏。西姆是HITTLTE族(欧洲语系的民族),身高5英尺2英寸,红脸,茶色眼珠。若谁能提供他的下落,就赏给半个金币;如果谁能把他带回织布匠哈甫的店铺来,就赏给一个金币。技艺高超的织布匠哈甫总是应诸君的要求织出最好的布匹来。"

西方最早的印刷广告是英国的印刷家威廉·凯尔斯顿于15世纪70年代印刷的一则广告——"需要购买这种字体印刷而成的美丽无误的灵魂符咒的僧侣或其他人,请到威斯特·敏斯特挂有红竖线招牌的店铺,那里可便宜地买到。希望不要揭掉。威廉·凯尔斯顿。"

为了向人们展示广告中所说的"这种字体",采用相当难认的字体印刷,并用较为清晰的字体将广告内容重新印刷了一遍。可以说是一则比较成熟的广告文案,且印刷家已经注意到了文案的版面问题。

可口可乐是世界上目前最畅销的软饮料之一,日销售量达2.3亿瓶。可口可乐公司的信条就是:"成功在于广告。"这一点在它过去几十年的营销活动中得到了证实。

在小说《忠义水浒传》中,有这样的描述:"武松在路上行了几日,来到阳谷县地面。此去离县治还远。当日晌午时分,走得肚中饥渴,望见前面有一个酒店,挑着一面招旗在门前,上头写着五个字道:'三碗不过冈'。"——"三碗不过冈",极写老酒之烈,这可以看作是我国文学作品中比较早的、比较成熟的广告语。

二、广告文案的分类

(1) 按媒体类型,广告文案可分为:报纸广告文案、杂志广告文案、广播广告文案、电视广告文案、网络广告文案、户外广告文案、其他媒体广告文案。

(2) 按文体,广告文案可分为:记叙文广告文案、论说体广告文案、说明体广告文案、文艺体广告文案。

（3）按内容，广告文案可分为：消费物品类广告文案、生产资料类广告文案、服务娱乐类广告文案、信息产业类广告文案、企业形象类广告文案、社会公益类广告文案。

（4）按诉求特点，广告文案可分为：理性诉求型广告文案、情感诉求型广告文案、情理交融型广告文案。

三、广告文案的写作原则

1. 真实性原则

真实性原则是广告文案写作行为的首要原则。

在广告活动中，广告文案与广告作品中的其他要素一起，直接和受众交流。人们通过它的介绍和推荐来认识企业、产品和服务，产生情绪对应，对是否接受某种服务形成选择意向。它决定着受众是否能得到真实、准确的信息，能否产生符合真实状态的对应情绪，能否产生正确的消费意向。因此，只有符合真实性原则的广告文案才具有生命力。

2. 说服性原则

广告文案要通过具有吸引力的宣传内容，吸引消费者的消费关注。其语言文字的运用宗旨就在于最大限度地说服目标受众。

3. 效果原则

广告始终是一种特殊的销售手段。它的最根本目的在于将信息传达给目标受众，实现广告主预期的销售目的。

在广告策略引领下完成的广告文案，因为是基于市场调研基础上的，又是针对目标受众消费需求而写就的商业文案，所以一经完成即具有市场宣传的有效性。再加上后续的经由不同媒体进行的传播行为，传播范围通常相当广泛，能快速地将文案主旨传播开去，从而产生效果更集中的、更广泛的影响力。

4. 创造性原则

广告能否引起受众注意并为其所接受，主要取决于两个方面：信息的实用性和新颖性。对于文案写作而言，除了准确传达广告信息之外，必须通过创造性表现来寻求某种具有"召唤性"的表现形式；必须设法创造出某种关于品牌意象的"特有语汇"。

什么是创意表现？美国一位广告大师对此有一个很精到的解读——"如果你站着，而周围的人都在跳舞，你就会受到注意。"

5. 规范性原则

广告文案的规范性原则，是要求写作文案时必须注意语言文字的规范性。

四、广告文案的写作

（一）基本构成与写法

完整的广告文案由标题、广告正文、广告口号和随文四部分内容组成。

1. 标题

标题是一则广告文案的前导,也是广告的内容诉求点。它是表现广告主题,迅速引起目标受众注意的短文或短句,是一则广告的导入部分。因为传达的是最为重要或最能引起公众兴趣的信息,所以通常选用较其他部分大的字体。位于广告的醒目位置。

广告标语的设计形式有问答式、祈使式、新闻式、口号式、暗示式、提醒式等。撰写标题时的语言要简明扼要,易懂易记,传递清楚,新颖个性。句子中的文字数量一般掌握在 12 个字以内。

广告标题的写作要点如下:

(1) 新颖独创,能迅速唤起受众的注意。
(2) 能够抓住主要目标消费者。
(3) 引导读者进一步阅读内文。
(4) 尽可能作出利益承诺,体现广告主题。
(5) 尽可能写上品牌名称。
(6) 长度适中。以 6~12 个字为最佳,最多不超过 16 个字。
(7) 要突出最重要的信息,砍掉不必要或较弱的标题而以广告语代替。
(8) 要简洁明了,不使用晦涩难懂的词,慎用双关语或引经据典的词。
(9) 忌用否定词或曲折的方式陈述广告主题。

2. 广告正文

广告正文(内文)是对广告标题的解释和对广告主题的详细阐述,意在增加消费者的了解与认识。通常在标题之下,担负着对消费者进行心理说服的职能。

正文,往往以客观的事实,具体地说明产品及服务情况。撰写正文内容时,要实事求是、言简易明,尽量通俗易懂。不论采用何种题材式样,都要抓住主要的信息来叙述。

根据表现形式的不同,正文的写作常常有以下六种类型。

(1) 说明型:说明产品的功效、介绍权威机构的鉴定或获得荣誉证书等情况。通常采用正面介绍的形式。

(2) 陈述型:陈述一些具有新闻性的内容,或者是关于产品的事实情况(销售情况、获奖情况)。

(3) 例证型:举出人们实际生活的实例来说明产品功效,推销广告产品。通常举出产品的直接的受益人来达到推荐产品的目的。是一种常见的且非常有效的类型(见例文一)。

【例文一】

某地区 PUMA(彪马)运动鞋广播广告文案

(男声)

我是个庸庸碌碌的上班族。不过在平淡的生活中,我倒有一件法宝——PUMA。

星期一,我喜欢走仁爱林荫道来公司。借以平和我的"星期一忧郁症"。

星期二,故意挑公司后的小巷道,多绕些路,只为了听听附近住家起床号的声音。

星期三,我会从小学旁经过,看看年轻的生命活力,顺便感怀一下我自己消逝的天真童年。

星期四,我索性来一段慢跑。

(口白渐弱)

广告语:快乐的走路族——PUMA——彪马运动鞋。

(4) 证言型:是例证型广告内文的一种变体,常通过某一典型消费者来说明,或模仿消费者的角度来介绍广告内容。由于企业与商品自卖自夸的保证,未必能说服人,采用第三者向消费者强调某商品或某企业的特征,则容易取得消费者的信赖。

美国广告大师大卫·欧吉沛很重视证人证言广告。他认为,"证言式广告效果好。有时整个广告中用的都是证言。"他为奥斯汀汽车做的第一个广告,用的就是一封来自某外交官的信。该外交官用买奥斯汀汽车省下的钱,送儿子到一所有名的学校去读书。这个广告包含奥斯汀汽车的经济性和体面的绅士气派。由于是证人证言,对于奥斯汀汽车开拓市场很有利。

【例文二】

我用驾驶奥斯汀轿车省下的钱送儿子到格罗顿学校念书
——来自一位外交官的匿名信

最近我们收到一位曾为外交事业建功立业的前辈的一封信。"离开外交部不久,我买了一辆奥斯汀车。我们家现在没有司机——我妻子承担了这个工作。每天她载我到车站,送孩子们上学,外出购物、看病,参加公园俱乐部的聚会。"

我好几次听到她说:"如果还用过去那辆破车,我可对付不了。"

而我本人对奥斯汀车的欣赏更多是出于物质上的考虑。一次晚饭的时候,我发现自己在琢磨:"用驾驶奥斯汀轿车省下的钱可以送儿子到格罗顿学校念书了。"(格罗顿是美国非常出名的高中)

亲爱的读者们,您可能会觉得我们这位外交官先生太夸张了吧。其实不然,根据下面的事实您可以自己算一算:

1. 您现在只要花1795美元(包括250美元的额外配件)就能买到新款的奥斯汀默塞特豪华车,非常合算。

2. 英国的汽油价格是每加仑60美分,因此我们要研制出更省油的车。新款奥斯汀车每加仑油可以跑30英里,如果开得慢一点更省油。

3. 油箱里加10加仑的油,能行驶350英里——从纽约出发不用加油可以开到弗吉尼亚州的里士满。

就我们的估算,奥斯汀使您的总费用下降近50%……(下面介绍车的性能,略)

虽然奥斯汀这个品牌已经消失了,但当时奥格威这篇广告取得了很大的反响,甚至惊动了《时代》周刊和格罗顿学校校长。

著名的耐克公司,有个无数人熟知的"Just do it"。第一个"Just do it"广告的主人公是坐在轮椅上的田径运动员克莱格·布朗修,广告口号是出现在黑色背景下的反白字。广告语没有念出声,但它却唤起了一代人的共鸣。比如:一个过于肥胖的人推迟了他的减肥计划,忙碌的职员们被其他事情打乱了健身活动,所有梦想参加体育活动却被种种事务打断的人。"Just do it"俨然成了耐克敦促人们去锻炼身体,马上去行动、去实现的号令。

1984年,耐克公司与21岁的乔丹签约推销一款篮球运动鞋。一年之内,几乎所有的美国男孩都穿上了这款球鞋。在很大程度上,正是由于乔丹这样的超级体育明星,才使得耐克的品牌形象在全球青年人的心目中,超过了其他所有品牌。

（5）故事型：通过构筑与产品相关的情节性内容来介绍产品(见例文三)。

【例文三】

乔治·葛里宾是美国著名的广告大师,他曾为美国旅行者保险公司创作了一则故事型的保险文案。这则文案不仅大大促进了该保险公司的销量,在当时被广为流传,而且直到今天,这则文案也被奉为文案策划者学习的经典。现在,我们一起来看看这则文案的具体内容。

在我28岁的时候,我依然独自一人。没有人向我表白,我也不敢主动地向他人表明自己的心意,曾一度对结婚失去了信心,也不抱任何希望。我甚至做好了孤独终老的打算,因为我的外貌异于其他女性,且两条腿还长得不对称。

就在我对结婚这件事情即将绝望的时候,爱维莱特出现了。他虽然并不是一个十分完美的人,也没有达到我想象中的情人的标准,但是他喜欢上了我,对我非常关心和体贴。我渐渐地被他的关心打动了,且重新看到了生活的希望,并感受到了生命的意义。于是,我们结婚了。

婚后的我们生活得非常幸福。但遗憾的是,我们没能生下自己的爱情结晶。尽管如此,我们的感情依然没有受到影响。上帝将爱维莱特送到我身边,我已经很满足了,我愿意就这样与爱维莱特生活到老。

毕竟每个人的生命都是有限的。4个月前,爱维莱特离我而去了,并且是永远地离我而去。我无法接受这个事实,伤心欲绝。爱维莱特的后事是弟弟帮忙料理的。弟弟料理完爱维莱特的后事后,交给了我一份足以照顾我的余生的保险单。这份保险单是爱维莱特在生前交给弟弟的。看到这份保险单后,我更加伤心,但同时也感到幸福。遇到爱维莱特是我这一生中最幸运的事。

这就是乔治·葛里宾创作的一则故事体文案。整则文案借一个老妇人之口,娓娓道出一个感人至深的故事。尽管这个故事没有尖锐的矛盾冲突,却依然深深地打动了用户。

而且整个故事没有令人厌烦的广告味,这让用户忍不住继续往下阅读该故事,以至于乔治在最后表明他所宣传的信息时,也不会让人觉得突兀,反而给人一种自然而然、水到渠成的感觉。因为用户在这个朴实无华的故事中感受到了爱维莱特与老妇人之间的真挚情感,也感受到了爱的力量。

(6) 对话型:借助人物对话形式展开,通过模拟情境来表现广告主题。在广播广告文案和电视广告文案中常见。

【例文四】

成都生活门户网站广告

甲:生活在成都而不知道天府114,OUT!

乙:(弱弱地问)怎么才能不OUT?

甲:赶紧去观望啊! www.tianfu114.com

乙:早说啊! 马上去!

天府114——成都顶级生活门户网站!

综上可见,广告正文的写作应注意以下要点:

(1) 写好第一句。要承接广告标题,进一步唤起受众的兴趣,设法引导受众看完内文。

(2) 进一步发挥标题。

(3) 直述要点,切勿含糊其词。

(4) 生动亲切,避免陈词滥调。

(5) 提供与消费者的利益直接相关的内容。

(6) 提供广告内容的实证资料,而且要简练、彻底。

3. 广告口号

广告口号(广告语)是战略性的语言,是广告主题的创造性表现。其目的在于经过反复和相同的表现,使目标消费者熟悉企业的独特文化或者掌握该商品或服务的个性特征,从而产生并固化购买(拥有)意愿。广告语形式有:联想式、比喻式、许诺式、推理式、赞扬式、命令式。

撰写广告语时要注意语言的简洁明了,要独创有趣、便于记忆、易读上口。

比如中国移动公司,在2G时代推出各种套餐时的广告语:"神州行我看行""动感地带,我的地盘我做主""全球通,我能"。在4G时代的广告语更是一举击败电信(天翼)、联通(沃):"天若有情天翼老,移动4G真来了! 沃去!"

按照广告语语言风格的不同,可以分为三种类型。

(1) 诗歌化风格:"何以解忧? 唯有杜康。"(杜康酒的广告)

(2) 口语化风格:"福气多多,满意多多。"(福满多方便面广告)
(3) 谐音化风格:"不打不相识!"(打字机广告)
广告语语言风格的不同,带给人的感受也是不同的。
(1) 鼓励性
你的能量超乎你想象。(鸿星尔克)
心有多大,舞台就有多大。(央视公益广告)
(2) 哲理性
专注做点东西,至少对得起光阴、岁月。其他的就留给时间去。(新百伦)
人生没有彩排,每天都是现场直播。(央视公益广告)
(3) 励志性
哪有什么天生如此,只是我们天天坚持。(keep)
别人看到你的成就,我们看到你的奋斗。(路虎)
写作广告语时,通常需要掌握以下五个要点。
(1) 尽量作出实在的利益承诺,或确立独特的广告形象。
例如:"每个女孩都该做到两点:有品位并且光芒四射。"(香奈儿广告)
"轻松爽洁,不紧绷——碧柔洗面奶。"(洗面奶广告)
(2) 尽量使广告语成为关于品牌意象的"特有语汇"。
人们耳熟能详的雀巢咖啡的广告语:"味道好极了。"直白、简洁,如同脱口而出的平常语,又朗朗上口、意味无穷,一度成为人们喜欢说的口头禅。据说雀巢公司曾以重金在全球征集新广告语,但是发现没有哪一条能比这句更经典。再比如"巴黎欧莱雅,你值得拥有。"这句广告语让女人们感觉自己值得让自己拥有美丽、享受美好,此生如果没有欧莱雅将是一大憾事,这就是欧莱雅的目的。类似的还有"海澜之家,男人的衣柜。"(国民男装品牌)
(3) 尽量让语言文字朗朗上口,简单易记。
例如:"农夫山泉有点甜"就是创作得比较成功的广告语;而台湾铁达时表的广告语"不在乎天长地久,只在乎曾经拥有。"则因为缺乏具体明确的利益承诺,导致产品和广告行为的定位均不够明确,最终没能在市场上确立自己的品牌概念,也未能引起特定消费群体的关注。
钻石恒久远,一颗永流传。(A Diamond is Forever)戴比尔斯钻石的这句广告语,不仅道出了钻石的真正价值,更赋予爱情以钻石的品质,妙不可言。这句广告语大概真的会像钻石一样永久流传。
(4) 尽可能写上品牌名称。
飞亚达手表的广告语曾经是"一旦拥有,别无所求",语意比较含糊,也缺少品牌名称,自然难以令消费者记住。而中国平安"中国平安,平安中国"的广告语则将公司的 Logo

标识和企业定位很好地结合在一起,言简意赅,让人印象深刻。

(5) 广告语要简短适中,以 8～12 个字为宜。

如:好空调,格力造。(格力空调广告)

科技创造自由。(联想广告)

原来生活可以更美的。(美的电器广告)

此时无形胜有形。(博士伦隐形眼镜广告)

无所不包!(饺子铺广告)

海尔——真诚到永远。(海尔电器广告)

飘柔,就是这么自信。(飘柔洗发水广告)

前置 2000 万柔光双摄,照亮你的美。(Vivo 手机)

上述这些广告语,都较好地体现出"言简意赅""形象生动""新奇独特""易于记忆"的广告营销优势。

4. 随文

随文又称附文,是向受众说明广告主身份以及相关附加信息的文案内容,不可缺少。一般位于文案的尾部。包括:商品标识内容(商标、商标名、商品名)、企业标识内容(企业名称、企业标志、企业专用字体)、通讯联络要素(企业地址、邮编、电话、联系人等)、价格表、银行账号等(在企业宣传小册子中常常出现)、购买或获得服务的办法、权威机构认证标识或获奖情况、附言(如何联系、参加有关抽奖、赠券等的必要说明)、表格。

广告随文的写作要点如下:

(1) 不可罗列过多,突出关键条文。

(2) 加入直观易记的辅助说明。

(3) 防止遗漏重要项目(权威机构的认证评定)。

(4) 积极创意,鼓励行动。

(二) 适用技巧

1. 正面表现

正面表现,是直接从广告的目标战略和主题出发,将广告需要传达的信息直截了当地向消费者加以陈述,使消费者对广告内容有一个直接而明确的了解。

主张广告要向目标消费者作出切实的"利益承诺"。通常的表现方式是:

(1) 直接阐述

直接阐述的技巧,是将产品的功能、品质、性能、售后服务等内容直接告诉消费者。重点在于作出理性化的利益承诺。

【例文五】

葵花牌小儿肺热咳喘口服液

小葵花妈妈课堂开课啦！孩子咳嗽老不好，多半是肺热，用葵花牌小儿肺热咳喘口服液，清肺热，治疗反复咳嗽，妈妈一定要记住哦！

（2）以小见大

以小见大的技巧，是通过细节性的事实来表现广告主题。主要见于工业消费品广告和企业广告。

例如，美国的舒里兹啤酒，强调用"滚烫的蒸汽"清洗啤酒瓶。（因为运用了具有说服力的细节，广告大获成功，使其在美国啤酒市场的排名由第五跃居第一。）

又如，大众汽车，画面上是一辆小汽车，上方有一写有"次品"字样的横幅，广告标题是：大众车的检查员因仪表盘的小储藏柜上有一道划痕而拒绝接受该车。（广告通过检查员的严格检验来说明大众车在质量上的高品质，并通过这一事实确立起公司兢兢业业、一丝不苟的企业形象。）

（3）对比参照

对比参照的技巧，是通过直接或间接的比较来传达广告信息。

如：充电 5 分钟，通话 2 小时。（OPPO 手机广告）

【例文六】

甲壳虫汽车广告文案
Lemon：不良品

这辆甲壳虫没通过测试。仪器板上杂物箱的镀铬装饰板有轻微损伤，这是一定要更换的。或许你根本不会注意到这些细微之处，但是检查员科特克朗诺一定会。我们在沃尔夫斯堡的工厂中有 3389 名工作人员，他们唯一的任务就是：在生产过程中的每一阶段检验甲壳虫（我们每天生产 3000 辆甲壳虫，而检查员比生产的车还要多）。每辆车的避震器都要测验（而不是抽查），每辆车的挡风玻璃都必须经过详细的检验。大众汽车常因肉眼所看不出的表面擦痕而被淘汰，最后的检查更是苛刻到了极点！大众的检查员们把每辆车像流水一样送上检查台，接受 189 处检验，再冲向自动刹车点。在这一过程中，被淘汰率是 2%，50 辆车总有一辆被淘汰！对一切细节如此全神贯注的结果是，大众车比其他车子耐用，却不需要太多保养（这也意味着大众车比其他车更保值）。我们剔除了酸涩的柠檬（不合格的车），给您留下了甘甜的李子（十全十美的车）。

此广告文案采用了具体的数据比较，更能获得读者的心理认同。

（4）以赌设悬

以赌设悬技巧，是将产品的利益承诺直接告诉消费者，用冒险一搏的方式来赢得公众的关注与行为参与。例如劳特牌胶水的文案："谁能把用劳特牌胶水粘在墙上的金币用手掰下来，这金币就归谁。"就凭此写作技巧赢得了更好的市场表现。

2. 侧面烘托

侧面烘托，是指对于一些正面表现过于平实的商品，选择某一具有诉求力的侧面，或通过构筑商品使用情境（假设）来推荐商品。用美国广告大师韦勒的话讲，就是"不要卖牛排，要卖牛排的滋滋声。"

例如：没人上街，不一定没人逛街——天猫。

3. 曲陈其意，幽他一默

英国广告大师波迪斯在《幽默与广告》中说："巧妙地运用幽默，就没有卖不出去的东西。"广告用诙谐幽默的语言介绍其产品或宣传对象，让受众在轻松愉快的气氛中了解广告的诉求内容。

如一加油站广告牌写着："假如阁下烟瘾发作，可以在此吸烟，不过请留下地址，以便将阁下的骨灰送给家人。"用幽默的语言道出在加油站吸烟的严重后果，寓庄于谐，趣味横生，给人留下很深刻的印象。再比如一家美容院广告："请不要向本店出来的女子调情，她也许就是你的祖母。"同样风趣幽默。

4. 坦诚直言，褒贬互寓

"它唯一的缺点是每小时跑 100 公里时，你仍能听见后座丈母娘唠叨的每一个字眼儿。"（某豪华轿车广告）

"这部电脑的缺点是不能为您冲咖啡。"（某品牌咖啡广告）

"这种运动服使用的是本国最好的染料，染色技术更是本国最优秀的；不过令人遗憾的是：酱紫色一类的颜色至今仍没法做到永不褪色。"（日本美津农运动衫广告）

5. 以虚写实，曲径通幽

一般而言，广告往往要挖空心思，使尽浑身解数大肆宣传其产品质量如何好。但著名的西门子公司却反其道而行之："本公司在世界各地的维修人员都闲得无聊。"这则广告不落俗套、独辟蹊径，从侧面含蓄地用维修人员都"闲得无聊"反衬其质量之好，好到根本不会坏。

另外，用世界各地都有他们的维修人员来暗示消费者：西门子的售后服务遍布全球，请放心使用。质量好，服务又周到的产品，消费者焉有不喜欢之理？这就达到了宣传其产品的目的。据说，这则广告为西门子公司赢得了极佳的社会效益。

五、写作广告文案的注意事项

1. 准确规范，点明主题

准确规范是广告文案中最基本的要求，要实现对广告主题和广告创意的有效表现和对广告信息的有效传播。

首先,要求广告文案中语言表达规范完整,避免语法错误或表达残缺。

其次,广告文案中所使用的语言要准确无误,避免产生歧义或误解。

再次,广告文案中的语言要符合语言表达习惯,不可生搬硬套,不要创造众所不知的词汇。

最后,广告文案中的语言要尽量通俗化、大众化,避免使用冷僻以及过于专业化的词语。

2. **简明精练,言简意赅**

广告文案在文字语言的使用上,要简明扼要、精练概括。首先,要以尽可能少的语言和文字表达出广告产品的精髓,实现有效的广告信息传播。其次,简明精练的广告文案有助于吸引广告受众的注意力和迅速记住广告内容。最后,要尽量使用简短的句子,以防止受众因语句冗长而产生反感。

3. **生动形象,表明创意**

生动形象的广告文案能够吸引受众的注意,激发他们的兴趣。国外研究资料表明:文字、图像能引起人们注意的百分比分别是22%和78%;能够唤起记忆的文字是65%、图像是35%。这就要求在进行文案创作时,在采用生动活泼、新颖独特的语言的同时,辅助以一定的图像来配合。

4. **动听流畅,上口易记**

广告文案是广告的整体构思,对于其中诉之于听觉的广告语言,要注意优美、流畅和动听,使其易识别、易记忆和易传播,从而突出广告定位,很好地表现广告主题和广告创意,产生良好的广告效果。同时,也要避免过分追求语言和音韵美,而忽视广告主题,生搬硬套、牵强附会、因文害意。

六、系列广告文案

1. **系列广告文案的概念**

通常把在广告策略的指导下,通过一定的广告策划,经过统一的安排,有计划地进行广告连续刊播活动,称作系列广告。

在这些系列的、连续刊播的广告中,广告文案的主题与风格是一致的,但是,广告的表现形式、广告标题、广告正文,既可以是统一的,也可以是不同的。这种对受众进行的连续的广告传播活动可以形成广告宣传的排山倒海之势,对受众产生强烈的震撼,较好效果地、全面地反映广告主的宗旨和实力。

2. **系列广告文案的表现**

系列广告文案的表现特色与其写作目的有密切关系。

系列广告文案的写作目的是全方位、多角度、全过程和立体地表现广告主体,从而形成较大的广告影响力和广告气势,满足受众对广告信息深度了解的需求。为了实现这个目的,系列广告文案在表现上就比较注重刊播的连续性和信息的全面性。

系列广告文案一般是连续刊播,这样可以形成宏大的广告气势。

多则不同表现内容的广告文案,可以较为全面地、多角度地表现广告信息,满足受众对广告信息的深度了解的需求;而表现相同广告信息的多则广告文案,可以反复地体现广告信息而使广告得到有效的传播。

第二十章

新闻类文书

第一节 新　　闻

一、新闻的概念与特点

新闻是对最近发生(发现)的新鲜而重要的事实的报道或述评。其具有如下特点：

1．**真实性**

客观真实是新闻的灵魂和生命，新闻报道要求绝对的真实，不允许夸张和虚构，这是新闻工作的根本原则。

2．**新鲜性**

一是指新闻所反映的事实必须是最近发生(发现)的；二是内容上必须有新意，给人以新的信息、新的启发。

3．**时效性**

新闻要求以最快的速度把手中的信息传递出去，传递上稍有耽搁，就会失去它应有的价值和效应。

4．**短小性**

新闻的篇幅一定要短小精悍，忌长篇大论。

如一句话新闻：5月15日，国家主席习近平在北京国家会议中心出席亚洲文明对话大会开幕式，并发表题为《深化文明交流互鉴　共建亚洲命运共同体》的主旨演讲。

5．**舆论的导向性**

新闻反映社会的方方面面，易形成社会舆论，所以应当是对正义的歌颂、对丑恶的鞭挞。新闻应该成为社进步和健康的引导者。

二、新闻的种类

广义的新闻，包括消息与通讯。两者的区别主要在表达方式：消息，以叙述为主，篇幅不长；通讯，以叙述、描写为主，兼用议论与抒情，进行详尽的报道(见例文一)。

狭义的新闻，单指消息，即在各种媒体上所发布的新闻消息。

【例文一】

找到自己文化与血缘上的根
——一位台湾青年的寻根谒祖之旅
光明日报记者　高建进

一大早，林智远就骑着小电摩，迎着海风，奔驰在福建平潭岛的北港村。1989年出生的林智远是台湾嘉义人，7年前来到平潭创业打拼。"前些年还一直认为自己是个外地来福建的创业者，是个旅人。现在，我真正觉得自己其实是个回乡的游子，这里也是我的故乡。"让林智远改变心境的，是去年他终于通过家族流传下来的族谱记载，找到了自己在福建平和县的祖籍地。

林智远告诉记者，以前自己在台湾，每逢清明去给先人扫墓，总会看到先辈们的墓碑上都写着"平和"二字。"我那时候就很疑惑，也很好奇，我们的'平和'是哪里？"

后来，在台湾嘉义县乡村的家庙里，林智远看到了镌刻在墙上的一段族谱记载："林氏先民源远流长，先祖林君琏系福建省漳州府平和县龙峰头汤头人氏，自祖居地渡海来台卜居于嘉义县，素以务农为业……（林君琏）晚年返回大陆而在大陆仙逝。"这段短短的族谱记载，让林智远激动不已：原来"平和"就是自己的祖籍地，在祖国大陆，在福建漳州。

2015年，祖国大陆建设平潭国际旅游岛的规划定位，吸引了台湾青年林智远。当年，他来到平潭北港村，修缮村内石厝民宿，并以当地的"石头"为灵感，打造"石头会唱歌"这一品牌，融民宿、文创、料理为一体，打造有IP价值的乡村旅游。几年下来，"石头会唱歌"成为平潭知名的旅游文创品牌。

到大陆创业后，虽然很忙碌，但林智远心中一直牵挂着祖籍地这件事。去年年初，他向福建省政协反映了这一情况。经过有关方面积极查证，终于确定福建漳州市安厚镇的龙头村、美峰村等地，就是当年的漳州府龙峰头，这里就是林智远的祖籍地。得知这一消息，林智远十分激动。2021年6月，他终于奔赴漳州市安厚镇，踏上了自己的寻根谒祖之旅。

远方的游子回乡祭祖，林智远受到了当地乡亲们的热情接待。当地古朴典雅的林氏宗祠里，身穿传统服饰的林智远在族亲长辈的带领下，祭拜祖先，认祖归宗。"大家在宗祠上的祭拜礼节遵循着相同的古法，那种氛围两地是一样的。"林智远这样感慨着闽台两地文化习俗上的渊源。

在宗祠里，林智远还用手机视频连线在台湾的爷爷，告诉他自己认祖归宗的好消息。见证这一动人时刻，海峡对岸的老人家也抑制不住内心的高兴。隔着屏幕，爷孙俩都流下了激动的泪水。"有人问我，爷爷作为老一辈人，为认祖归宗而感动可以理解，你是年轻人也会有同感吗？"林智远说，"两岸中国人都讲究'慎终追远'，其实年轻人更应该如此，要找到自己文化与血缘上的根,并善于从家风家训中汲取祖先的智慧,从而开创出自己的事业,有了根才能长成参天大树。"

"在宗祠里,族亲们还向我详细介绍了龙峰头林氏族谱。这些和台湾家庙里的简短族谱对接起来,真正体现出一脉相承的血缘亲情。"林智远说,据族亲介绍,龙峰头林氏渊源为闽林世系后裔,日隆公为龙峰头一世祖,当年渡海赴台的君琏为第六世,是第五世举重的长子。"我算是龙峰头林氏的第十九代,和我同属龙峰头林氏这一代的还有著名经济学家林毅夫。我们算是同宗同代。"林智远说,在祖籍地龙峰头,听着同样的乡音,吃着同样的饮食,让自己倍感亲切。"君琏先祖赴台应该是四百多年前的事了。如今,他在台湾的后裔和大陆的宗亲们相聚在一起,语言交流毫无隔阂。我奶奶平时做的料理在这里也能吃到,完全是一家人的感觉。"

如今,林智远担任福建平潭爱玩客旅游发展有限公司总经理。他的团队由两岸青年组成,目前有16名成员,在福建平潭、福清、莆田等地都有项目。漳州寻根之旅,让林智远萌生了以乡村旅游促进家乡发展的念头:"我们计划将龙峰头宗祠边的废旧老宅改造成民宿,让回乡认祖归宗的宗亲有地方落脚。以创造乡村美好生活体验为宗旨,我们致力于乡村旅游开发,给乡村增添不一样的色彩和活力。"

第二节 消 息

一、消息的概念与特点

消息是准确迅速报道生活中新近发生的重要事实的纪实性文书。它是用概括叙述的方式,以简明扼要的文字,迅速、及时地报道那些最近发生、发现或正在发生、发现的新动态、新情况、新问题或新经验等。

消息的主要特点是:报道新闻事实迅速及时,内容简明扼要,语言生动简洁,篇幅短小精练。

二、消息的结构组成

通常,一则消息由标题、导语、主体、背景、结尾五个部分构成。其中,背景、结尾两部分是可以省略的。

三、消息的写作要点

1. 以记叙方法为主

把事实的前因后果、来龙去脉照实写下来。叙事内容要包括六要素——五个"W"加一个"H":Who(何人)、When(何时)、Where(何地)、What(何事)、Why(原因)、How

（结果）。

2．写好导语

要求"立片言而居要",即用一两句话扼要交代核心内容。目的在于先给读者一个总体印象,吸引其读全文。

3．主体部分的叙事要分清主次

因为只需三五百字,所以叙述事实时,要集中笔墨写好事实重要部分,防止出现"眉毛胡子一把抓"的写作弊端。

4．注重时效性

要求写作者争分夺秒,做到"事发文成"。

四、消息标题的类型与写作

消息的标题共有三种类型,分别是三行标题、双行标题、单行标题。

1．三行标题

三行标题指新闻标题由肩题、主题、副题三部分组成。肩题的作用在于铺垫、导出主题内容;主题则是对新闻事实的高度提炼;副题的作用在于补充、说明主题的范围、对象、结果等情况。如:

世界瞩目　影响甚大（肩题）
APEC 会议即将在北京如期召开（主题）
北京全城已经做好充分准备（副题）

2．双行标题

双行标题指新闻标题由肩题、主题或主题、副题两部分组成。

（1）由肩题、主题构成标题。如：

宁夏农垦引入改革活水,驱动解放垦区生产力（肩题）
盐碱滩地,何以成塞上明珠　惠及全国（主题）

（2）由主题、副题构成标题。如：

聚微光　战疫情　守护花开（主题）
——走近"疫"线逆行者（副题）

3．单行标题

单行标题是由一个主标题直接构成新闻标题。如：

小特产大产业　云南小草坝镇打通脱贫致富路

五、消息导语的类型与写作

1．直接叙述型导语

直接叙述型导语表现为扼要叙述最主要的新闻内容,具有"开门见山"的特点。

如：记者从国家发展改革委获悉，为进一步深化"放管服"改革，扩大汽车制造业对外开放，完善和规范汽车投资管理，国家发展改革委正会同有关方面研究制定《汽车产业投资管理规定》。

2. 描写式导语

描写式导语表现为对有特色的或细节生动之处，进行简而精的刻画，给予鲜明深刻的感受，激发情趣。

如："他从壮年走到暮年，把一个朴素的想法变成了国之重器，成就了中国在世界上独一无二的项目。"新华社这样评价他的伟大成就。他就是 FAST 首席科学家、总工程师南仁东。2017 年 9 月 15 日，南仁东因肺癌突然恶化，抢救无效逝世，社会各界相继沉痛悼念并深切缅怀。

3. 提问式导语

提问式导语表现为或者只提问题，造成悬念后在主体中回答；或者在提问之后，扼要回答问题。如：同仁眼科为何"暑热"难退？

4. 结论式导语

结论式导语主要是要激发出读者进一步阅读、了解起因或详情的愿望。

如：位于北京市昌平区流村镇的漆园村，历史文化底蕴丰厚，除拥有众多寺庙外，还留存有北京市市级非物质文化遗产"龙鼓"。

5. 评论式导语

评论式导语要进行精要评析，以期揭示事物的性质。如："固定资产投资的较快增长，对于抵补净出口减少，保持经济持续快速增长发挥了关键作用。"

6. 引语式导语

引语式导语表现为引用他人说过的话或某作品中的文字内容。如："'悠久的历史和宏伟的工程造就了西安人的自信。'一位从北京到西安工作的朋友在两年间得出了上述印象。"

六、常见的消息类型

1. 标题新闻

标题新闻，是以概括消息内容的句子作为标题加以报道。

2. 简明新闻

简明新闻（"简讯"），适用于突发事件。通常是用一个自然段，以最快速度报道；不需要交代事件发生的过程和结果。

3. 动态新闻

动态新闻报道的是正在发生的事（眼前发生的或是对还在发展变化的事情的连续报道）。

4. 综合消息

综合消息是就某个问题，集中一个尽可能广泛的区域，将全局性的情况、动向、成就等报道出来。如："高质量发展看开局：促开放 防风险 经济增长韧性强"。

5. 人物消息

因为要突出反映人物的思想、事迹、精神风貌，所以写作时要求此人物必须是时效性很强的新闻人物；且写作时不强调细节，不过多进行描写。

6. 述评消息

述评消息属于边叙边评的新闻，具有新闻报道与新闻评论两种作用。写作时要求观点鲜明有力、语言文字简洁准确、所述事实清楚、分析透彻，不能空发议论。

第三节　通　讯

一、通讯的概念与特点

通讯，是运用叙述、描写、抒情、议论等多种手法，具体、生动、形象地反映新闻事件或典型人物的一种新闻报道形式，包括人物通讯、事件通讯、概貌通讯、工作通讯四类。它和消息一样，要求及时、准确地进行报道，但报道的内容比消息更具体、更全面。

一般来说，通讯具有严格的真实性、报道的客观性、较弱的时间性（相对新闻消息而言）、描写的形象性、较重的议论色彩。其具体特点如下。

1. 通讯的报道详细深入

要求对事件的来龙去脉、重要环境、背景做具体描写，这是区别于消息的一个显著特点。

2. 通讯注重报道的思想意义

表现为紧密配合当前形势，报道那些普遍关注的、有现实意义的题材，还讲究主题的开掘。

3. 通讯强调用形象说话

通讯常采用叙述、描写、抒情、议论相结合的手法，对人对事进行较为具体形象的描写，要求人物具有音容笑貌、事情有始末情节，以此来感染读者。

4. 通讯突出评论性

通讯多采取夹叙夹议的手法，直接揭示事件的思想、意义，并评说是非，议论色彩较浓，常常表现出强烈的政治倾向和作者的爱憎感情。其表达出的思想观点往往一目了然。

二、通讯的分类

（1）按内容的不同，可分为人物通讯、事件通讯、概貌通讯、工作通讯。

(2) 按形式的不同,可分为一般记事通讯、访问记(专访、人物专访)、小故事、集纳、巡礼、纪实、见闻、特写、速写、侧记、散记、采访札记。

三、通讯与消息的区别

(1) 在题材上,消息选材范围广泛;通讯选材较严,一般只报道有意义的、人们普遍关心的事实。

(2) 在内容上,消息通常只作概括、简要的报道;通讯不但要告诉读者生活中发生了什么样的事情,而且还要将事情的来龙去脉交代清楚。

(3) 在结构形式上,消息通常遵守一定的格式,按照导语、主体、结尾、背景材料等几个部分来写;通讯则往往根据写作对象不同而采取灵活多样的结构。

(4) 在表达方式上,消息以叙述为主,较少用描写、议论、抒情;通讯则综合运用多种表达方式。

(5) 在语言上,消息要求简洁、明了;通讯则要求生动、形象。

(6) 在时效性上,消息要争分夺秒;通讯则不像消息那样严格。

四、通讯的写作

(一) 不同通讯的写作说明

1. 人物通讯

人物通讯,主要是报道各类先进人物。它着重揭示先进人物的精神境界,通过写人物的先进事迹,反映出人物的先进思想,使之成为社会的共同财富;同时,也报道转变中的人物和某些有争议的人物。无论针对哪种人物,在写人叙事时都力求言真意切,恰如其分(见例文二)。

【例文二】

一名护士长的"速度与激情"
本报记者 温庆生 本报通讯员 李永飞 许溟

江城清晨的第一缕阳光洒进窗户,湖北省妇幼保健院光谷院区感染十四科护士长李晓莉开始了一天的忙碌。她麻利地穿戴好防护装备,即将奔赴她的战场——"红区"。

收治新冠患者的病房污染区,因其感染风险极高被称作"红区"。这里,就是李晓莉每天奋斗的地方,是她演绎"速度与激情"的战场。

来自火箭军某医院的李晓莉,个头娇小,短发齐耳,说话如蹦豆,走路带阵风,干事就一个字——快!她说,这是在部队一点点练出来的。当兵31年,从事临床护理26年,参加过国际维和,执行过抗震救灾、泥石流抢险等军事任务,见过了太多的"生死瞬间",李晓莉更加清楚:"救人如作战,胜负分秒间;多出一秒,我们就多出一分救治胜算。"速度就是生命,救治就是打仗!战"疫"月余,李晓莉经历着一次次"生死时速"。

一天上午,李晓莉查房时发现85岁的郑大爷目光有些呆滞,生命体征检查却基本平稳,她便叮嘱当班护士多留意。不出所料,晚饭时郑大爷突然并发症急性发作,血钾减至正常人一半,血氧饱和度急速下降到56%。李晓莉结合医嘱立即实施急救:静脉补钾、高流量吸氧、通知重症病房做好插管治疗准备。一连串有序的救治操作,把郑大爷从死亡边缘拽了回来。郑大爷的儿子也在同屋治疗,见证了这惊险一幕,激动得不知说啥是好,只是一个劲儿地致谢。

"作为护士,不是量体温、测血压、打针送药那么简单,关键时候要有与死神拔河的本领。"李晓莉说。

李晓莉的父亲是一位参加过抗美援朝的老兵,在她离家当兵时送了她一句话:"真的勇士,上了战场应该兴奋,这样才能打胜仗。"这些年来,父亲的"精神衣钵"在她身上得到很好的传承。

此次支援湖北前,李晓莉虽然已上报了退休,仍带领科里护士集体递交请战书。到了武汉,她担任感染十四科护士长,是全科护士中年纪最大的。主管护师乔惠霞与李晓莉一起共事13年,对她的印象是:"一穿上防护服就像充满了电,投入工作就有使不完的劲儿。"

在护士站,有个小小的"督导栏",里面每天贴着不同的纸条,这是李晓莉查房后列出当天存在的问题和不足,次日逐条逐项"挂账销账"。

采访中,李晓莉拿起一张纸条,上面写着12条"提示":首次入院评估有缺项、手消毒液开瓶日期未填、62床静脉置管需重点监护……李晓莉逐一检查,又开始记下当天的"问题清单"。她说:"别看问题小,弄不好都会'针尖大的窟窿刮起斗大的风'。"

采访中,记者发现一个现象,护士进病房从不叫床号,而是叫爷爷奶奶、叔叔阿姨,患者听了喜笑颜开。护士倩倩说,李晓莉的这个"特殊规定",已经坚持十多年了。

2. 事件通讯

事件通讯,报道的是典型的、有普遍教育作用的新闻事件。它既可以反映现实生活中发生的重大的、振奋人心的典型事件和突出事件,也可以从某一新闻事件截取一个或若干个片断,进行细致详尽的描述,揭示事件的深刻含义,还可以是若干事件的综述。

3. 工作通讯

工作通讯,要反映贯彻执行党的路线、方针、政策所取得的成绩,总结实际工作中的经验和教训,或者探讨有争议的亟待解决的问题。它的主要特点有:一是把介绍工作经验和分析问题作为主旨;二是凭借事实,深入分析;三是生动活泼,讲究文采;四是不拘一格,形式多样——随笔、散记、侧记、札记、记事均可。

4. 概貌通讯

概貌通讯又称风貌通讯,它是以反映社会生活、风土人情、自然风光和日新月异的建设成就为主的报道。与事件通讯不同,概貌通讯不是围绕一个人物或一个中心事件来写,也不要求写一件事发生、发展的完整过程,而是围绕主题集中各方面的风貌和特色。

在表达方式上,往往运用具体事例来叙述和描写一个地区、一条战线、一个单位、一个点、一个方面的风貌变化,展现时代的步伐和人的思想境界的变化。一般采取"巡礼""纪行""散记""侧记"等形式,向读者介绍。

(二)写作的主体要求

1. 选好典型,确立主题

选好典型,确立主题对通讯来说十分重要。选择的典型,是具有代表性和普遍意义、具有宣传价值和教育意义的人和事,或者是在一定时期内被广为关注的问题;确立的主题,要能体现时代精神、表现时代风尚,足以反映出本质和规律。

2. 写好人物

写好人物是通讯写作的重要任务。不论是人物通讯还是事件通讯,都要把人物写好。写人离不开事,因此,写人必写事。要求写人物自己所做的事,写能揭示人物内心世界的事。人物要写得有血有肉,有内心活动;写事要具体形象,有原委有情节。

3. 安排好结构

(1)纵式结构,是指按时间顺序、事物发展的顺序或作者对报道事物认识发展的顺序来安排结构。在这种结构里,时间发展的顺序、情节展开的顺序、作者认识事物的顺序成为行文的线索。采用这种结构时,要详略得当、布局巧妙、富有变化,避免平铺直叙。

(2)横式结构,是指根据时间变换或按照事物性质来安排材料。这种结构概括面广,要注意不同空间的变换,安排好各方面的问题。若采用空间变换的方法组织结构,要用地点的变化组织段落;若按照事物性质安排结构,则要围绕主题,并列地写出不同的几个侧面。

(3)纵横结合式结构,是指以时间顺序为经,以空间变化为纬,结合运用纵式结构和横式结构。

五、通讯的写作要求

1. 主题要明确

明确的主题能保证材料的合理取舍和起笔、过渡、高潮、结尾的处理。

2. 材料要精当

要按照主题的要求,把最能反映事物本质的、具有典型意义的和最有吸引力的材料写进通讯。

3. 角度要新颖

通讯的写作方法要灵活多样，除叙述外，还可以描写、议论、抒情，也可以穿插人物对话、自述和作者的体会、感受；既可以用第三人称的报道形式，也可以写成第一人称的访问记、印象记或书信体、日记体等。

通讯所报道的新闻事实，可以从各个不同的角度去观察、去反映，诸如正面、反面、侧面、鸟瞰、平视、仰望、远眺、近看、俯首、细察……角度不同，印象各异。若能精心选取最佳角度去写，往往能使稿件陡然增添新意，写得别具一格、引人入胜。

第四节 新闻评论

一、新闻评论的概念与特点

新闻评论，是媒体编辑部或作者对新近发生的有价值的新闻事件和有普遍意义的紧迫问题，运用分析和综合的方法，就事论理，就实论虚，有着鲜明针对性和指导性的一种新闻文体，是社论、评论、评论员文章、短评、编者按、专栏评论和评述等的总称，属于论说文的范畴，由论点、论据、论证三要素组成，以传播意见性信息为主要目的和手段。

新闻评论具有以下特点：

(1) 具有政策性、针对性和准确性；

(2) 在有限的篇幅中，主要靠独特的见解吸引读者；

(3) 立意新颖、论述精当、文采斐然。

二、新闻评论的类型

(1) 以上级指示为内容写就的评论。这种评论能起到传达上级指示精神的作用。写作时，要"吃"透精神，要上下结合。

(2) 配合中心任务和重大决策写的指导性评论。写作时要注意明确任务、讲清道理。

(3) 针对错误倾向（思想）或者是模糊观点而写的评论。写作时，需抓准问题、透彻说理。

(4) 为突出新闻、通讯的思想性而配发的评论。写作时，要结合紧密、画龙点睛。

(5) 总结推广先进经验的评论。

(6) 有关节日、纪念日以及重大活动的新闻评论（见例文三）。

(7) 与他人进行论战的批驳式评论。

(8) 对某个问题进行理论阐述的评论。写作时要有较强的针对性，道理要讲透。

需要注意的是，一篇好的新闻评论，论点要鲜明深刻，论据要真实可靠，论证要逻辑严谨。

新闻评论中的论据一般包括事实性论据和理论性论据两类。
(1) 事实性论据主要指具有代表性的人证、物证、典型事例、统计数字等。
(2) 理论性论据主要指国家的法律法规;党和政府的政策、决议以及领导人讲话;公认的道德规范、常识、科学公理等。

【例文三】

团结奋斗,开创新的历史伟业
——热烈祝贺十三届全国人大五次会议胜利闭幕

新华社社论

这是一次民主、团结、求实、奋进的大会,也是一次坚定信心、凝聚共识的盛会。11日,十三届全国人大五次会议圆满完成各项议程胜利闭幕。全国人大代表不负重托、履职尽责,为奋进新征程、建功新时代汇聚起攻坚克难、开拓进取的智慧和力量。

会议期间,习近平等党和国家领导同志参加代表团审议,与代表们共商国是、共谋大计。习近平总书记科学把握共产党执政规律、社会主义建设规律、人类社会发展规律,用"五个必由之路"深刻阐明新时代党和人民奋进历程昭示的重要认识,深刻揭示新时代中国的"成功密码",展现出在新起点上团结带领人民开创未来的坚定历史自信。参加审议时,习近平总书记对统筹抓好疫情防控和经济社会发展、积极稳妥推进碳达峰碳中和、巩固中华民族共同体思想基础、深入推进全面从严治党、巩固拓展党史学习教育成果等作出新论述、提出新要求,为在新征程上推动党和国家事业发展提供了重要遵循。

作为我国根本政治制度,人民代表大会制度坚持党的领导、人民当家作主、依法治国有机统一,是实现我国全过程人民民主的重要制度载体。会议期间,全国人大代表依法行使权力,会议审议批准了政府工作报告和其他报告,会议表决通过了关于修改地方各级人民代表大会和地方各级人民政府组织法的决定、关于十四届全国人大代表名额和选举问题的决定等;人大代表提出议案487件、建议等约8000件,聚焦科技创新、绿色发展、乡村振兴、教育改革、医疗服务等经济社会发展重点难点问题建言献策。人大代表积极担当作为,在"代表通道"回应社会关切、传递民情民意、凝聚发展共识。实践证明,我国全过程人民民主不仅有完整的制度程序,而且有完整的参与实践,是最广泛、最真实、最管用的民主。

今年将召开党的二十大,是党和国家事业发展进程中十分重要的一年,做好人大工作,责任重大、使命光荣。实践启示我们,始终坚持以习近平新时代中国特色社会主义思想为统领,深入领会"两个确立"的决定性意义,坚决做到"两个维护",将党的全面领导贯穿于各项工作始终,才能确保人民代表大会制度按照党中央指明的方向发展,确保人大工作沿着党中央确定的道路前进,为实现第二个百年奋斗目标、全面建设社会主义现代化国家作出新的贡献。

新征程新使命，呼唤新气象新作为。聚焦党和国家中心工作，深入贯彻党的十九届六中全会精神和中央人大工作会议精神，用系统完备的制度体系保证宪法实施，增强立法工作系统性、整体性、协同性，认真做好法律监督和工作监督，充分发挥人大代表作用，做好人大对外工作，加强自身建设，不断提升工作质量和水平，新时代人大工作就一定能再上新台阶，为保持平稳健康的经济环境、国泰民安的社会环境、风清气正的政治环境不断注入正能量。

众智谋事必明，众力举事必成。中华民族伟大复兴事业是亿万人民的事业，需要亿万人民共同团结奋斗。丰富人大代表联系人民群众的内容和形式，完善人大代表反映群众意见和要求的处理反馈机制，不断提高履职能力，察民情、纳民意、聚民智、惠民生，才能更好发挥人大代表的桥梁纽带作用，进一步密切与广大人民群众的联系，不断激发推动各项事业发展的磅礴力量。

最是一年春好处，扬帆奋进正当时。让我们更加紧密地团结在以习近平同志为核心的党中央周围，增强"四个意识"，坚定"四个自信"，做到"两个维护"，团结奋斗，真抓实干，攻坚克难，勇毅前行，夺取新时代中国特色社会主义新胜利，以优异成绩迎接党的二十大胜利召开。

【本章小结】

本章重点介绍了新闻、消息、通讯和新闻评论的基本含义、特点以及写作要求等内容。新闻类文书可以说是我们日常生活中最容易看到的文书，多读书多看报，做个有心人，选取感兴趣的新闻类文书进行摹写，有助于提高自身写作水平。

【思考与练习】

填空题

1. 广告文案的写作原则有（　　　）、（　　　）、效果原则、（　　　）、规范性原则。
2. 完整的广告文案由标题、（　　　）、广告口号和（　　　）四部分内容组成。
3. 消息导语的类型有直接叙述型导语、（　　　）、提问式导语、（　　　）、评论式导语、（　　　）。
4. 通讯按照内容的不同，可分为（　　　）、事件通讯、（　　　）、工作通讯。
5. 新闻评论是（　　　）、评论、（　　　）、短评、编者按、专栏评论和评述等的总称，属于论说文的范畴，由论点、（　　　）、（　　　）三要素组成，以传播意见性信息为主要目的和手段。

【拓展实训】

一、简答题

1. 通讯与消息的区别是什么?
2. 新闻评论的特点有哪些?

二、请以"节约用水,爱护地球"为创意表现主题,拟写一篇公益广告文案。

第七篇

学术论文与毕业论文

第二十一章

学术论文与毕业论文

【知识目标】
　　了解学术论文、毕业论文的语言特点。
　　掌握学术论文、毕业论文的格式要求及写法。

【能力目标】
　　能按照要求写出规范的学术论文和毕业论文。

【情景导入】

　　一篇优秀的毕业论文能够为莘莘学子的大学生活画上圆满的句号,但是对于大部分同学来说,毕业论文写作却是让人头疼的问题。即便是经过一轮毕业论文写作的研究生们,很多人提起论文写作也是面带愁色。

　　事实上,只要能够克服毕业论文写作的难点,把握好重点,顺利完成毕业论文并不难。毕业论文写作的难点主要是前期资料的收集,尤其是如何在繁多的文献资料中找到适合本课题的资料。所谓"材料是一切写作活动的前提条件",收集专业学术资料是撰写毕业论文的重要组成部分,对毕业论文的优秀与否起重要作用。另外,选择合适的研究方法也是一个难点。研究方法不合适,将导致整篇论文的撰写难度翻倍。

第一节　学　术　论　文

一、学术论文的概念

　　学术论文是某一学术课题在实验性、理论性或观测性上具有新的科学研究成果或创新见解的知识和科学记录;或是某种已知原理应用于实际中取得新进展的科学总结,用以提供学术会议上宣读、交流或讨论,或在学术刊物上发表,或作其他用途的书面文件。

在社会科学领域,人们通常把表达科研成果的论文称为学术论文。

二、学术论文的特点

(一) 学术性

所谓学术,是指高等教育研究中专门、系统的学问。所谓学术性,就是指研究、探讨的内容具有专门性和系统性,即以科学领域里某一专业性问题作为研究对象。当然也有的学术问题,仅凭一个专业的知识解决不了,就会由两个或几个专业的专家合作研究,运用各自的专业知识,解决一个学术问题,写出学术论文。

学术论文从选题上说有很强的专业性。如《广西"一带一路"建设的区域合作模式研究》《传承传统文化、创新国学教育——关于"国学经典导论"课教学的探索与实践》等单从题目上看就有很强的专业性;相反,如《我所认识的老舍先生》《你身边有网瘾少年吗》等单从题目上看就谈不上专业性。

从内容上看,学术论文富有明显的专业性。学术论文是作者运用其系统的专业知识,去论证或解决专业性很强的学术问题。如关于破除迷信的论题,可以写成议论文或思想评论,但如果由一位地理学家运用地理知识去论证"风水术"的古代科学与封建迷信并存一体的特点,就不是一般议论文,而是学术论文了。

从语言表达来看,学术论文是运用专业术语和专业性图表符号表达内容的,它主要是写给同行看的,不在乎其他人是否看得懂,而是要把学术问题表达得简洁、准确、规范,因此,专业术语用得很多。

(二) 科学性

科学性是学术论文的特点,也是学术论文的生命和价值所在。所谓科学性,是指研究、探讨的内容准确、思维严密、推理合乎逻辑。

学术论文要做到科学性,首先是研究态度的科学性。我们要以严肃的态度、严谨的学风、严密的方法开展学术研究。从事社会科学研究,就必须从大量的材料出发,通过分析材料得出结论。从事实验研究,就应对课题进行系统的多方面的实验,从大量的实验数据中分析综合,得出正确的结论。

其次是研究方法的科学性。也就是要运用马克思主义的立场、观点,用辩证唯物主义和历史唯物主义的方法进行科学探讨。科学性在思维方式上的重要表现就是逻辑性。王力先生说:"撰写论文,第一也是最重要的一点,就是要运用逻辑思维,如果没有科学头脑,就写不出科学论文,所谓科学头脑,也就是逻辑的头脑。"

最后是内容的科学性。什么样的内容才符合科学性?这就是论点正确,概念明确,论据确凿充分,推理严密,语言准确。论点(观点)即学术研究的成果结论,这个结论应能反映客观事物的本质规律,揭示客观真理,符合客观实际,经得起实践验证,经得起推敲和逻辑推理。

(三)创新性

学术论文的创新性是指作者在整篇论文的写作中,从论题到论点都有自己独特的观点和见解。可以说,学术论文本质上是为了体现作者在专业领域研究中的新见解和新创造。所以创新性体现了学术论文的价值所在。

创新性也是科学发展的需要。如果科学研究只作继承,没有创造,那么人类文明就不会前进。人类历史就是不断发现、不断发明、不断创新的历史。一个民族如果没有创新精神,这个民族就要衰亡。同样,一篇论文如果没有创新之处,它就毫无价值。

学术论文的创新,主要表现在以下五个方面:
(1) 填补空白的新发现、新发明、新理论。
(2) 在继承现有理论基础上的发展、完善、创新。
(3) 在众说纷纭中脱颖而出,提出独立见解。
(4) 彻底推翻前人定论,形成新的理论。
(5) 对已有资料作出创造性综合或归纳总结。

我们提倡并追求学术论文的创新性,反对为创新而创新,哗众取宠。毕竟创新并不是一件容易的事情。但是一篇学术论文只要有自己的一得之见,在现有的研究成果的基础上增添一点新的东西,提供一点人所不知的资料,丰富了别人的论点,从不同角度、不同方面对学术做出了贡献,就可看作是一种创新。

(四)理论性

学术论文与科普读物、实践报告、科技情报之间最大的区别就是具有理论性。所谓理论性就是指论文作者思维的理论性、论文结论的理论性和论文表达的论证性。

1. 思维的理论性

思维的理论性即研究者对研究对象的思考,不是停留在零散的感性上,而是运用概念、判断、分析、归纳、推理等思辨的方法,深刻认识研究对象的本质和规律,经过高度概括和升华,使之成为理论。进行理论思维,把感性认识变成理性认识,实现认识上的飞跃,不是轻而易举可以做到的,这需要花大力气、下苦功夫。

有的人因时间紧迫,或因畏惧艰难,在理论思维上怯步,以致把学术论文写成罗列现象、就事论事的文章,从而使学术论文失去理论色彩,其价值也就大为逊色了。

2. 结论的理论性

学术论文的结论,不是心血来潮的激动之词,也不是天马行空般的幻想,更不是零散琐碎的感性偶得。学术论文的结论是建立在充分的事实归纳上,通过理性思维,高度概括其本质和规律,使之升华为理论。理性思维水平越高,结论的理论价值就越高。

3. 表达的论证性

学术论文除了思维的理论性和结论的理论性外,还必须对结论展开逻辑的、缜密的论证,以产生无懈可击、不容置疑的说服力。

三、学术论文的作用

学术论文具有以下作用:
(1) 记录和传播新的科技成果;
(2) 拓展新的研究领域;
(3) 认知和考核专业科技人员的业务水平;
(4) 活跃与繁荣学术交流,促进人才成长。

四、学术论文的写作要求

(一) 前置部分

前置部分包括题名、作者及单位、摘要、关键词、中图分类号、文献标识码。

1. 题名

题名是以最恰当、最简明的词语反映论文中最重要的特定内容的逻辑组合。

题名不宜超过 20 个字,忌烦琐、忌使用不常见的符号和术语。必要时可设子标题。

2. 作者及单位

作者及单位应置于题名之下,包括作者所在单位名称,所在省和城市名称,邮编。如多名作者则分行依次排列。要署真实的姓名表示文责自负,同时也便于读者与作者联系。

3. 摘要

摘要是论文内容不加注释和评论的简短评述,内容包括研究目的、研究方法、结果、结论等信息。特点是应具有独立性和自含性(即不阅读论文全文就能获得必要的信息)。也要有数据、结论,是一篇完整的短文。汉语摘要不超过 300 字,英文摘要不超过 250 个实词。

4. 关键词

关键词是为了便于文献标引工作从论文中选出来的用以表示论文主题内容信息款目的单词或术语。数量 3~8 个,有实际意义,尽量使用汉语主题词表中的词。每个关键词之间用";"隔开。

5. 中图分类号

中图分类号是根据论文的内容确定的,分为 22 个大类。

6. 文献标识码

国家期刊出版格式要求在关键词的下面标出文献标识码(即揭示文章性质的代码),

具体规定如下：A——理论与应用研究学术论文(包括综述报告)；B——实用性成果报告(科学技术)、理论学习与社会实践总结(科技)；C——业务指导与技术管理的文章(包括特约评论)；D——一般性通讯、报道、专访等；E——文件、资料、人物、书刊、知识介绍等。注：英文的文献标识码应与中文对应。

(二) 主体部分

主体部分包括引言、正文、结论、参考文献。

1. 引言

引言是论文不可缺少的部分。引言应简要说明研究工作的目的、范围、相关领域的前人工作和知识空白、理论基础、研究设想、研究方法和实验设计、预期结果和意义。引言不能与摘要雷同，应言简意赅，不要成为摘要的注释。

2. 正文

正文是论文的核心部分，要求主题新颖，观点明确，有理论高度，有实践基础；论据充分，引文准确，数据可靠；层次分明，文字简练，图表清晰。

(1) 正文段落层次号一律使用阿拉伯数字，文中层次分明。

(2) 图——必须有图序号和图题，图序号一律用阿拉伯数字，图题标在图下方。

(3) 表——一律使用三线表，表序号一律使用阿拉伯数字与表题一并放在表上方。

(4) 文稿中的计量单位必须使用法定计量单位的国际标准符号，不得使用已废止的符号，更不得自造符号。

(5) 届次、世纪、年、月、日、百分比等一律使用阿拉伯数字。

国标规定文中图表应编排序号，每一图表都应有简短的题名，图表应有自明性，即只看图表就能理解其意。

3. 结论

结论是对论文的高度概括、浓缩，包括：说明了什么问题、得出了什么结论、结论的使用范围、对科学技术的贡献、对前景的展望、遗留问题和建议等。要将论文高度概括、浓缩。

4. 参考文献

著录参考文献的意义在于：反映真实的科学依据、论据，以证明自己观点的正确性；反映作者的严谨态度和负责精神；便于读者查找原始出处；也表示对别人成果的尊重。

国标将文后的参考文献分为五种：专著、连续出版物、专利文献、专著中析出的文献以及连续出版物中析出的文献。在编排上采用"顺序编码制"和"著者—出版年制"。各类参考文献的通用格式为：

(1) 专著，标引顺序为作者、书名、版本(第1版不标注)、出版地、出版年、引文所在的起始或起止页码；

(2)期刊,标引顺序为作者、题名、刊名、出版年、卷号(期号)、引文所在的起始或起止页码;

(3)论文集、会议录,标引顺序为作者、题名、编者、论文集名、版次(第1版不注)、出版地、出版者、出版年、引文所在的起止页码;

(4)学位论文,标引顺序为作者、题名、(学位论文)保存地点、保存单位、年份;

(5)专利文献,标引顺序为专利申请者、题名、专利国别、专利文献种类、专利号、出版日期。

有关参考文献著录的规定:在被引文献的题名后面加注文献类型标志。文献类型标志如下:期刊(J)、专著(M)、论文集(C)、报纸(N)、光盘(CD)、联机文献(OL)、学位论文(D)、专利(P)、标准(S),专著或论文集中析出的文献用[A],其他未注明的文献用[Z]。

(三)附录部分

必要时附上论文的补充项目,按附录A、附录B等排列。

第二节 毕业论文

毕业论文是高等院校的学生为取得某种学历而撰写的学术论文,是高等教育教学计划的重要组成部分,是培养学生综合运用所学专业知识与技能,分析和解决实际问题的实践性教学环节,是各专业的必修课程。

毕业论文本质上也属于学术论文的一种,可以说,撰写毕业论文既是一项科研活动,同时也是梳理知识体系、进行深度学习的一个步骤。毕业论文一般字数较多,知识含量较大,不仅要写出自己对于某个问题新的见解和思考,而且要在背景知识的描述上多下功夫,以充分反映自己对本门课的基础理论及其他专门知识的掌握程度。

毕业论文要根据学生专业的培养目标和特点,在导师的指导下选定题目、展开研究并完成撰写。毕业论文完成之后,还要进行答辩并评定成绩。

一、毕业论文的目标

(1)巩固和深化所学专业知识,培养综合运用所学专业解决实际问题的能力,进一步增强就业能力和岗位适应性;

(2)对专业领域内的业务流程等有一个较全面的熟悉和认识,对核心专业技能有较熟练的掌握和应用,对职业素质有一个综合检验与评价;

(3)拓宽知识面,掌握文献检索、资料查询、市场调研的基本方法并能独立通过各种途径获取新信息;

(4)提高运用书面语言、符号、图形表达自己的想法和工作思路的能力;

(5) 培养严肃认真的科学态度、严谨求实的工作作风和良好的职业道德。

二、毕业论文文献资料的收集

众所周知,专业的毕业论文是某一学科领域的科研成果的描述与反映,没有积累和研究,写作就无法顺利进行。而研究的前提是掌握尽可能多的与专业相关的文献信息资料。一个人的知识储备越丰富,搜集的文献资料越全面,创造性的思考可能性就越大,写出来的论文质量就越高。因此文献资料的收集在毕业论文写作中的作用非常大。

其实文献资料的收集也就是文献资料的查找和检索,它是现代科技人员获取文献和信息的主要手段之一,同时也是大学生写作毕业论文获取资料的主要方法。传统的文献资料的搜集就是利用图书馆和资料室的藏书;随着现代技术的发展,电子期刊数据库已成为越来越多人文献资料查找的首选。

三、毕业论文的基本内容

1. 毕业论文选题

(1) 毕业论文选题要具有较强的综合性和实践性。综合性是指从本专业的实际与发展状况出发,综合运用所学专业知识与技能;实践性是指从专业岗位出发,具有较强的实际背景,结合毕业实习进行,以培养分析、解决实际问题的能力。

(2) 毕业论文选题应从本专业的培养目标出发,符合该专业教学要求,体现理论联系实际、熟悉问题背景、易于调研的原则,力求有利于巩固、深化和扩大学生所学的专业知识,注重培养学生的综合职业能力。

(3) 毕业论文选题不宜过大,分量和难度要适当,使学生在规定的时间内经过努力可以独立完成。

(4) 毕业论文选题可以根据专业的不同,有所侧重,形式多样。毕业论文题目以20字为限,必要时可加副标题。

2. 毕业论文开题

当学生确定毕业论文选题后,在调查研究的基础上撰写的毕业论文实施方案,包括整个毕业论文的计划、初步研究内容和步骤等。

3. 毕业论文撰写

毕业生深入实习现场收集数据,并查阅有关资料,进行总体方案设计,提出总体设计方案,并进行必要论证,选择最佳方案,经指导教师审阅同意后,进行具体的设计、计算、绘图、编程、实验等工作,并在设计过程中不断完善和修正总体方案。

4. 毕业论文答辩

毕业论文报告完成后,要根据教学要求参加毕业论文答辩。

四、毕业论文的不同体例

根据专业不同,毕业论文的形式可以不同,各专业可根据本专业特点自行选择。

1. 论文类(含调研报告、策划方案类)的文章

毕业论文主要包括如下内容:

(1) 内容摘要和关键词;

(2) 目录;

(3) 绪论(前言);

(4) 正文;

(5) 结论;

(6) 注释;

(7) 参考文献;

(8) 附录。

采用调研形式的毕业论文在提交时还要提交调研报告或调查问卷原始稿。

2. 提交作品、设计类

如艺术类专业的学生,可以提交相关作品设计文字说明,包括设计目标,所使用的产品、数据或有关软件等。

3. 完成一个具体项目类

撰写项目完成文字说明或项目完成的体会。

五、毕业论文基本规范

本规范依据国家科技论文标准(GB 7713—87,GB 7714—87),主要适应于三种体例中的论文(含调研报告、策划方案类),其他体例可参照执行。

(一) 题目

(1) 论文题目是文章总体内容的体现,应简洁、明确、有概括性,同时考虑到有助于选定关键词和编制题录、索引等。

(2) 题目字数不宜超过20字,避免使用不常见的缩略词、字符、代号、公式等,必要时可加副标题。

(二) 内容摘要及关键词

(1) 内容摘要是论文内容的简要陈述,应尽量反映论文的主要信息,内容包括研究目的、方法、成果和结论,不含图表,不加注释,一般为300字。

(2) 关键词是反映论文主题内容的名词,是供检索使用的。从论文标题或正文中挑

选最能表达主要内容的词为关键词,关键词一般为3～5个。

(3)"关键词"加粗,首行缩进"2字符",具体关键词之间空一格。

(三)目录

(1)目录主要由序号、名称和页码组成,要层次清晰,与正文标题一致。

(2)目录按两级标题编写,包括引言或绪论、正文主体、结论、主要参考文献及附录等。其中下一级标题比上一级标题往后空两格。

(四)正文

正文一般包括引言或绪论、论文主体和结论三个部分。

1. 引言或绪论

引言或绪论是综合评述前人工作,说明论文研究的目的和意义,研究设想、方法、选题依据,或国内外文献综述,以及论文所要研究的内容。本部分内容应言简意赅,不要与摘要雷同,不要成为摘要的注释。

2. 论文主体

(1)论文主体是论文的核心部分,内容必须客观真实、准确完备、层次分明、语言流畅、文字简练、重点突出、结构严谨,符合学科、专业的有关要求。

(2)正文中若含有公式和图表,则公式和图表既可统一编号(如:表8,表示正文中使用的第8张表格),也可以逐章单独编序(如:表2-5,表示第2章中第5张表格)。表序和表名置于表格上方中间位置,图序和图名置于图下方中间位置。

3. 结论

(1)结论是整个论文的总结,是论文的精华,要写得扼要明确、精练完整、准确适当,不可模棱两可。如果不能导出应有的结论,也可以没有结论而采用结束语进行必要的讨论,提出建议、研究设想、改进意见、尚待解决的问题等。

(2)"结论"两个字前不需要加章节序号。

(五)注释

注释是对引用文字、数据、事例来源的说明,可以按内容的顺序进行标注。以在正文中出现的先后次序编号,编号以方括号括起,在正文中放在引文右上角作为上标,如[1]。

(六)参考文献

(1)为了反映论文的科学依据和作者尊重他人研究成果的严肃态度,同时向读者提供有关信息的出处,正文之后应列出作者直接阅读过或在正文中被引用过的文献资料。

(2)参考文献要另起一页,一律放在结论后。

（3）所列参考文献按照论文参考或引证的先后顺序排列，序号与正文中引用的地方标号一致。

（4）几种主要参考文献著录表的格式具体如下。

① 论文：[序号]作者,题名,刊名,年,卷号(期号)：起止页码。

② 著作：[序号]作者,书名(译者),出版社,出版年,起止页码。

③ 网页：[序号]作者,文章名,网址,发表日期。

（5）如果一行写不下,第二行文字要位于序号的后边,与第一行文字对齐。

（七）附录

（1）对于一些不宜放在正文中,但有参考价值的内容,可编入附录中,例如调查问卷、原始数据、设计图表、软硬件环境、照片、冗长的公式推导、设计图纸、编写的算法、语言程序等。是对论文的补充,但不是必需的。

（2）附录另页置参考文献后,若有多个附录应编号。

六、毕业论文答辩

毕业论文答辩是审查论文并考查论文作者对课题的把握程度及综合研究水平的重要方式,也是锻炼学生的快速反应能力和独立处理问题能力的有效手段,同时,论文答辩也是对答辩人的心理素质的一种考验。

1. 毕业论文答辩的准备工作

（1）撰写答辩提纲。

① 选题的缘由和动机。

② 课题研究的意义和价值。

③ 已有研究状况和自己的研究状况。

④ 有所突破的地方。

⑤ 比较重要或有独到之处的研究方法。

⑥ 论文的基本观点。

⑦ 论文的缺憾之处或需要进一步研究的问题。

（2）认真思考。

① 论文的薄弱环节在哪里？

② 观点是否有值得推敲的地方？

③ 所用材料是否有可疑之处？

④ 重新整理用过的资料,更加熟悉这些资料的全貌。

⑤ 参加答辩时,应当携带论文底稿和主要资料,备临时查阅。

2. 毕业论文答辩的一般程序

（1）答辩人必须在论文答辩会举行之前半个月，将经过指导老师审定并签署过意见的毕业论文一式三份连同提纲、草稿等交给答辩委员会，答辩委员会的主答辩老师在仔细研读毕业论文的基础上，拟出要提问的问题，然后举行答辩会。

（2）在答辩会上，先让答辩人用15分钟左右的时间概述论文的标题以及选择该论题的原因，较详细地介绍论文的主要论点、论据和写作体会。

（3）主答辩老师提问。主答辩老师一般提三个问题。老师提问完后，有的学校规定，可以让学生独立准备15～20分钟后，再来当场回答。

【本章小结】

本章重点介绍了学术论文、毕业论文两种常用科技文书的基本含义、特点及写作要求等内容，通过学习本章知识，要做到举一反三，学会通过查阅资料等方法完成毕业论文的写作。

【拓展实训】

结合专业所学拟写一篇毕业论文。

参考文献

1. 袁一锋.实用写作基础(第2版).上海：上海人民出版社,2007
2. 夏敏.实用写作教程.上海：华东师范大学出版社,2009
3. 赵齐阳.新编应用文写作实训教程.北京：中国水利水电出版社,2010
4. 王鸿雁,王麦冬.简明实用写作.兰州：甘肃人民出版社,2011
5. 《党政机关公文处理与写作实用手册》编写组.党政机关公文处理与写作实用手册.北京：中国文史出版社,2012
6. 张保忠.党政机关公文处理工作条例释义与实务全书.北京：人民出版社,2012
7. 李振辉.应用文写作实训教程（第3版）.北京：机械工业出版社,2013
8. 张美云.新编应用文写作教程.北京：清华大学出版社,2015
9. 余潇.社交文书写作模板与范本.北京：中国纺织出版社,2016
10. 郭鹏.应用文写作.北京：清华大学出版社,2016
11. 陈非文.公文写作格式与范例大全.北京：中国言实出版社,2017
12. 岳海翔.公文写作范例大全：格式、要点、规范与技巧.北京：清华大学出版社,2018
13. 郭志强.公文写作实用全书.北京：电子工业出版社,2018
14. 苏豫.办公室公文写作.北京：中国商业出版社,2019
15. 陈承欢.财经应用文：写作技巧 范例模板 实战训练.北京：人民邮电出版社,2019
16. 高虹,司金舫.应用文写作新教程(第3版).北京：清华大学出版社,2019
17. 夏晓鸣,张剑平.应用文写作.北京：首都经济贸易大学出版社,2019
18. 岳海翔.党政机关公文标准与格式应用指南.北京：人民邮电出版社,2019
19. 胡晓蕾,高升,赵妍.应用文写作.北京：清华大学出版社,2020
20. 张零.极简沟通.北京：中国纺织出版社,2021

教师服务

　　感谢您选用清华大学出版社的教材！为了更好地服务教学，我们为授课教师提供本书的教学辅助资源，以及本学科重点教材信息。请您扫码获取。

▶ 教辅获取

本书教辅资源，授课教师扫码获取

▶ 样书赠送

公共基础课类重点教材，教师扫码获取样书

 清华大学出版社

E-mail：tupfuwu@163.com
电话：010-83470332 / 83470142
地址：北京市海淀区双清路学研大厦 B 座 509

网址：https://www.tup.com.cn/
传真：8610-83470107
邮编：100084